Die Restschuldbefreiung des angloamerikanischen Rechts

Europäische Hochschulschriften Recht

European University Studies in Law

Publications Universitaires Européennes de Droit

Band/Volume 6709

Mirco Schmutzler

Die Restschuldbefreiung des angloamerikanischen Rechts

Eine rechtshistorische Untersuchung aus kontinentaleuropäischer Perspektive

PETER LANG

Bibliografische Information der Deutschen Nationalbibliothek
Die Deutsche Nationalbibliothek verzeichnet diese Publikation in der Deutschen Nationalbibliografie; detaillierte bibliografische Daten sind im Internet über http://dnb.d-nb.de abrufbar.

Zugl.: Heidelberg, Univ., Diss., 2022

D 16
ISSN 0531-7312
ISBN 978-3-631-89143-8 (Print)
E-ISBN 978-3-631-89147-6 (E-PDF)
E-ISBN 978-3-631-89148-3 (EPUB)
DOI 10.3726/b20263

Diese Publikation wurde begutachtet.

www.peterlang.com

Danksagung

Die vorliegende Arbeit wurde von der Juristischen Fakultät der Universität Heidelberg im Sommersemester 2022 als Dissertation angenommen.

Für die hervorragende Betreuung, wertvolle Anregungen, geduldige Unterstützung sowie für die schnelle Anfertigung des Erstgutachtens möchte ich Herrn Prof. Dr. Andreas Piekenbrock sehr herzlich danken. Mein Dank gilt zudem Herrn Prof. Dr. Christian Hattenhauer für die Erstellung des Zweitgutachtens.

Eine wichtige Quelle von Motivation und Unterstützung war mein Onkel, Herr Dr. Hansjörg Schmutzler, dem ich herzlich danken möchte. Besonderer Dank gilt schließlich meinen Eltern für Ihre Unterstützung, insbesondere in der frühen Phase der Erstellung dieser Arbeit.

Frankfurt am Main, im Januar 2023

Mirco Schmutzler

Verwendung von Abkürzungen

Deutschsprachige Abkürzungen in dieser Arbeit folgen der zehnten, neu bearbeiteten und erweiterten Auflage des von *Hildebert Kirchner* begründeten Abkürzungsverzeichnisses der Rechtssprache, bearbeitet von *Eike Böttcher*. Englischsprachige Abkürzungen folgen weitestgehend dem Standard der 21. Auflage von *The Bluebook: A Uniform System of Citation*. Die Abkürzungen zur genealogischen Zitierweise historischer englischer Gesetze folgen den im Quellenverzeichnis historischer englischer und US-amerikanischer Gesetzestexte angegebenen Gesetzessammlungen.

Inhaltsverzeichnis

A. Einleitung

Die Europäische Union ist seit Langem bestrebt, die insolvenzrechtlichen Regelungen der Mitgliedsstaaten auf Ebene des internationalen Insolvenzrechts zu koordinieren und auf nationaler Ebene zu vereinheitlichen. Die Richtlinie (EU) 2019/1023 über präventive Restrukturierungsrahmen[1] verpflichtete die Mitgliedsstaaten erstmals neben der Vereinheitlichung von insolvenzrechtlichen Regelungen für Personen- und Kapitalgesellschaften auch zu einer umfangreichen Vereinheitlichung von Regelungen zur Entschuldung natürlicher Personen. Die Mitgliedsstaaten sollten sicherstellen, „dass redliche insolvente oder überschuldete Unternehmer nach einer angemessenen Frist in den Genuss einer vollen Entschuldung kommen und dadurch eine zweite Chance erhalten können, und dass die Wirksamkeit von (…) Entschuldungsverfahren (…) erhöht wird."[2] Obwohl die Richtlinie keine verbindlichen Vorschriften über die Entschuldung von Verbrauchern enthielt,[3] empfahl sie den Mitgliedsstaaten ausdrücklich, „so früh wie möglich die Bestimmungen dieser Richtlinie über die Entschuldung auch auf Verbraucher anzuwenden."[4] Die anzustrebende „volle Entschuldung" definierte die Restrukturierungsrichtlinie als Ausschluss der Vollstreckung oder Erlass von Schulden „als Teil eines Verfahrens, das eine Verwertung von Vermögenswerten oder einen Tilgungsplan oder beides umfassen könnte".[5]

Diese Art der Restschuldbefreiung für natürliche Personen ist auf dem Kontinent vergleichsweise jung. Wesentlich weiter zurück geht ihre Geschichte im angloamerikanischen Rechtskreis in Form der *bankruptcy discharge*.[6] Ihren

1 Richtlinie (EU) 2019/1023 des Europäischen Parlaments und Rates vom 20. Juni 2019 über präventive Restrukturierungsrahmen, über Entschuldung und über Tätigkeitsverbote sowie über Maßnahmen zur Steigerung der Effizienz von Restrukturierungs-, Insolvenz- und Entschuldungsverfahren und zur Änderung der Richtlinie (EU) 2017/1132 (Richtlinie über Restrukturierung und Insolvenz), ABl. L 172 vom 26.2.2019, S. 18.

2 Richtlinie (EU) 2019/1023, Erwägungsgrund 1.

3 Richtlinie (EU) 2019/1023, Art. 1 Abs. 2 lit. h).

4 Richtlinie (EU) 2019/1023, Erwägungsgrund 21.

5 Richtlinie (EU) 2019/1023, Art. 2 Abs. 1 Nr. 10, sowie dazu Erwägungsgründe 75 ff. und Art. 21.

6 Vgl. exemplarisch *Kohler*, Lehrbuch des Konkursrechts, S. 440 f.: „Die Gesetzgebung kann bezüglich der Folgen des Konkurses von verschiedenen Vorstellungen ausgehen; sie kann annehmen, dass der Kridar von seinen Schulden frei wird, dass er frei wird,

historischen Ursprung hat diese Rechtsfigur in einem 1706 erlassenen englischen Bankrottgesetz, dem *Act to prevent Frauds frequently commited by Bankrupts*, 4 & 5 Anne c. 4 (1705).[7] Ausgehend von diesem Gesetz entwickelte sich zunächst das Ausgangsmodell der englischen *bankruptcy discharge*. *Burgin* führte mit Blick auf die englische *bankruptcy discharge* in seinem 1923 als Aufsatz für die englische *Grotius Society*[8] veröffentlichten Vortrag Folgendes aus:[9]

> „The idea that bankruptcy should be utilised to overcome the results of some financial misfortunes, and that it should be possible for an individual, after compliance with the bankruptcy laws, to obtain a discharge, is English in origin and essentially English in its main characteristics."

Aus dem englischen Ausgangsmodell der *bankruptcy discharge* gingen im 19. und 20. Jahrhundert wiederum die zwei dogmatischen Grundmodelle zur Restschuldbefreiung natürlicher Personen hervor, die sich auch in der oben zitierten Definition der Restrukturierungslinie zur „vollen Entschuldung" wiederfinden. Hierzu gehört erstens das im 19. Jahrhundert im US-amerikanischen *bankruptcy law* entstandene Verwertungs- oder Liquidationsmodell. Der

---

auch sofern die Schulden nicht bezahlt werden: der Konkurs löst gleichsam den seitherigen Stamm von der Wurzel aus und bewirkt, dass der Schuldner ein neues wirtschaftliches Leben beginnen muss. Dies ist die Vorstellung des englischen Rechts und der Rechte die ihm folgen." Sowie S. 58: „Dem englischen und nordamerikanischen Recht eigentümlich ist die discharge, d.h. die Befreiung des Schuldners von den im Konkurse nicht gedeckten Schulden (auch außerhalb des Zwangsvergleiches), welche übrigens nicht immer stattfindet und, auch wo sie stattfindet, mit gewissen Vorbehalten erfolgt."

7 Das Gesetz erhielt nach dem heute gebräuchlichen gregorianischen Kalender am 19. März 1706 den *royal assent*, siehe Journals of the House of Lords, Bd. 18 (19. März 1706), S. 162. Nach dem in England bis 1752 gebräuchlichen julianischen Kalender und einem Jahreswechsel vom 24. auf den 25. März entspricht dies dem Jahr 1705, vgl. zur Einführung des gregorianischen Kalenders 24 Geo. II. c. 23 (1751). Bei der genealogischen Zitierweise ist zudem zu beachten, dass alle in einer Legislaturperiode des Parlaments zustande gekommenen Gesetze nach dem Kalenderjahr datiert wurden, in welchem die Legislaturperiode begann. Zu den Einzelheiten der Datierung und genealogischen Zitierweise englischer Parlamentsgesetze siehe *Kadens*, Duke L.J. 59 (2010), 1229, 1236 f. m. w. N. Häufig findet man auch die Zitierweise 4 Anne c. 17 (1705), zu diesem Unterschied in der Kapitelnummer siehe The Statutes of the Realm, Bd. 8, S. 461, Fn. 2; sowie *Duncan*, Comm. L.J. 100 (1995), 191, 198, Fn. 49.

8 Die *Grotius Society* ist eine Vorgängerorganisation des heutigen *British Institute of International and Comparative Law*.

9 *Burgin*, Transactions of the Grotius Society 9 (1923), 71, 73.

Insolvenzschuldner wird dabei nach der insolvenzrechtlichen Verwertung seiner zu einem bestimmten Zeitpunkt vorhandenen Vermögenswerte auch von den dadurch nicht gedeckten Restschulden befreit. Weil die Restschuldbefreiung direkt nach der einmaligen Vermögensliquidation erfolgt, wird dieses Modell in der angloamerikanischen Terminologie auch als *straight discharge* bezeichnet. Aufgrund seiner Regelung im siebten Kapitel des *United States Bankruptcy Code* wird es zudem als *chapter 7 bankruptcy discharge* bezeichnet.[10]

Nach dem englischen Ausgangsmodell und der US-amerikanischen *straight discharge* entwickelte sich zweitens das Tilgungsplanmodell. Dieses wurde im englischen Recht erstmals 1883 in Form der *administration order* geregelt und im US-amerikanischen Recht in den 1930er-Jahren in Anlehnung an das englische Vorbild übernommen. Das Tilgungsplanmodell knüpft die Restschuldbefreiung an regelmäßige Zahlungen zugunsten der Gläubiger aus dem laufenden Einkommen des Insolvenzschuldners über einen bestimmten Zeitraum. Aufgrund der Regelung im dreizehnten Kapitel des *United States Bankruptcy Code* wird dieses Modell auch als *chapter 13 bankruptcy discharge* bezeichnet.[11]

Sullivan/Warren/Westbrook interpretierten die *bankruptcy discharge* Ende der 1980er-Jahre bereits als unverzichtbaren Kernbestandteil des US-amerikanischen *bankruptcy law* und Ausdruck einer US-amerikanischen *fresh-start policy* im Sinne einer Kultur der Vergebung und des stetigen wirtschaftlichen Neuanfangs für Individuen und Unternehmen:[12]

> „At the heart of all bankruptcy law, for individuals and for businesses, is the discharge of debts and other legal obligations, the ‚fresh start.' The notion of beginning anew, of rebirth, lies near the center of our restless, westward-moving culture and is also the central proposition of its dominant religions. (…) [T]he relaxation of strict legal obligations is the indispensable centerpiece of American bankruptcy law."

Im US-amerikanischen *bankruptcy law* besteht der aufgezeigte Dualismus von Verwertungsmodell (*Chapter-7*-Verfahren) und Tilgungsplan (*Chapter-13*-Verfahren) zur Restschuldbefreiung bis heute fort. Ein Insolvenzschuldner, der eine *bankruptcy discharge* anstrebt, muss sich grundsätzlich für einen der Wege entscheiden.[13]

---

10 11 U.S.C. §§ 701 ff., insbesondere § 727.

11 11 U.S.C. §§ 1301 ff., insbesondere § 1328.

12 *Sullivan/Warren/Westbrook*, As We Forgive Our Debtors, S. 20.

13 Eine Einschränkung erfuhr dieses Wahlrecht durch den sog. „*means test*", der mit dem *Bankruptcy Abuse Prevention and Consumer Protection Act* von 2005, Pub. L. No. 109-8, 119 Stat. 23 (BAPCPA) eingeführt wurde. Die Einführung des *means test*

Im englischen Recht entwickelte sich im Laufe des 19. Jahrhunderts eine Kombination aus Verwertungs- und Tilgungsplanmodell. Ab der zweiten Hälfte des 19. Jahrhunderts verfolgte das englische *bankruptcy law* ein durch das Ermessen der Bankrottgerichte geprägtes restriktives Bedingungs- und Befristungsmodell, in dem das Vermögen des Schuldners verwertet, eine *discharge* aber trotzdem erst nach einem zusätzlichen Abzahlungszeitraum und/oder dem Erreichen bestimmter Mindestbefriedigungsquoten gewährt wurde.[14] Heute erfolgt die *bankruptcy discharge* ein Jahr nach der Bankrotterklärung des Schuldners.[15] Trotz der Vermögensverwertung im Bankrottverfahren kann ein als „*income payment agreement*" (IPA) bezeichneter freiwilliger Tilgungsplan oder ein „*income payment order*" (IPO) genannter gerichtlich angeordneter Tilgungsplan das Bankrottverfahren und die *discharge* um bis zu drei Jahre überdauern.[16] Neben der *bankruptcy discharge* bestehen heute im englischen Verbraucherinsolvenzrecht weitere Möglichkeiten zur Entschuldung, auf die an dieser Stelle nur hingewiesen werden soll.[17]

Die Übernahme von Regelungen zur Restschuldbefreiung nach angloamerikanischem Vorbild wurde auf dem europäischen Kontinent etwa seit den 1970er-Jahren gefordert.[18] Auf nationaler Ebene ist die Schaffung von Verfahren

sollte verhindern, dass Insolvenzschuldner, die einen Teil ihrer Schulden abzahlen können, dies durch die Beantragung eines *Chapter-7*-Verfahrens umgehen. Dazu enthält 11 U.S.C. § 707(b) eine Vermutungsregel, nach der ein *Chapter-7*-Verfahren grundsätzlich als missbräuchlich gilt und abzulehnen oder in ein *Chapter-13*-Verfahren zu überführen ist, wenn der Schuldner ein bestimmtes monatliches Einkommen erzielt.

14 Siehe zur Analyse der Unterschiede im US-amerikanischen und englischen Ansatz Ende der 1960er-Jahre *Joslin*, Mod. L. Rev. 29 (1966), 149 ff.; siehe zu Fallbeispielen des restriktiven englischen Systems *Ackmann*, Schuldbefreiung durch Konkurs, S. 46 ff.

15 Insolvency Act 1986, §§ 279 (1), 281.

16 Insolvency Act 1986, §§ 310 (1), (6); 310A (1) (5).

17 Vgl. zur Entwicklung dieses Systems *Ramsay*, Personal Insolvency, S. 68 ff. Zu erwähnen sind die *debt relief order* (DRO) für vermögenslose und einkommensschwache Insolvenzschuldner, die nach einem Jahr zur Restschuldbefreiung führen kann (Insolvency Act 1986, §§ 251A ff.), das *individual voluntary arrangement* (IVA), das mehrjährige Tilgungspläne ermöglicht (Insolvency Act 1986, §§ 252 ff.), die gerichtliche *administration order*, die infolge der Verurteilung eines Schuldners durch ein *County Court* bei Schulden von bis zu 5.000 Pfund zur Entschuldung nach einem dreijährigen Tilgungsplan führen kann (County Court Act 1984, §§ 112 ff.).

18 Für das deutsche Recht forderte etwa *Heilmann*, KTS 1975, 18, 21 „Rettungsmöglichkeiten (…) wie im englisch-amerikanischen Recht". Zu Reformvorschlägen des Insolvenzrechts nach angloamerikanischem Vorbild auch *Balz*, ZRP 1986, 12 ff. Aus niederländischer Perspektive vgl. *Huls*, J. Cons. Pol'y 15 (1992), 125 ff.

zur Restschuldbefreiung nach dem Vorbild der angloamerikanischen *bankruptcy discharge* etwa seit den 1980er-Jahren zu beobachten.[19] Im deutschen Recht wurde eine an die angloamerikanische *bankruptcy discharge* angelehnte Restschuldbefreiung erstmals mit der 1999 in Kraft getretenen Insolvenzordnung ermöglicht.[20] In der Regierungsbegründung des Entwurfs der Insolvenzordnung hieß es, das Gesetz schlage im Hinblick auf die Restschuldbefreiung „zwischen dem geltenden Recht der freien Nachforderung und den recht schuldnerfreundlichen angelsächsischen Rechten einen Mittelweg ein."[21] In Umsetzung der Restrukturierungsrichtlinie wurde die in der Insolvenzordnung zuletzt (grundsätzlich) sechs Jahre ab Eröffnung des Insolvenzverfahrens betragende Wohlverhaltens- und Tilgungsperiode auf drei Jahre verkürzt.[22]

---

19 Beispiele finden sich bei *Piekenbrock*, Jahrbuch für Italienisches Recht 26 (2013), S. 103 ff.

20 §§ 1, 286–303a InsO vom 5.10.1994 (BGBl I, 2866). Siehe aber bereits Art. 107 der Hamburger Falliten-Ordnung von 1753 und dazu *Ackmann*, Schuldbefreiung durch Konkurs, S. 117; *Baumeister*, Gegenstände des hamburgischen Rechts, S. 442 ff.; *Becker*, KTS 2008, 3, 16 f.; *Hahn*, Materialien zur Konkursordnung, S. 342, 446; *Seuffert*, Konkursprozeßrecht, S. 387, Fn. 16; sowie aus der jüngeren Vergangenheit das Gesetz zur Bereinigung alter Schulden vom 17.8.1938 (RGBl I, 1033), neugefasst am 3.9.1940 (RGBl I, 1209) und ergänzt am 19.12.1941 (RGBl I, 798). Dieses Gesetz wurde allerdings ab 1945 in den einzelnen Besatzungszonen außer Kraft gesetzt, bevor die darin vorgesehene zehnjährige Abzahlungsperiode enden und die daran geknüpfte Schuldbefreiung wirksam werden konnte, vgl. *Anlauf*, DZWIR 2007, 146 ff.; *ders.*, Vorgänger der Restschuldbefreiung; *Becker*, Insolvenzrecht, Rn. 22. Im Kontext um die Diskussionen zur Insolvenzordnung wurde zudem auf den weitreichenden Vollstreckungsschutz § 18 Abs. 2 Satz 3 der Gesamtvoll-streckungsordnung der DDR (GesO) hingewiesen. Einen ähnlichen weitreichenden Vollstreckungsschutz gewährt auch Art. 265 Abs. 2 Satz 2 des schweizerischen Bundesgesetzes über Schuldenbereinigung und Konkurs (SchKG); vgl. zu beiden Vorschriften *Landfermann*, in: FS Merz, S. 373 f.

21 BTDrucks 12/443 (RegE InsO), S. 100, eine ähnliche Formulierung findet sich auch auf S. 188. Das freie Nachforderungsrecht normiert die Insolvenzordnung in § 301 Abs. 3 allerdings nach wie vor als Grundsatz und knüpft damit an ihre unmittelbaren Vorgänger an, siehe zuletzt § 164 Abs. 1 KO i. d. F. vom 17.5.1898 (RGBl, 230, 669), § 152 Abs. 1 KO i. d. F. 10.2.1877 (RGBl, 351), § 280 Abs. 1 PrKO vom 8.5.1855 (PrGS, 321).

22 Gesetz zur weiteren Verkürzung des Restschuldbefreiungsverfahrens und zur Anpassung pandemiebedingter Vorschriften im Gesellschafts-, Genossenschafts-, Vereins- und Stiftungsrecht sowie im Miet- und Pachtrecht vom 17.12.2020 (BGBl. I, 3328). Ursprünglich sah die Insolvenzordnung eine an die Aufhebung des Insolvenzverfahrens anknüpfende siebenjährige Wohlverhaltensperiode vor. Siehe zu dieser Entwicklung auch *Schülke/Baschnagel*, DStR 2021, 295 ff.

Über den europäischen Kontext ist mindestens seit den 2000er-Jahren ein globaler Trend hin zur Restschuldbefreiung angloamerikanischen Vorbilds zu beobachten.[23] In der rechtswissenschaftlichen Literatur spiegelt sich dieser Trend in Arbeitstiteln wie „*comparative consumer bankruptcy law*" wider.[24]

Vor diesem Hintergrund stellt sich die rechtshistorische Frage, wie und warum die Entschuldung natürlicher Personen in Form der *bankruptcy discharge* eine typisch angloamerikanische Rechtsfigur wurde und warum es umgekehrt so lange der typisch kontinentaleuropäische Ansatz war, den (ehemaligen) Insolvenzgläubigern ein freies Nachforderungsrecht gegen den (ehemaligen) Insolvenzschuldner zu gewähren.

Zur Beantwortung dieser Frage liegt der Schwerpunkt der Arbeit auf der entscheidenden Weichenstellung der Einführung des Ausgangsmodells der *bankruptcy discharge* (B.). Im Anschluss daran wird die Weiterentwicklung des Ausgangsmodells zum Verwertungsmodell (C.) und schließlich zum Tilgungsplanmodell (D.) nachgezeichnet. Die Arbeit endet mit einer Zusammenfassung (E.).

Als rechtshistorische Untersuchung ist die vorliegende Arbeit auf eine zwangsweise subjektive[25] Auswahl (rechts-)historischer Quellen angewiesen. Die Stoffmenge aus mehreren Jurisdiktionen des kontinentaleuropäischen und angloamerikanischen Rechtskreises und einer jeweils mehrere Jahrhunderte umfassenden Entwicklung ist im Detail kaum zu überblicken. Als historische Arbeit ist sie zudem auf ein historisches Kausalitätsverständnis angewiesen, das sich nicht auf exakte Beweisbarkeit, aber auf die Nachvollziehbarkeit und

---

23 *Efrat*, Am. Bankr. L.J. 76 (2002), 81, 82 ff.; *Martin*, B. C. Int'l & Comp. L. Rev. 28 (2005), 1 ff.; siehe für den globalen Kontext den 2014 von der Weltbank veröffentlichen *Report on the Treatment of the Insolvency of Natural Persons*, insbesondere S. 24 ff. und 115 ff. und dazu *Garrido*, The World Bank Law Review 5 (2014), 111, 121 ff. Auch der 2005 von UNCITRAL veröffentlichte *Legislative Guide on Insolvency Law*, S. 281 ff. (Recommendations 194–196), empfiehlt Gesetzgebern, die Entschuldung natürlicher Personen zu regeln.

24 *Anderson*, Osgoode Hall L.J. 42 (2004), 661, mit Verweis auf *Niemi-Kiesiläinen/Ramsay/Whitford*, Consumer Bankruptcy in Global Perspective, sowie *Ziegel*, Comparative Consumer Insolvency Regimes, als Begründer dieses Arbeitstitels; vgl. zudem *Kilborn*, Comparative Consumer Bankruptcy; *Ramsay*, Personal Insolvency; *ders.*, U. Ill. L. Rev. 2007, 241; *Tabb*, Law & Soc. Inquiry 30 (2005), 763.

25 Zum subjektiven Element in der Rechtsgeschichte *Oestmann*, Gerichtsbarkeit und Verfahren, S. 24.

Kontrollierbarkeit stützt.[26] Die Arbeit versteht sich in diesem Sinne als Ausgangspunkt und Beitrag für den rechtshistorischen Diskurs zu einem differenzierteren Blick auf die Entstehung und Entwicklung der angloamerikanischen Restschuldbefreiung aus kontinentaleuropäischer Perspektive.

26 *Stolleis*, Rechtsgeschichte als Kunstprodukt, S. 14 ff.: „Nur in der Sprache kann Geschichte als geistiges Konstrukt entstehen (...) Geschichtsschreiber und Geschichtenerzähler sind [insoweit] Geschwister im Geiste. (...) Beide ‚erschaffen' eine Welt und beide verwenden ein Kriterium von ‚Wahrheit', das sich von der sog. exakten Beweisbarkeit unterscheidet. (...) Der Unterschied reduziert sich auf die Frage der Kontrollierbarkeit." Auch *Friedell*, Kulturgeschichte, S. 9 ff. weist auf einige Eigenschaften historischer Kausalitäten hin: Sie sind einmalig, sie lassen sich nicht wie naturgesetzliche Kausalitäten in Experimenten wiederholen und beobachten, sie treten manchmal spät oder nie ans Tageslicht und sie können so vielschichtig und unentwirrbar sein, dass sie den Charakter der Kausalität eigentlich verlieren.

B. Ausgangsmodell der bankruptcy discharge

Dieser erste Teil der Arbeit beschäftigt sich mit der Frage der Entstehung des Ausgangsmodells der angloamerikanischen *bankruptcy discharge.* Die entscheidende historische Wegmarke in dieser Hinsicht ist der bereits einleitend erwähnte englische *Act to prevent frauds frequently committed by bankrupts*, 4 & 5 Anne c. 4 (1705). Dieses Gesetz ermöglichte es ehrlichen und kooperativen Insolvenzschuldnern erstmals, eine Restschuldbefreiung im Regelungskontext des englischen Bankrottverfahrens zu erhalten.[27] Gleichzeitig wurde mit diesem Gesetz zum ersten Mal im englischen Recht betrügerisches und unkooperatives Verhalten des Bankrotteurs (*fraudulent bankruptcy*) zum Kapitalverbrechen erklärt.[28]

Zum Verständnis des Ausgangsmodells der *bankruptcy discharge* soll zudem bereits hier auf den einige Monate nach 4 & 5 Anne c. 4 (1705) erlassenen *Act to explain and amend an Act of the last Session of Parliament for preventing Frauds frequently committed by Bankrupts*, 6 Anne c. 22 (1706) hingewiesen werden. Aus diesen beiden kurz hintereinander in Kraft getretenen Bankrottgesetzen ergibt sich die Dogmatik des Ausgangsmodells der angloamerikanischen *bankruptcy discharge.* Charakteristisch sind dabei folgende Punkte:

Eine *bankruptcy discharge* setzte voraus, dass der Schuldner gemäß den bereits bestehenden Bankrottgesetzen des 16. und 17. Jahrhunderts zum Bankrotteur erklärt wurde. Diese Bankrotterklärung des Schuldners konnte nur auf Initiative der Gläubiger erfolgen. Zudem musste der Schuldner Kaufmann im Sinne der Bankrottgesetze sein und eine Bankrotthandlung verwirklicht haben. Die Erteilung der *bankruptcy discharge* setzte ehrliches, kooperatives Verhalten des Schuldners im Bankrottverfahren und – ab 6 Anne c. 22 (1706) – die Zustimmung einer hohen, durch Anzahl der Personen und Summe der Forderungen doppelt qualifizierten Gläubigermehrheit voraus.

Erst im 19. Jahrhundert wurde diese Gläubigerkontrolle im englischen *bankruptcy law* durch eine strenge gerichtliche Prüfung und eine richterliche Ermessensentscheidung über die Gewährung der *bankruptcy discharge* abgelöst. Dabei konnte das Gericht die Gewährung der *bankruptcy discharge* nach eigenem

---

27 4 & 5 Anne c. 4 (1705), § 8.

28 4 & 5 Anne c. 4 (1705), §§ 1, 19.

Ermessen für eine bestimmte Zeit aufschieben und sie von zusätzlichen Bedingungen wie zum Beispiel dem Erreichen von Mindestquoten bei der Befriedigung der Gläubiger abhängig machen.[29]

I. These zum Ausgangsmodell der bankruptcy discharge

Die zentrale These dieser Arbeit ist, dass die Schaffung des Ausgangsmodells der *bankruptcy discharge* zu Beginn des 18. Jahrhunderts eine *Ad-hoc*-Schöpfung – oder sogar Notlösung – des englischen Gesetzgebers war, über die das Fehlen eines Zwangsvergleichsrechts in England ausgeglichen werden sollte. England benötigte als global aufstrebende Handels- und Wirtschaftsmacht des späten 17. und beginnenden 18. Jahrhunderts neben dem scharfen Gesamtvollstreckungsrecht des damaligen Bankrottverfahrens ein Äquivalent zur kontinentaleuropäischen Rechtsfigur des Zwangsvergleichs. Diese These wird im Folgenden aus einer makro- und einer mikrohistorischen Perspektive begründet.

Die makrohistorische Begründung stützt sich auf entscheidende Aspekte der Entstehung und Entwicklung des englischen *bankruptcy law* und des Zwangsvergleichsrechts bis zur Einführung der *bankruptcy discharge* zu Beginn des 18. Jahrhunderts.

Das englische Recht importierte mit der Schaffung des *bankruptcy law* kurz vor Mitte des 16. Jahrhunderts und damit gut eineinhalb Jahrhunderte vor Einführung der *bankruptcy discharge* den scharfen, vornehmlich gegen flüchtige und (jedenfalls konzeptionell) unredliche Schuldner gerichteten insolvenzrechtlichen Gesamtvollstreckungsmechanismus kontinentaleuropäischer Bankrottgesetze. Insofern lässt sich von einem Rechtsnormimport oder *legal transplant* sprechen.[30]

Im römisch-kontinentalen Insolvenzrecht existierte neben diesem scharfen Gesamtarrest und -vollstreckungsverfahren für Fälle des Bankrotts eine zweite Entwicklungslinie. Diese umfasste die Rechtsfiguren der freiwilligen Güterabtretung des Schuldners (*cessio bonorum*) und den Zwangsvergleich. In England

---

29 Dieses Prinzip galt ab 12 & 13 Vict. c. 106 (1849), § 198: „(...) the Court having regard to the Conformity of the Bankrupt to the Law of Bankruptcy, and to his Conduct as a Trader before as well as after his Bankruptcy, and whether the Allowance of such Certificate be opposed by any Creditor or not, shall judge of any Objection against allowing such Certificate, and either find the Bankrupt entitled thereto, and allow the same, or refuse or suspend the Allowance thereof, or annex such Conditions thereto as the Justice of the Case may require."

30 Vgl. zum Konzept des Rechtsnormimports *Watson*, Legal Transplants, S. 95 ff.

wurde ein dem *bankruptcy law* vergleichbarer Rechtsnormimport dieser Entwicklungslinie zwar offenbar gefordert, hatte im 16. und 17. Jahrhundert jedoch keinen bleibenden Erfolg und schien Ende des 17. Jahrhunderts für absehbare Zukunft sogar gescheitert. Dem englischen Insolvenzrecht fehlte damit Ende des 17. Jahrhunderts ein Mechanismus, der die Entscheidung einer Mehrheit vergleichswilliger Gläubiger im Hinblick auf Zahlungsaufschübe und sogar (Teil-) Erlasse des Schuldners gegen einzelne vergleichsunwillige Gläubiger durchsetzen konnte. In diesem Kontext erscheint das Ausgangsmodell der *bankruptcy discharge* zum einen als Entschuldungsmechanismus, der Bankrotteure zu ehrlichem Verhalten inzentiveren sollte, zum anderen aber auch als Maßnahme zur Schwächung der Position von Vergleichsstörern, die Bankrottverfahren zulasten der Gläubigermehrheit und des Schuldners in die Länge ziehen konnten. Besonders deutlich wird diese Nähe zum Zwangsvergleich durch die Einführung der Gläubigerkontrolle über die Gewährung der *bankruptcy discharge* mit 6 Anne c. 22 (1706).

Auf der mikrohistorischen Ebene bestätigt sich diese These. Die Situation des englischen Insolvenzrechts im ausgehenden 17. Jahrhundert kann zunächst anschaulich durch die zeitgenössische Bestandsaufnahme und Kritik *Daniel Defoes* illustriert werden. Dieser war – bevor er den Roman Robinson Crusoe verfasste – als insolventer Kaufmann und gescheiterter Spekulant unmittelbar Betroffener des geltenden englischen Insolvenzrechts. Er strebte einen Vergleich mit einer Vielzahl von Gläubigern an, der jedoch an der versagten Zustimmung weniger Gläubiger scheiterte. In dieser Situation publizierte *Defoe* in seinem 1697 erschienenen *Essay Upon Projects* eine detaillierte Kritik am geltenden englischen *bankruptcy law* und schlug ausdrücklich die Schaffung eines freiwilligen Insolvenzverfahrens mit Restschuldbefreiung für den redlichen Schuldner nach einem Verwertungsmodell vor. Schließlich beobachtete *Defoe* das Gesetzgebungsverfahren zu 4 & 5 Anne c. 4 (1705) genau. Er kommentierte das laufende Gesetzgebungsverfahren in der von ihm verlegten Zeitung *A Review of the State of the English Nation* und veröffentlichte 1706 – kurze Zeit nach Erlass des Gesetzes – seine *Remarks on the Bill to Prevent Frauds Committed by Bankrupts. Defoes* Kritik und seine Lösungsvorschläge waren von der (eigenen) Situation des redlichen Schuldners getrieben, dem einzelne unredliche Gläubiger einen angemessenen Vergleich verweigerten. *Defoe* bietet somit eine nahezu idealtypische Fallstudie und eine Fülle an zeitgenössischer Kommentierung zur mikrohistorischen Begründung der These dieser Arbeit.

Der Verlauf des Gesetzgebungsverfahrens zu 4 & 5 Anne c. 4 (1705) belegt schließlich, dass es sich bei der *bankruptcy discharge* um eine *Ad-hoc*-Schöpfung des Gesetzgebers handelte. Das Gesetzgebungsverfahren begann nicht im

Kontext der etwa von *Defoe* geführten Diskussion um die Situation des redlichen Insolvenzschuldners oder gar dessen Interesses an einer Entschuldung, sondern ganz im Gegenteil als Reaktion auf einen öffentlichkeitswirksamen Fall von Wirtschaftskriminalität, die sogenannte Pitkin-Affäre. Als Reaktion auf diesen Wirtschaftsskandal sollte der Gesetzesentwurf, aus dem schließlich Gesetz 4 & 5 Anne c. 4 (1705) hervorging, die Strafandrohung für betrügerische Bankrotteure auf eine lebenslange Freiheitsstrafe erhöhen. Die *bankruptcy discharge* fand erst in letzter Minute Eingang in das laufende Gesetzgebungsverfahren.

Schließlich wird die Dogmatik des Ausgangsmodells der *bankruptcy discharge* genauer dargestellt. Die mit 6 Anne c. 22 (1706) eingeführte Gläubigerkontrolle über die Gewährung der Entschuldung rückt das Ausgangsmodell der *bankruptcy discharge* auch dogmatisch dicht an den kontinentaleuropäischen Zwangsvergleich.[31] Aufgrund der pragmatischen Einflechtung in das eigentlich gegen betrügerische Schuldner konstruierte Bankrottverfahren bleibt die *bankruptcy discharge* aus kontinentaleuropäischer Sicht gleichwohl eine Eigenheit des englischen Rechts.

II. Makrohistorische Begründung: Englisches bankruptcy law und Zwangsvergleichsrecht bis Ende des 17. Jahrhunderts

1. Englisches bankruptcy law als Rechtsnormimport im 16. Jahrhundert

Den Beginn des englischen *bankruptcy law* markiert der *Acte againste such persones as doo make Bankrupte*, 34 & 35 Hen. VIII. c. 4 (1542–43).[32] Das Gesetz war

31 Siehe zum Gedanken der neuen Kombination bestehender dogmatischer Elemente *Mayer-Maly*, JZ 1971, 1, 3: „Die Figuren, Kategorien und Instrumente des Rechts stehen mehr neben- als nacheinander. Die jeweils aktuelle Konstellation eines juristischen Instrumentariums hängt weniger von einem bestimmten Entwicklungsstand, sondern vor allem von der wertenden Auswahl aus einem sehr begrenzten Vorrat ab, der nur selten um ein wirklich neues Stück vermehrt wird.“ Mit Bezug zur Insolvenzrechtsgeschichte hat *Paulus*, JZ 2009, 1148 dafür das treffende Bild eines Kaleidoskops genutzt, in dem sich dieselben Teile zu immer neuen Bildern zusammensetzen können.

32 Das Gesetzgebungsverfahren wurde wohl 1543 abgeschlossen, siehe *Tribe*, Statute Dating, http://bankruptcyandinsolvency.blogspot.com/2010/03/hobs-1542-statute-dating-act-against.html (zuletzt abgerufen am 27. Februar 2022). Erste Aktivitäten des englischen Gesetzgebers im Kontext des Bankrotts lassen sich schon in den 1530er-Jahren nachweisen. 1531 scheiterte eine *bill of bankrupt* im *House of Commons*, deren genauer Inhalt allerdings nicht bekannt ist, dazu *Graham*, Int. Insolv. Rev. 2 (2002),

inhaltlich eng an die wesentlichen insolvenzrechtlichen Regelungen aus Bankrottgesetzen angelehnt, die einige Jahre zuvor von König François I. für Frankreich und Kaiser Karl V. für die Niederlande, unter anderem für das wichtige Handelszentrum Antwerpen, erlassen wurden.[33] Insofern lässt sich das englische *bankruptcy law* des 16. Jahrhunderts als Rechtsnormimport oder *legal transplant* aus dem kontinentaleuropäischen Recht qualifizieren.[34]

a) Bankrotteur als Ausgangspunkt

Der *Acte againste such persones as doo make Bankrupte* nutzte dementsprechend als erstes englisches Gesetz den kontinentaleuropäischen Begriff des Bankrotts bzw. des Bankrottmachens. *Blackstone* schrieb in seinen *Commentaries on the Laws of England* in den 1760er-Jahren mit Blick auf den Gesetzestitel:[35]

> „And it is observable that the title of the first English statute concerning this offence, 34 Hen. VIII. c. 4. ‚against such persons as do make bankrupt,' is a literal translation of the French idiom, qui font banque route."

Coke merkte 1644 im vierten Teil seiner einflussreichen *Institutes of the Laws of England* mit Blick auf das *bankruptcy law* an, dass den Engländern der Bankrott in früheren Zeiten fremd gewesen sei. Man habe sowohl den Namen als auch die Schlechtigkeit der Bankrotteure von fremden (das heißt kontinentaleuropäischen) Nationen übernommen:[36]

97, 102. Unmittelbar vor Erlass des Gesetzes 34 & 35 Hen. VIII. c. 4 (1542–43) kam es im *House of Lords* zur Lesung einer *Billa for Merchants that run away with Other Men's Goods*, deren Inhalt ebenfalls nicht bekannt ist, siehe Journals of the House of Lords, Bd. 1 (20. Februar 1543, S. 208) und dazu *Graham*, Int. Insolv. Rev. 2 (2002), 97, 102; *Treiman*, Harv. L. Rev. 52 (1938), 189, 193. Aufgrund des engen zeitlichen Zusammenhangs mit 34 & 35 Hen. VIII. c. 4 (1542–43) scheint es naheliegend, dass es sich um einen frühen Entwurf dieses Gesetzes handelte.

33 *Paulus*, KTS 2019, 125, 141 ff.; ein ausführlicher Vergleich mit dem sogenannten „Groot Placaat", Kapitel VII. vom 15. November 1531 und dem „Euwig Edict" vom 4. Oktober 1540, Kapitel II und III Kaiser Karls V. findet sich bei *Willems*, Actio Pauliana, S. 110 ff., mit dem Ergebnis, dass „(...) in fast allen zentralen Punkten inhaltliche Übereinstimmungen zwischen den Gesetzen Karls V. und 34 & 35 Hen. VIII. c. 4" bestehen.

34 Vgl. zum Konzept des Rechtsnormimports *Watson*, Legal Transplants, insbesondere S. 95 ff.; *Paulus*, KTS 2019, 125, 144: „(...) erscheint der ‚Act againste suche persones as doo make Bankrupte' insgesamt als ein Produkt einer Übernahme und Überarbeitung von Ideen, die auf dem Festland bereits in Gesetzesform gegossen waren."

35 *Blackstone*, Commentaries, Bd. 2, S. 472, Fn. e.

36 *Coke*, Intstitutes, Bd. 4, S. 277.

> „We have fetched as well the name as the wickednesse of Bankrupts from foreign Nations (...). In former times as the name of the Bankrupt, so was the offense itself (as hath been said) a stranger to an Englishman, who of all other Nations was freest of Bankruptcy."

Der historische Wahrheitsgehalt von *Cokes* Einschätzung der Tugenden englischer Kaufleute im Vergleich zu ihren kontinentaleuropäischen Kollegen mag dahinstehen.[37] Die Bankrottterminologie und die Figur des Bankrotteurs lassen sich allerdings auf einen kontinentaleuropäischen und hier insbesondere norditalienischen Ursprung zurückführen. Die heute gängige etymologische Erklärung stellt, wenn auch nicht mit lückenloser Sicherheit, auf das Zerbrechen oder Zerschlagen der Bank oder des Tischs eines Geldwechslers oder Geldverleihers ab (italienisch *„banca rotta"*).[38] *Coke* und *Blackstone* boten im Hinblick auf die Bankrottterminologie noch etymologische Erklärungen, die sich für England geografisch naheliegend stärker auf das Französische und inhaltlich auf den Aspekt der Flucht des Schuldners beziehen. *Coke* schrieb:[39]

> „(...) Banque in French is mensa, and a Banqueror or Exchanger is mensarius, and route is a sign or mark, as we say, a Cart rout is the sign or mark where the Cart hath gone: metaphorically it is taken for him that hath wasted his estate, and removed his Banque, so as there is left but a mention thereof. Some say it should be derived from banque and rumpue, as he hath broken his Banque or state."

---

37 *Coke*, Intstitutes, Bd. 4, S. 277 führt als Beleg für diese These an, dass die erste englische Regelung, die sich in der Sache gegen das Bankrottmachen richtete, ausdrücklich auf Ausländer abzielte. Dazu bezog er sich auf ein gut 200 Jahre vor 34 & 35 Hen. VIII. c. 4 (1542–43) erlassenes Gesetz, das unter anderem bestimmte, dass lombardische Kaufleute für ausstehende Forderungen ihrer Geschäftspartner gesamtschuldnerisch haften mussten, wenn ihre Geschäftspartner ohne Einigung über die ausstehenden Zahlungen mit ihren englischen Gläubigern außer Landes flohen, siehe 25 Edw. III. stat. 5 c. 23 (1351–52), *Companies of Lombards answerable for the Debts of their Fellows*; vgl. zu diesem Gesetz *Willems*, Actio Pauliana, S. 78 ff. Anders als 34 & 35 Hen. VIII. c. 4 (1542–43) nutzte dieses Gesetz jedoch weder irgendeine Variante des Begriffs des Bankrotts noch enthielt es Regelungen, die man heute als insolvenzrechtlich qualifizieren würde.

38 *Hertner*, HRGdigital, Stichwort: Bankrott, https://www.hrgdigital.de/id/bankrott/stichwort.html (zuletzt abgerufen am 27. Februar 2022); wie auch *Willems*, Actio Pauliana, S. 118, mit Nachweis zu einer solchen Praxis auf dem Markt des spanischen Medina del Campo gegen genuesische Kaufleute sowie weiteren Nachweisen. *Schick*, Am. Bankr. L.J. 80 (2006), 219, 222 ff. spricht von einem „Mythos der zerbrochenen Bank", den er historisch letztlich nicht eindeutig belegen, aber genauso wenig widerlegen könne.

39 *Coke*, Intstitutes, Bd. 4, S. 277. Eine ähnliche Erklärung findet sich unter dem Stichwort *„Bankrupt"* bei *Cowells*, Interpreter.

Blackstone erklärte:[40]

> „The word itself is derived from the word bancus or banque, which signifies the table or counter of the tradesman (…) and ruptus, broken: denoting thereby one whose shop or place of trade is broken and gone; though others rather chus to adopt the word route, which in French signifies a trace or track, and tell us that a bankrupt is one who have removed his banque, leaving but a trace behind. And it is observable that the title of the first English statute concerning this offence (…) is a literal translation of the French idiom, qui font banqueroute."

Der rechtliche Kern der kontinentaleuropäischen Bankrottgesetze des 16. Jahrhunderts, die sich das englische *bankruptcy law* zum Vorbild nahm, waren insolvenz- und strafrechtliche Regelungen zum Umgang mit dem Ordnungsproblem der Flucht zahlungsunfähiger oder zahlungsunwilliger Schuldner sowohl in Person als auch im übertragenen Sinne, indem Vermögenswerte außer Reichweite der Gläubiger verbracht oder deren Zugriff anderweitig entzogen wurden. *Paulus* hat herausgearbeitet, dass ein solches Verhalten für die Entwicklung der Handelswirtschaft in dieser Epoche offenbar vielerorts als großes Problem wahrgenommen wurde und die Monarchen der konkurrierenden europäischen Großmächte – der Habsburger Kaiser Karl V., der französische König François I. und der englische König Henry VIII. – zur Förderung der heimischen Handelswirtschaft versuchten, dem Problem durch den Erlass von scharfen Bankrottgesetzen zu begegnen.[41] *Paulus* formulierte, dass der Erlass solcher Gesetze zu dieser Zeit „offenbar ‚in der Luft lag'".[42]

Das englische Gesetz 34 & 35 Hen. VIII. c. 4 (1542–43) definierte das tatsächliche Ordnungsproblem des Bankrottmachens demnach wie folgt:[43]

---

40 *Blackstone*, Commentaries, Bd. 2, S. 472, Fn. e.

41 *Paulus*, JZ 2009, 1148, 1153 ff.; *ders.*, KTS 2000, 239, 242 ff.; *ders.*, KTS 2019, 125, 135 ff.. Genannt werden kann in diesem Kontext auch die in der Reichspolizeiordnung des Heiligen Römischen Reiches Deutscher Nationen in den Fassungen von 1548 (Art. 22 f.) und 1577 (XXIII. Titul.) enthaltenen Regelungen zum Ergreifen von „verdorbenen Kauffleuthen" die „Banckenrodt machen", abgedruckt bei *Weber*, Reichspolizeiordnungen, S. 198 f., 252 ff.; vgl. zudem *Blackstone*, Commentaries, Bd. 2, S. 474: „The first statute made concerning any English bankrupts, was [34 & 35 Hen. VIII. c. 4 (1542–43)] when trade began first to be properly cultivated in England."; vgl. zudem *Hofer*, ZNR 26 (2004), 177 ff. zum gezielten Einsatz insolvenzrechtlicher Regelungen im Sinne einer merkantilistischen Wirtschaftspolitik in Deutschland gegen Ende des 16. Jahrhunderts.

42 *Paulus*, KTS 2019, 125, 139.

43 34 & 35 Hen. VIII. c. 4 (1542–43), § 1.

> „Where divers and soondrye persones craftelye obteyning into theyre handes greate substaunce of other mennes goods doo sodenlie flee to partes unknowne or kepe theyre housses, not mynding to paie or restore to any theyre creditoures theyre debtes and dueties, but at theyre owne willes and pleasures consume the substaunce obteyned by credyte of other men, for theyre owne pleasures and delicate lyving against all reasonee [e]quytie and good conscience: Be it therefor enacted (…).“

Der Bankrotteur erschlich sich nach dieser Definition fremdes Vermögen auf Kredit, floh oder entzog sich durch den Rückzug in sein Haus dem Zugriff der geprellten Gläubiger und verschleuderte das fremde Vermögen zur Finanzierung des eigenen Vergnügens und eines überzogenen Lebensstandards. Der Rückzug ins eigene Haus wurde hier der physischen Flucht gleichgestellt, weil nach den Regeln des *common law* zur Zwangsvollstreckung nicht gewaltsam in das Haus des Schuldners eingedrungen werden durfte.[44]

b) Bankrottverfahren als Arrest und Gesamtvollstreckung

Das Gesetz 34 & 35 Hen. VIII. c. 4 (1542–43) ermächtigte für die definierte Situation des Bankrottmachens bestimmte Dreiergruppen aus einigen der höchsten Vertreter und Richter der englischen Krone, auf Antrag betroffener Gläubiger ein Insolvenzverfahren durchzuführen:[45]

> „(…) the Lord Chauncellor of Englande or Keap[er] of the great Seal, the Lord Treasurer, the Lord President, Lorde Privey Seall, and other of the Kings most honorable Privie Counsaill and the Chief Justices of eyther Benche (…) beeing three of them at the leaste, wherof the Lorde Chauncellor or Keap[er] of the great Seall Lord Treasurer Lord President or the Lorde Privey Seall to be one, upon everye complaint made to them in wryting by anye parties greaved (…) shall have power and auctoryte by virtue of this Acte (…).“

Diese Ermächtigung umfasste, den Schuldner nach eigenem Ermessen festnehmen und inhaftieren zu lassen, Durchsuchungen anzuordnen, das gesamte Vermögen des Schuldners zu beschlagnahmen, zu schätzen, Vermögensgegenstände zu veräußern und das Schuldnervermögen quotal entsprechend der Höhe der jeweils geltend gemachten Forderungen an die antragenden Gläubiger zu verteilen:[46]

---

44 Zum Rückzug ins eigene Haus als fluchtgleiche Handlung *Paulus*, KTS 2019, 125, 141, 144; mit Blick auf das *common law* ausführlich *Treiman*, L.Q. Rev. 43 (1927), 230 ff.

45 34 & 35 Hen. VIII. c. 4 (1542–43), § 1; vgl. dazu *Jones*, English Bankruptcy, S. 15.

46 34 & 35 Hen. VIII. c. 4 (1542–43), § 1. Eine solche *Pari-passu*-Verteilung kannte das *common law* nicht. Nachlassinsolvenzverfahren im Kirchenrecht (auch der ab 1530 bestehenden *Church of England*) wurden allerdings schon zuvor nach

„(...) to take by theyre wisdomes and discrea[ti]ons suche [orders] and directions, aswell with the bodies of suche offendoures aforesaide wheresoever they maie be had, as well in theyre houses as ellswhere by imprysonment of theyre bodies or otherwyse, as also with theyre lands tenements fees annuities and offices (...) and allso with theyre money goods c[h]atalls wares merchaundises and debtes wheresoever they maie be founde or knowne; And to cause [the] saide (...) to be searched viewed rented and appraised, and to make sale of the saide (...), or otherwyse ordre the same for true satissfac[ti]on and paiment of the saide creditors, that is to saie; to everye of the saide Creditoures a por[tio]n, rate and rate lyke, according to the quantitie of theyre debts.“

War es nicht mehr möglich, einen flüchtigen Bankrotteur zu fassen, und reagierte er drei Monate lang nicht auf eine öffentlich bekanntgemachte Aufforderung, sich zu stellen, konnte er für rechtlos erklärt werden (*outlawry*).[47] Konnte nach der Rechtloserklärung noch Vermögen des Bankrotteurs ausfindig gemacht werden, fiel dieses – anders als bei einer Rechtloserklärung im *common law* sonst üblich – nicht der Krone anheim, sondern wurde quotal an die Gläubiger verteilt.[48]

Gegen Fluchthelfer des Bankrotteurs konnten Gefängnis- und Geldstrafen angeordnet werden.[49] Bestand der Verdacht, dass sich Vermögen des Bankrotteurs im Besitz Dritter befand, konnten auch diese auf Antrag eines oder mehrerer Gläubiger vorgeladen und unter Eid zu dem vorgeworfenen Sachverhalt vernommen werden. Stellte sich dabei heraus, dass solche Personen entgegen ihrer Aussagen Vermögen des Schuldners verbargen, mussten sie dieses herausgeben und eine Strafzahlung zugunsten der Masse leisten, die nochmals dem Wert der zurückgehaltenen Vermögenswerte entsprach.[50] Ein Gläubiger, der eine Forderung geltend machte, deren Bestand er schließlich nicht beweisen konnte, musste nach 34 & 35 Hen. VIII. c. 4 (1542–43) ebenfalls eine Strafzahlung in die Masse leisten, deren Höhe dem doppelten Wert der unrechtmäßig geltend gemachten Forderung entsprach.[51]

---

römisch-rechtlichen Prinzipien mit entsprechend quotaler Verteilung durchgeführt, vgl. *Helmholz*, Mo. L. Rev. 48 (1983), 415, 417 ff. Bis weit ins 16. Jahrhundert hinein entschieden Kirchengerichte dabei auch über Forderungen gegen den Nachlass, dazu *Helmholz*, Am. J. Legal Hist. 13 (1979), 68, 77 ff. Endgültig auf weltliche Gerichte übertragen wurde diese Zuständigkeit erst durch den *Court of Probate Act 1857*, 20 & 21 Vict. c. 77.

47 34 & 35 Hen. VIII. c. 4 (1542–43), § 5; 13 Eliz. I. c. 7 (1571), § 8.

48 34 & 35 Hen. VIII. c. 4 (1542–43), § 5.

49 34 & 35 Hen. VIII. c. 4 (1542–43), § 5; 13 Eliz. I. c. 7 (1571), § 8.

50 34 & 35 Hen. VIII. c. 4 (1542–43), § 2; 13 Eliz. I. c. 7 (1571), § 5 f.

51 34 & 35 Hen. VIII. c. 4 (1542–43), § 3.

Diese mit 34 & 35 Hen. VIII. c. 4 (1542–43) erstmals im englischen Recht vorgesehene, vom Arrestgedanken (das heißt ohne die Voraussetzung eines gerichtlich ausgeurteilten Zahlungsanspruchs) gegen den flüchtigen oder unter Fluchtverdacht stehenden Insolvenzschuldner her konstruierte Gesamtvollstreckung war eine Entwicklung des kontinentaleuropäischen Insolvenzrechts.[52] In England wurde das mit 34 & 35 Hen. VIII. c. 4 (1542–43) eingeführte Bankrottverfahren aufgrund der von den *Common-law*-Gerichten abgelehnten arrestartigen Vermögensbeschlagnahme[53] teils bis ins 19. Jahrhundert als Verletzung fundamentaler Rechtsprinzipien des *common law* durch den Gesetzgeber angesehen. *Montagu* schrieb noch 1825 zu 34 & 35 Hen. VIII. c. 4 (1542–43):[54]

> „By this statute the Legislature sanctioned the forcible and then unknown power of seizing a debtor's property and person by a summary process, for the security of his creditors: an encroachement upon the common law and common course of justice (…)."

Auf dem Kontinent lässt sich hingegen ab dem Mittelalter die Kombination des Gedankens eines summarischen (Gesamt-)Vermögensarrests mit den aus dem klassischen römischen Recht stammenden Grundsätzen der

52 *Planitz*, ZRG Germ. Abt. 34 (1913), 49, 114 ff., insbesondere 116: „Daher treten nach vielen Quellen die Rechtsfolgen des Fluchtverdachts schon dann ein, wenn der Schuldner sich in einem Vermögensstande befindet, dass die Befürchtung des Gläubigers, keine Befriedigung erhalten zu können, gerechtfertigt erscheint." Vgl. zudem *Krafft*, Practische Anmerckungen über den Concurs-Proceß, S. 11, 76 f., wonach ein materieller Konkurs, das heißt ein Eröffnungsgrund für ein gerichtliches Konkursverfahren, vorlag, wenn der Schuldner flüchtig wurde oder sich der Flucht verdächtig machte.

53 So noch *Lister & Co. v. Stubbs* (1890) 45 Ch D 1, 13: „I know of no case where, because it was highly probable that if the action were brought to a hearing the plaintiff could establish that a debt was due to him from the defendant, the defendant has been ordered to give security until that has been established by judgment or decree." Erst 1975 erlaubte *Lord Denning* im Fall *Nippon Yusen Kaisha v. Karageorgis* [1975] 1 WLR 1093, 1094 den dinglichen Sicherungsarrest im vorläufigen Rechtsschutz und merkte an: „We are told that an injunction of this kind has never been granted before. It has never been the practice of the English courts to seize assets of a defendant in advance of judgment or to restrain the disposal of them." Nach dem folgenden Fall *Mareva Compania Naviera SA v. International Bulkcarriers SA* [1980] 1 All ER 213 wurde der neue Rechtsbehelf auch „*Mareva Injunction*" genannt, vgl. dazu *Lee*, Loy. L.A. Int'l & Compar. L. Rev. 5 (1982), 143 ff.

54 *Montagu*, Inquiries, S. 7.

Gesamtvollstreckung in Form der *missio in bona* und der *venditio bonorum* beobachten.[55] Als *missio in bona* wird die obrigkeitliche Einsetzung der Gläubiger in die Verfügungsbefugnis über das Schuldnervermögen als Ganzes[56] und als *venditio bonorum* der Verkauf des Schuldnervermögens als Ganzes zur Befriedigung der an der Vollstreckung teilnehmenden Gläubiger[57] bezeichnet. Im römischen Recht war die Gesamtvollstreckung durch *missio in bona* und *venditio bonorum* zunächst jedoch kein Insolvenzverfahren im heutigen Sinne des Wortes, sondern die einzige Möglichkeit der Vermögensexekution. Die Insolvenz des Schuldners war keine notwendige Voraussetzung.[58] Die heute zur Durchsetzung von Zahlungsansprüchen übliche Vollstreckung in einzelne Vermögensgegenstände des Schuldners war im klassischen römischen Recht nur im Rahmen der sogenannten *distractio bonorum* in Ausnahmefällen und auf besonderen Senatsbeschluss hin zulässig.[59] Das Regel-Ausnahme-Verhältnis von Gesamt- und Einzelvollstreckung kehrte sich erst später um. Die Einzelvollstreckung wurde im nachklassischen Recht zum Regelfall und die Gesamtvollstreckung zur Ausnahme, die nur noch bei Vorliegen der Insolvenz des Schuldners zulässig war.[60] Dieses Verhältnis zwischen allgemein zivilprozessualer Einzelvollstreckung und insolvenzrechtlicher Gesamtvollstreckung wurde der Grundsatz des römisch-kontinentalen Vollstreckungs- und Insolvenzrechts und ist es bis heute geblieben.

Weil das klassische und das nachklassische römische Recht den summarischen Vermögensarrest, den zweiten Baustein des Bankrottverfahrens, aber nicht kannten,[61] wurde die Kombination von (Gesamt-)Vermögensarrest und Gesamtvollstreckung im 19. Jahrhundert dem späteren Einfluss nicht römischer

---

55 *Becker*, Insolvenzrecht, Rn. 44; *Endemann*, Zeitschrift für deutschen Zivilprocess 12 (1888), 24 ff.; *Kohler*, Lehrbuch des Konkursrechts, S. 33 f.; *Seuffert*, Konkursprozeßrecht, S. 10 ff.

56 *Kaser/Hackl*, Römisches Zivilprozessrecht, S. 388 ff.

57 *Kaser/Hackl*, Römisches Zivilprozessrecht, S. 394 ff.

58 *Kaser/Hackl*, Römisches Zivilprozessrecht, S. 388.

59 Zum Verhältnis von Gesamt- und Einzelvollstreckung *Kaser/Hackl*, Römisches Zivilprozessrecht, S. 404 f., 510 f.

60 *Kaser/Hackl*, Römisches Zivilprozessrecht, S. 512 (zum Kognitionsverfahren), 626 f. (zum nachklassischen Verfahren).

61 *Wach*, Der italienische Arrestprocess, S. 1; siehe zum vorläufigen Rechtsschutz im römischen Recht *Heinze*, HWB-EuP 2009, Stichwort: Einstweiliger Rechtsschutz, http://hwb-eup2009.mpipriv.de/index.php/Einstweiliger_Rechtsschutz (zuletzt abgerufen am 27. Februar 2022).

bzw. germanischer Rechtstraditionen[62] oder einfach einer praktikablen Anpassung bestehender römischer Rechtsfiguren an die herrschenden Verkehrsbedürfnisse der Zeit zugeschrieben.[63]

Bereits das klassische römische Recht kannte jedoch das von *Bethmann-Hollweg* so bezeichnete Cotumacialverfahren,[64] das bereits einige Parallelen zum Bankrottverfahren aufwies. Das Cotumacialverfahren ermöglichte die Einleitung der Gesamtvollstreckung, wenn der Schuldner nicht verurteilt werden konnte, weil er sich passiv verhielt oder sich einem Prozess aktiv entzog.[65] Im Extremfall war der Schuldner flüchtig (*qui fraudationis latitat*).[66] *Bethmann-Hollweg* nennt neben der Flucht als weitere Fallgruppe den Aufenthalt im Hause, wodurch die *in ius vocatio* unmöglich wurde.[67] Als *in ius vocatio* wird die Ladung des Schuldners zum Prozess bezeichnet, die nicht von Amts wegen erfolgte, sondern vom Gläubiger privat erklärt werden musste und deshalb ein persönliches Zusammentreffen von Gläubiger und Schuldner voraussetzte.[68] Die Frage der Insolvenz spielte als eigenständige Voraussetzung zur Einleitung einer Gesamtvollstreckung zwar auch hier noch keine Rolle. Gleichwohl erscheinen

62 Vgl. für italienische Statutenrechte *Wach*, Der italienische Arrestprocess, insbesondere S. 163.

63 *Endemann*, Zeitschrift für deutschen Zivilprocess 12 (1888), 24, 39 f.; zum deutschen Recht *Planitz*, ZRG Germ. Abt. 34 (1913), 49, 105 ff. Zusammenfassung zur Entwicklung des Arrests *Streuber*, Die Flucht des Schuldners, S. 57 ff.

64 *Bethmann-Hollweg*, Handbuch des Civilprozesses, S. 277 nutzt den hier übernommenen Begriff des Cotumacialverfahrens im Sinne der Überwindung jeder „widerrechtliche[n], den Fortgang des Prozesses hemmende[n] Unthätigkeit einer Partei", weist aber darauf hin, dass *cotumacia* im römischen Recht streng genommen nur den Ungehorsam gegenüber richterlichen Befehlen bezeichnete. *Forster*, Konkurs als Verfahren, S. 223 f. weist darauf hin, dass die Gesamtvollstreckung der Gläubiger durch *missio in bona* und *venditio bonorum* im gemeinen Recht ab dem Mittelalter an Bedeutung verloren habe, auch in Form des Cotumacialverfahrens. *Endemann*, Zeitschrift für deutschen Zivilprocess 12 (1888), 24, 29, 34, 89, zufolge habe diese Verfahrensart bereits in spätrömischer Zeit an Bedeutung verloren, weil die Flucht des Schuldners nur in wenigen Fällen vorgekommen sei.

65 *Bethmann-Hollweg*, Handbuch des Civilprozesses, S. 280 f., 290 ff.; *Forster*, Konkurs als Verfahren, S. 223.

66 *Kaser/Hackl*, Römisches Zivilprozessrecht, S. 222, 390 f.; vgl. auch *Bethmann-Hollweg*, Handbuch des Civilprozesses, S. 281; *Forster*, Konkurs als Verfahren, S. 223.

67 *Bethmann-Hollweg*, Handbuch des Civilprozesses, S. 281 und zur weiteren Entwicklung 290 ff; *Kaser/Hackl*, Römisches Zivilprozessrecht, S. 65 f.

68 *Kaser/Hackl*, Römisches Zivilprozessrecht, S. 64 ff.

diese Varianten des Cotumacialverfahrens bereits dicht an den Bankrottgesetzen des 16. Jahrhunderts, die eine Gesamtvollstreckung von der Flucht des Schuldners oder dem Rückzug ins eigene Haus abhängig machten.[69] Offensichtlich erscheinen hier aber nicht nur Parallelen zum Insolvenzrecht, sondern auch zu modernen zivilprozessrechtlichen Versäumnisverfahren.

c) *Freies Nachforderungsrecht*

Das englische *bankruptcy law* normierte mit dem Gesetz 34 & 35 Hen. VIII. c. 4 (1542–43) von Beginn an ausdrücklich den Grundsatz des freien Nachforderungsrechts der Gläubiger. Im Hinblick auf nicht gedeckte Restschulden sollten den Gläubigern nach einem Bankrottverfahren dieselben Rechtsbehelfe des *common law* zur Einzelvollstreckung wie vor Erlass des Gesetzes zur Verfügung stehen:[70]

> „(…) be it enacted (…) that if the Creditoures of any suche offendour (…) be not fullye satisfied and paide (…) everye of them shall and may have theyre reamedie for the recoverye and levying of the residew of theyre said debts (…) in lyke maner and forme as they should or might have had before the making of this Acte (…)."

Die kontinentaleuropäischen Vorbilder des englischen *bankruptcy law* enthielten eine solche ausdrückliche Regelung nicht. Sie setzten ein freies Nachforderungsrecht aber voraus. *Paulus* weist in diesem Zusammenhang darauf hin, dass das Bankrottedikt des französischen Königs François I. von 1536 anordnete, Bankrotteure (nach der Vermögensliquidation) noch so lange in Haft zu halten, bis ihre Schulden voll beglichen waren.[71] Nach dem niederländischen Edikt Karls V. von 1540 war eine verhängte Todesstrafe gegen einen Bankrotteur auch dann noch zu vollstrecken, wenn die Gläubiger voll befriedigt wurden.[72] Diese Aussagen implizieren den Fortbestand der Gläubigerforderungen auch nach einer Abschlagsverteilung.

Dies entsprach auch der Systematik des römisch-kontinentalen Gesamtvollstreckungsrechts. Der Grundsatz des freien Nachforderungsrechts galt dabei

---

69 Zu Flucht und *keeping house* als ursprüngliche Bankrotthandlungen oben B. II. 1. a) und B. II. 1. d) cc).

70 34 & 35 Hen. VIII. c. 4 (1542–43), § 6.

71 *Déclaration portant que les banquerotiers frauduleux seront poursuivis extraordinairement, et punis d'amende honorable, apposition au carcan et pilori, et autres peines à l'arbitrage des juges*, abgedruckt bei *Isambert/Decrusy/Taillandier*, Recueil Général des Anciennes Lois Françaises, Bd. 12, S. 527, 529 f.; dazu *Paulus*, KTS 2019, 125, 140.

72 *Paulus*, KTS 2019, 125, 144 Fn. 95.

bereits in der Gesamtvollstreckung des römischen Rechts.[73] In den Gesetzgebungsmaterialien zur deutschen Reichskonkursordnung von 1877 findet sich zwar die Aussage, im älteren römischen Recht habe der Grundsatz gegolten, dass nach einer *venditio bonorum* keine Nachforderung mehr möglich war.[74] Die zwei zum Nachweis angegebenen Sekundärquellen stützen diese Aussage jedoch nicht.[75]

Als Grundsatz scheint es auch naheliegend, dass eine nur teilweise Leistung, selbst wenn sie zwangsweise als Teil eines Gesamtvollstreckungsverfahrens durchgesetzt wurde, nur zu einem teilweisen Erlöschen der Forderungen geführt hat. Hingegen erscheint fernliegend, dass das Recht zur Zwangsvollstreckung sich auf nur einen einzigen Versuch beschränkt haben sollte. Auch das Rechtsinstitut der freiwilligen Vermögensaufgabe (*cessio bonorum*), die im klassischen römischen Recht als Alternative zur Zwangsvollstreckung der Gläubiger durch *missio in bona* und *venditio bonorum* geschaffen wurde,[76] kann systematisch nur sinnvoll gewesen sein, wenn die im Gegenzug für die freiwillige Vermögensaufgabe gewährten Rechtswohltaten – unter anderem der Ausschluss der Möglichkeit der Personalexekution im Hinblick auf Restschulden – den Schuldner gegenüber einer Vollstreckung auf Initiative der Gläubiger privilegierten. Wären die Restschulden nach einem Vollstreckungsversuch der Gläubiger automatisch erloschen, liefe das Rechtsinstitut der *cessio bonorum* von Anfang an praktisch ins Leere.

d) Modifikationen durch 13 Eliz. I. c. 7 (1571)

Der *Acte againste such persones as doo make Bankrupte* bildete somit den rechtshistorischen Ausgangspunkt des englischen und damit des angloamerikanischen *bankruptcy law*. Formell außer Kraft gesetzt wurde dieses erste englische

---

73 *Forster*, Konkurs als Verfahren, S. 119 f.; *Kaser/Hackl*, Römisches Zivilprozessrecht, S. 398.

74 *Hahn*, Materialien zur Konkursordnung, S. 342.

75 Nach *Günther*, Conkurs der Gläubiger nach gemeinem deutschem Recht, S. 48, war die Nachforderung möglich, wenn der Schuldner nach der *venditio bonorum* „wiederum etwas Bedeutendes an Vermögen erworben hatte". *Bayer*, Theorie des Concurs-Processes nach gemeinem Rechte, S. 25 f., Fn. 6 schreibt: „Hat aber der Schuldner post venditionem neuerdings etwas erworben, so können sie [die Gläubiger] wiederholt auf bon. vend. antragen."

76 *Kaser/Hackl*, Römisches Zivilprozessrecht, S. 404, 405 ff; dazu im Einzelnen unten B. II. 2. b) aa).

Bankrottgesetz erst 1825.[77] Allerdings lassen sich für eine praktische Anwendung des Gesetzes keine Nachweise finden.[78] Es scheint, als habe erst das knapp drei Jahrzehnte später erlassene zweite englische Bankrottgesetz, der *Acte touchyng Orders for Bankruptes*, 13 Eliz. I. c. 7 (1571), das englische Bankrottverfahren praxistauglich gemacht.[79] In weiten Teilen wiederholte 13 Eliz. I. c. 7 (1571) die Regelungen des Vorgängers, nahm dabei aber einige entscheidende Modifikationen vor.

aa) Zuständigkeiten

Praktikabel wurde das englische Bankrottverfahren wohl in erster Linie durch eine neue Regelung der Zuständigkeiten. Das Gesetz 13 Eliz. I. c. 7 (1571) ermächtigte den *Lord Chancellor*, Bankrottkommissionen einzurichten und die Durchführung von Bankrottverfahren an diese zu delegieren. Die Bankrottkommissionen konnte er nach freiem Ermessen mit geeigneten Personen besetzen, die keine Richter sein mussten.[80] Damit war das Bankrottverfahren nicht

---

77 6 Geo. IV. c. 16 (1825), § 1.

78 *Christian*, Practice of the Bankrupt Law, Bd. 1, S. 7, Fn. 4: „This statute continued alone for twenty-eight years, but I have found not a single case in the books upon the construction of any part of it."; ebenso *Graham*, Int. Insolv. Rev. 2 (2002), 97, 102; *Jones*, English Bankruptcy, S. 9 f. merkt an „Hence the 1543 statute was so vague as to be nearly unworkable (...).", sowie S. 18: „There is reason to doubt if the Henrician statute was very effective (...). It was poorly worded and few could hope for a successful conclusion." *Kadens*, Duke L.J. 59 (2010), 1299, 1243: „The Henrician statute of 1543 had one serious liability: it did not work (...)." Zur weitschweifigen und umständlichen Formulierung des Gesetzes, die als typisch für die Tudorzeit angesehen wurde, *Levinthal*, U. Pa. L. Rev. 67 (1919), 1, 14; *Willems*, Actio pauliana, S. 102.

79 34 & 35 Hen. VIII. c. 4 (1542–43) mag nach *Jones*, English Bankruptcy, S. 5, eine gewisse generalpräventive Wirkung gehabt haben. Es war zudem Grundlage und mag Auslegungshilfe für die folgenden Bankrottgesetze gewesen sein, so *Christian*, Practice of the Bankrupt Law, Bd. 1, S. 7 f., Fn. 4: „It is the foundation of the whole system of the bankrupt law; and the chief provisions of it being copied in the subsequent statutes, it may be useful that when ambiguity of expression occurs in them to refer to it in order to ascertain the intention of the legislature."

80 13 Eliz. I. c. 17 (1571), § 2: „[T]he Lord Chauncelor or Lord Keper of the Great Seale of England for the tyme being, upon everye Complaynte made to hym in writing againste any suche p[er]son or persons being Banckrupt as is before defined, shall have full power and authoritie by Comission under the great Seale of England, to name assigne and appoynte such wyse and honest discrete p[er]sons as to hym shall seeme good, who or the most p[ar]te of them by virtue of this Acte and of such Comission, shall have full power to (...)."

mehr an höchster offizieller Stelle angesiedelt und konnte einen praktikablen administrativen Rahmen erhalten. *Blackstone* beschrieb das Bankrottverfahren im 18. Jahrhundert als „extrajudicial method of proceeding, which is allowed merely for the benefit o[f] commerce".[81]

Das System der Administration der Bankrottverfahren durch außergerichtliche Bankrottkommissionen blieb bis weit ins 19. Jahrhundert hinein bestehen. Ab dem frühen 17. Jahrhundert wurde die unmittelbare Verwaltung der Masse auf Gläubigervertreter, sogenannte *assignees*, ausgelagert, die von den Gläubigern aus dem Kreis der Gläubiger zu wählen waren.[82] Ein Bankrottgericht (*Court of Bankruptcy*) wurde erst 1831 eingerichtet.[83] Auch nach 1831 blieben für die Administration der Verfahren jedoch zunächst Bankrottkommissionen zuständig, die nicht mit Richtern besetzt waren. Die Masse wurde nun von *official assignees* verwaltet, die nicht von den Gläubigern gewählt wurden.[84] Die Richter des *Court of Bankruptcy* übten eine beaufsichtigende Funktion aus und traten damit an die Stelle des *Lord Chancellor*, der wiederum zu einer Berufungsinstanz in Bankrottsachen wurde.[85]

bb) Bankrotteur als Kaufmann

Das Gesetz 13 Eliz. I. c. 7 (1571) hatte zudem zum Ziel, klarer zu definieren, wer als Bankrotteur gelten sollte bzw. unter welchen Voraussetzungen ein Schuldner zum Bankrotteur erklärt werden durfte:[86]

> „Forasmuch as notw[i]thstandinge the Statute made agaynste Banckruptes (…) those kynde of p[er]sons have and doo still encrease into greate and excessive numbers, and are lyke more to do, yf some better p[ro]vysion be not made for the Repression of them; and for a playne Decleration to be made and set forth who is & ought to be taken & demed for a Banckrupt (…)."

Das Gesetz stellte dazu zunächst klar, dass nur Kaufleute, das heißt Personen, die ihren Lebensunterhalt durch den Erwerb und die (Weiter-)Veräußerung

81 *Blackstone*, Commentaries, Bd. 2, S. 477.
82 6 Anne c. 22 (1706), §§ 4 ff.
83 *An Act to establish a Court in Bankruptcy*, 1 & 2 Gul. IV. c. 56 (1831).
84 Gleichwohl waren weiterhin auch *creditors' assignees* vorgesehen, deren Einfluss jedoch begrenzt wurde, vgl. *Lester*, Victorian Insolvency, S. 45 f.
85 1 & 2 Gul. IV. c. 56 (1831), §§ 2 f. Dazu *Lester*, Victorian Insolvency, S. 45.
86 13 Eliz. I. c. 7 (1571), Präambel.

von Waren verdienten, in den Anwendungsbereich der Bankrottgesetze fallen sollten.[87]

> „(...) [A]ny Merchaunte or other p[er]son using or exercysinge the Trade of Merchaundise by way of Bargayninge Exchaunge Rechaunge Battrie Chevisaunce or otherwyse, in Grosse or by Ratayle or seeking his or her Trade of lyvinge by buyinge and sellinge (...).“

Das Bankrottverfahren wurde somit ausdrücklich zu einem Sonderrecht für Kaufleute erklärt.[88] Damit hat – so erklärt es *Duffy* – der politisch einflussreiche Adel, der seinen Wohlstand traditionell nicht durch Erwerb und (Weiter-)Veräußerung von Waren, sondern über seinen Landbesitz generierte, das eigene Vermögen von der Gefahr einer Liquidation im Rahmen eines Bankrottverfahrens ausgenommen.[89] Diese Politik kommt auch in der Formulierung eines Gesetzes aus dem 17. Jahrhundert zum Ausdruck, das in erster Linie klarstellen sollte, dass (adlige) Investoren in Handelsunternehmungen wie *East India Company* und *Guiney Company*, die ihre Dividenden teils in Naturalien erhielten und diese dann weiterveräußerten, nicht als Kaufleute im Sinne der Bankrottgesetze anzusehen waren:[90]

---

87 13 Eliz. I. c. 7 (1571), § 1; Zur häufig umstrittenen Auslegung der Grenzbereiche der Kaufmannsdefinition siehe *Duffy*, Am. J. Legal Hist. 24 (1980), 283, 294 ff.; *Duncan*, Comm. L.J. 100 (1995), 191, 201 f. Im 17. und 18. Jahrhundert wurden bestimmte Finanzdienstleister, die keinen direkten Warenhandel betrieben, in den Anwendungsbereich der Bankrottgesetze einbezogen, 21 Jac. I. c. 19 (1623–24), § 2: „(...) a Scrivener, receiving other Men's Monies or Estate into his Trust or Custody (...).“ und nach 5 Geo. I c. 24 (1718), § 27 „bankers, brokers and factorers“, hier zitiert nach *Duffy*, Am. J. Legal Hist. 24 (1980) 283, 292. Landwirte wurden vom Anwendungsbereich der Bankrottgesetze ausgenommen, 6 Anne c. 22 (1706), § 8.

88 In der neueren Literatur wurde hin und wieder diskutiert, ob bereits 34 & 35 Hen. VIII. c. 4 (1542–4) als Sonderrecht für Kaufleute auszulegen war, vgl. *Jones*, English Bankruptcy, S. 16 f.; *Kadens*, Duke L.J. 59 (2010) 1229, 1452, Fn. 53; *Lubben*, Case W. L. Rev. 64 (2013), 319, 330; *Paulus*, KTS 2019, 125, 142. Da das Gesetz scheinbar nie zur Anwendung kam, hat sich allerdings auch diese Frage tatsächlich nie gestellt. Es handelt sich also um eine hypothetische akademische Diskussion.

89 *Duffy*, Am. J. Legal Hist. 24 (1980), 283, 284. In den politischen Auseinandersetzungen um den Erlass von Bankrottgesetzen in den Vereinigten Staaten von Amerika sollte eine ähnliche Interessenlage der landbesitzenden Pflanzer-Aristokratie der Südstaaten zu einem fast ein Jahrhundert andauernden Konflikt mit den Kaufleuten, Investoren und Spekulanten der Nordstaaten führen. Dieser Konflikt wird im Zusammenhang mit den US-amerikanischen Bankrottgesetzen in Teil C. dieser Arbeit aufgegriffen.

90 14 Car. II. c. 24 (1662). Dasselbe wurde auch für Investitionen in Aktien der *Bank of England* bestimmt, 8 & 9 Gul. III. c. 20 (1696–97), § 47.

> „Whereas divers Noblemen Gentlemen and persons of quality no wayes bred up to Trade and Merchandize do oftentimes put in great stocks of money into the East India Company or Guiney Company and the Fishing Trade and such other publiq Societies an receive the procede of those Stocks sometimes in ready moneys sometimes in Comodities which they usually sell for money or exchang again (...) there hath been lately some opinion conceived that such persons may and ought to be made subject to the Statutes provided against Bankrupts (...).“

Die Aufhebung der formellen Beschränkung der Anwendbarkeit der Bankrottgesetze auf Kaufleute erfolgte mit dem englischen Bankrottgesetz von 1861, allerdings mit Ausnahme bestimmter Bankrotthandlungen, die nur auf Kaufleute anwendbar sein sollten:[91]

> „All Debtors, whether Trader or not, shall be subject to the Provisions of this Act; but no Debtor who is not a Trader shall be adjudged bankrupt except in respect of some one of the Acts of Bankruptcy herein-after described as applicable to a Non-trader.“

Gegner der Aufhebung der formellen Beschränkung auf Kaufleute kritisierten diesen Schritt unter anderem mit dem Argument, dass skrupellose Gläubiger nun gegen Grundbesitzer und *Gentlemen* im Wege von Bankrottverfahren vollstrecken könnten.[92]

cc) Enumerativer Katalog von Bankrotthandlungen

Bereits unter 34 & 35 Hen. VIII. c. 4 (1542–43) basierte die Definition des Bankrotteurs auf der Beschreibung von zwei Handlungen des Schuldners: der Flucht (*„doo sodenlie flee to partes unknowne“*) und dem Rückzug ins eigene Haus (*„or kepe theyre houses“*).[93] Mit 13 Eliz. I. c. 7 (1571) wurden diese Bankrotthandlungen (*acts of bankruptcy*) wieder aufgegriffen.[94] Darüber hinaus wurden drei weitere Bankrotthandlungen definiert. Zu diesen gehörte zunächst der Rückzug

---

91 24 & 25 Vict. c. 134 (1861), § 69; Eine kurios anmutende Ausnahme bestand für verheiratete Frauen, weil ihr rechtlicher Status es zwar erlaubte, sie unter den Begriff des *„trader“* zu subsumieren, nicht aber unter den Begriff des *„debtor“*. Für verheiratete Frauen bestand die Kaufmannseigenschaft als Voraussetzung zur Bankrotterklärung daher fort. Geändert wurde diese Situation erst mit dem *Law Reform (Married Women and Tortfeasers) Act 1935*, 25 & 26 Geo. V. c. 30, § 1(d): „(...) a married woman shall (...) be subject to the law relating to bankruptcy (...) in all respects as if she were a feme sole.“ Vgl. dazu *Fletcher*, Law of Insolvency, Rn. 1-018.

92 *Lester*, Victorian Insolvency, S. 16.

93 34 & 35 Hen. VIII. c. 4 (1542-3), § 1.

94 13 Eliz. I. c. 7 (1571), § 1.

des Schuldners in ein Kirchenasyl (*taking sanctuary*).[95] Das Kirchenasyl schützte nicht nur Straftäter vor weltlicher Strafverfolgung, sondern auch Schuldner vor den weltlichen Zwangsvollstreckungsmaßnahmen ihrer Gläubiger, insbesondere vor dem Zugriff auf die Person des Schuldners im Rahmen der Personalexekution durch den *sheriff*.[96] Diese Funktion des Kirchenasyls war lange Zeit ein Dorn im Auge der weltlichen *Common-law*-Justiz und wurde zu Beginn der 1620er-Jahre abgeschafft.[97]

Zu den 1571 definierten Bankrotthandlungen gehörten zudem die absichtliche Herbeiführung der eigenen Inhaftierung in einem Schuldgefängnis sowie die absichtliche Herbeiführung der eigenen Ächtung bzw. Rechtloserklärung (*outlawry*).[98] Diese zwei Bankrotthandlungen erscheinen auf den ersten Blick verwunderlich, denn gerade seiner Inhaftierung oder den Folgen einer Ächtung scheint ein „vernünftiger" Bankrotteur durch seine Flucht gerade entgehen zu wollen. Personalexekution und Rechtloserklärung führten im *common law* jedoch jeweils dazu, dass Gläubigern aus Rechtsgründen der Zugriff auf die Vermögenswerte des Schuldners nicht mehr möglich war. Die Festsetzung des Schuldners in Haft führte für alle Gläubiger zu einer absoluten Sperrwirkung der Vermögensexekution.[99]

Die Rechtloserklärung hatte im *common law* eine im Ergebnis ähnliche Wirkung. Das Vermögen des Schuldners fiel dann zunächst (formell) der Krone anheim und war dem Zugriff der Gläubiger dadurch entzogen.[100] Voraussetzung

---

95 13 Eliz. I. c. 7 (1571), § 1 und 1 Jac. I. c. 15 (1603-4), § 1.

96 Siehe zum Kirchenasyl im englischen Zwangsvollstreckungsrecht z. B. *Hertzler*, Reform of Imprisonment for Debt, S. 24 ff.; *Jones*, English Bankruptcy, S. 13.

97 Die Abschaffung der Kirchenasyle regelte 21. Jac. I. c. 28 (1623–24), § 7. Zum Bedeutungsverlust der entsprechenden Bankrotthandlung siehe *Goodinge*, Law Against Bankrupts, S. 26.

98 13 Eliz. I. c. 7 (1571), § 1.

99 Zur Praxis solcher „*friendly actions*" vgl. *Innes*, King's Bench Prison, S. 256.

100 *Jones*, English Bankruptcy, S. 14. Eine übersichtliche Zusammenfassung zur Prozedur des *outlawry* im englischen Recht findet sich z. B. bei *Howe*, Cornell L. Rev. 23 (1938), 559, 564 ff. Ein *outlaw* musste jedoch nicht (wie die Figur des Robin Hood) verstoßen und vogelfrei in den Wäldern leben. Die Rechtloserklärung konnte zudem auf vielerlei Weise wieder rückgängig gemacht werden. Dazu *Baker*, English Legal History, S. 72, der in Fn. 72 zudem darauf hinweist, dass Königin Elizabeth I. sich sogar über die große Zahl von *outlaws* unter den Mitgliedern ihres Parlaments echauffiert haben soll. Zur Sonderregelung eines bereits zum Bankrotteur erklärten Schuldners siehe 34 & 35 Hen VIII. c. 4 (1542–43), § 5. Die (Reichs-)Acht als gerichtliches Zwangsmittel existierte auch im deutschen Recht, vgl. *Oestmann*, Gerichtsbarkeit und Verfahren, S. 112 ff., 155.

einer Rechtloserklärung war, dass der Schuldner die Ladung vor ein *Common-law*-Gericht missachtete und säumig blieb.[101]

Geschickt eingesetzt konnte ein Schuldner – insbesondere im kollusiven Zusammenwirken mit ihm wohlgesonnenen oder sogar rein fiktiven Gläubigern – seine Inhaftierung oder Rechtloserklärung somit gezielt nutzen, um sein Vermögen vor Zwangsvollstreckungsmaßnahmen der *Common-law*-Gerichte zu schützen.

Das Gesetz 13 Eliz. I. c. 7 (1571) normierte zudem einen subjektiven Tatbestand, der als Generalklausel für alle Bankrotthandlungen galt. Die Bankrotthandlungen mussten mit Gläubigerschädigungsvorsatz begangen werden. In der Formulierung des Gesetzes lautete dies:[102] „(...) to the [i]ntent and purpose to defraude or hynder any of his or her Credytors." Praktisch reichte es aus, wenn der Schuldner eine Bankrotthandlung in der Absicht verwirklichte, Zahlungen an die Gläubiger zumindest verzögern zu wollen.[103]

dd) Modifikation des freien Nachforderungsrechts

13 Eliz. I. c. 7 (1571) griff das freie Nachforderungsrecht des ersten Bankrottgesetzes ausdrücklich wieder auf.[104] Im Hinblick auf die Vermögensexekution kam es jedoch zu einer Modifikation. Der Neuerwerb des Bankrotteurs haftete von nun an quotal für alle offenen Restforderungen.[105] Bis alle Restforderungen vollständig befriedigt waren, konnten die am Verfahren beteiligten Gläubiger daher nur noch zugunsten der Gläubigergesamtheit in den Neuerwerb des Bankrotteurs vollstrecken.

Im Hinblick auf den Letzteren entwickelte die Rechtsprechung allerdings einen gewissen Vollstreckungsschutz. Dem (ehemaligen) Bankrotteur war

---

101 Ein Versäumnisverfahren, allerding nur für Forderungen unter 10 Pfund, wurde im *common law*-Prozess erst ab 1725 möglich, 12 Geo. I. c. 29 (1725), § 1; dazu *Baker*, English Legal History, S. 72, Fn. 71.

102 13 Eliz. I. c. 7 (1571), § 1.

103 *Christian*, Practice of the Bankrupt Law, Bd. 2, S. 81.

104 13 Eliz. I. c. 7 (1571), § 9.

105 13 Eliz. I. c. 7 (1571), § 10. Im heutigen englischen Bankrottverfahren gehört der Neuerwerb nicht mehr automatisch zur Insolvenzmasse. Der *trustee*, dem die Verwaltung des Schuldnervermögens obliegt, kann gemäß Insolvency Act 1986, § 307 Neuerwerb in bestimmten Fällen aber über eine entsprechende Erklärung als *after-acquired property* zur Masse ziehen.

zumindest der Verdienst aus seiner Arbeit zu belassen, sofern dieser zu seinem eigenen Unterhalt und dem Unterhalt seiner Familie notwendig war.[106]

Jeder einzelne Gläubiger konnte jedoch weiterhin individuell die Personalexekution betreiben und den ehemaligen Bankrotteur folglich wegen seiner Restschulden im Schuldgefängnis inhaftieren lassen. Nach den Regeln des *common law* durfte dann allerdings kein Gläubiger mehr Maßnahmen der Vermögensexekution betreiben.[107]

ee) Zwischenfazit

Das englische *bankruptcy law* kann als Rechtsnormimport kontinentaler Gesamtvollstreckungsverfahren qualifiziert werden. Entscheidend ist, dass Bankrottverfahren Gläubigern für den Fall der Flucht oder vergleichbarer unredlicher Handlungen des (Insolvenz-)Schuldners eine arrestartige Vermögenssicherung und Ergreifung des Schuldners ermöglichen sollten. Schließlich sollte das gesicherte Vermögen im Rahmen eines Gesamtvollstreckungsverfahrens verteilt werden.

2. Kein paralleler Rechtsnormimport von cessio bonorum und Zwangsvergleichsrechts

Mit dem *bankruptcy law* hat das englische Recht im 16. Jahrhundert die arrestartige Gesamtvollstreckung des römisch-kontinentalen Insolvenzrechts übernommen und in Gesetzesform gegossen. Dies geschah jedoch nicht mit der zweiten großen Entwicklungslinie des kontinentaleuropäischen Insolvenzrechts, die ausgehend von der freiwilligen Vermögensaufgabe (*cessio bonorum*) konstruiert war und insbesondere den Weg zu Stundungs- und Erlasszwangsvergleichen ermöglichte.

a) Englische Forderung nach einem Zwangsvergleichsrecht

Zeitgleich zur Schaffung des *bankruptcy law* wurde in England auch die Schaffung eines gesetzlich verankerten Zwangsvergleichsrechts nach kontinentaleuropäischem Vorbild gefordert. In englischen Darstellungen der Geschichte des *bankruptcy law* ist häufig das Zitat eines 1542 veröffentlichten Aufrufs des

---

106 *Christian*, Practice of the Bankrupt Law, Bd. 1, S. 19 f. Fn. 9. Siehe zur vergleichbaren Rechtsfolge der römisch-kontinentalen *cessio bonorum* bzw. dem *beneficium competentiae* unten B. II. 2. b) aa).

107 *Christian*, Practice of the Bankrupt Law, Bd. 1, S. 19 f. Fn. 9.

Londoner Kaufmanns *Brinklow* zu finden, der die Schaffung eines Stundungszwangsvergleichs nach kontinentaleuropäischem Vorbild forderte:[108]

> „Another thing very nedeful to be loked upon is this, that when any merchant or other, by losse of goodes, by fortune of the sea, evel servantys, evyl dettors, by fire or other wiyse, come to an after deale, and not able to pay his credyte at his due tyme – but by force of povertye is constrained to demand longer tyme – then ye have a parcyell lawe in making of [at]tachementys, first come, first servyd; so one or ij shall be all payd, and the rest have nothyng. And comonly even the rych shal have the foredeale therof by this [at]tachement, to the gre[a]t dammage and opressyon of the po[o]re. For lyghtly the rych have the first knowledge of soch things. Wherfor, in that case it were a godly way to make it in Ingland, as it is in dyverse contrys, whan any soch chance falleth, that then the most in nomber of the credytors and most in somme shall bind the rest to doo and gyve lyke tyme as doo the most of the creditors."

Nur für den Fall, dass ein Stundungszwangsvergleich unverhältnismäßig erschien, weil eine Befriedigung der Gläubiger in angemessener Zeit nicht zu erwarten war, forderte *Brinklow* ein Gesamtvollstreckungsregime im Sinne des mit 34 & 35 Hen. VIII. c. 4 (1542–43) und 13 Eliz. I. c. 7 (1571) schließlich geschaffenen Bankrottverfahrens:[109]

> „And if it be duly found that the man be so farre at after deale, that he be not able to pay his full credite in reasonable tyme, that then the law may bind them that every man may have pound and pound alyke, as farre as his goodys will goo, leavyng him somewhat as the lawe shal thynck good."

b) *Kontinentaleuropäische cessio bonorum und Zwangsvergleichsrecht*

Bevor nachfolgend darauf eingegangen wird, wie die Akteure des englischen Rechts, namentlich der *Privy Council* und der *Court of Chancery*, im 16. und 17. Jahrhundert mit diesem Bedürfnis umgingen, wird die römisch-kontinentale Entwicklungslinie von *cessio bonorum* und Zwangsvergleichsrecht als Referenz skizziert.

---

108 *Brinklow*, Complaynt of Roderyck Mors, S. 41 (der Londoner Textilhändler *Henry Brinklow* veröffentlichte diesen Reformaufruf unter dem Pseudonym *Roderyck Mors*). Die Verbreitung des Zitats geht wohl darauf zurück, dass *Holdsworth*, History of English Law, Bd. 8, S. 232 in seiner Darstellung der Geschichte der englischen Bankrottgesetze auf dieses Zitat verweist.

109 *Brinklow*, Complaynt of Roderyck Mors, S. 41.

aa) Dogmatik der cessio bonorum

Mit einer *cessio bonorum* kam der insolvente Schuldner durch eine freiwillige Aufgabe seines Vermögens der eigentlichen Anspruchsverfolgung und Zwangsvollstreckung der Gläubiger zuvor. Im Gegenzug erhielt er gewisse rechtliche Privilegien gegenüber Vollstreckungsschuldnern, die ihr Vermögen nicht freiwillig aufgaben.

Die Rechtsfigur der *cessio bonorum* basierte auf einem römischen Kaisergesetz (*lex Iulia*), das teils Cäsar, überwiegend aber erst Kaiser Augustus zugeschrieben wird.[110] *Paulus* interpretierte die Einführung der *cessio bonorum* als Versuch des Kaisers Augustus, die durch Bürgerkrieg geschwächte politische Elite Roms zu stabilisieren.[111]

Die *cessio bonorum* konnte ein Schuldner vor dem Prätor der Stadt Rom, später auch vor Statthaltern in den römischen Provinzen erklären.[112] Im neueren römischen Recht war die Erklärung wohl auch direkt gegenüber den Gläubigern möglich, konnte dann von diesen aber angefochten werden, wenn der Schuldner sich in einem Folgerechtsstreit auf die Rechtsfolgen seiner *cessio bonorum* berief.[113] Zulässig war eine solche Erklärung wohl nur, wenn der Schuldner zahlungsunfähig war und die Zahlungsunfähigkeit nicht böswillig oder leichtsinnig selbst herbeigeführt hatte.[114]

Infolge der Vermögensaufgabe fand eine Vermögensverwertung und -verteilung nach den Regeln der Gesamtvollstreckung (durch *missio in bona* und *venditio bonorum*) statt,[115] im Gegenzug für die freiwillige Aufgabe seines Vermögens erhielt der Schuldner aber bestimmte rechtliche Privilegien gegenüber Vollstreckungsschuldnern, die ihr Vermögen nicht freiwillig aufgaben.

---

110 Siehe nur *Kaser/Hackl*, Römisches Zivilprozessrecht, S. 405; *Wlassak*, in: Paulys Real-Encyclopädie, Bd. 3, Sp. 1995 f. Überliefert sind Regelungen zur *cessio bonorum* vor allem im Corpus Iuris Civilis in D.42.3 (*De cessione bonorum*) und C.7.71 (*Qui bonis cedere possunt*). Deutsche Übersetzungen finden sich bei *Otto/Schilling/Sintenis*, Corpus Juris Civilis, Bd. 4, S. 367 f. und Bd. 6, S. 145 ff. Eine neuere Übersetzung von C.7.71 findet sich bei *Haller*, Corpus Iuris Civilis, S. 741 f. (http://www.opera-platonis.de/CI/Codex1bis6.pdf, zuletzt abgerufen am 8. August 2022).

111 *Paulus*, JZ 2009, 1148, 1151 f.

112 *Woeß*, ZRG Rom. Abt. 43 (1922), 485, 486.

113 *Wlassak*, in: Paulys Real-Encyclopädie, Bd. 3, Sp. 1997.

114 *Forster*, Konkurs als Verfahren, S. 96 ff.; *Kaser/Hackl*, Römisches Zivilprozessrecht, S. 405.

115 *Kaser/Hackl*, Römisches Zivilprozessrecht, S. 406.

Ein zentrales Privileg war der Ausschluss der Personalexekution bei Vollstreckung von Restschulden durch die Gläubiger.[116] Der Schuldner wurde zudem von der mit einer Gesamtvollstreckung verbundenen Rechtsfolge der Infamie verschont. Das heißt, seine bürgerliche Ehre blieb formal bestehen und für die Zukunft wurde er nicht von öffentlichen und politischen Ämtern ausgeschlossen.[117]

Pakter hat die *cessio bonorum* des spätmittelalterlichen gemeinen Rechts vor diesem Hintergrund als eine *„medieval discharge"* beschrieben und von einem *„fresh start"* des Zedenten gesprochen.[118] *Forster* hat dieser Interpretation widersprochen, weil man davon ausgehen müsse, dass zumindest der faktische Ehrverlust des Schuldners einen wirtschaftlichen Neustart unmöglich gemacht habe.[119] *Forster* zufolge muss man die *cessio bonorum* im Hinblick auf den Gesichtspunkt der Rehabilitation des Schuldners vielerorts vielmehr als „wirtschaftlich und sozial existenzzerstörende Verzweiflungstat" und „eher eine Sackgasse" ansehen.[120] In der Geschichte der *cessio bonorum* lassen sich seit dem Mittelalter tatsächlich gesetzgeberische Tendenzen zur Zurückdrängung des Rechtsinstituts erkennen. Dies geschah durch Verschärfung ihrer Voraussetzungen,[121] die Kombination der Abtretungserklärung mit entwürdigen Ritualen[122] und der Kultivierung einer – wie *Forster* herausgearbeitet hat – zumindest „faktischen Infamie".[123] Eine Umkehrung dieses mittelalterlichen Trends im niederländischen Recht seit dem 16. Jahrhundert hat *Whitman* dargestellt.[124]

Als weitere Rechtsfolge der *cessio bonorum* sah schon das klassische römische Recht das Verbot vor, wegen Restschulden in den notwendigen Lebensunterhalt

---

116 *Kaser/Hackl*, Römisches Zivilprozessrecht, S. 406.

117 *Kaser/Hackl*, Römisches Zivilprozessrecht, S. 406. Insbesondere dies spricht für die Interpretation bei *Paulus*, JZ 2009, 1148, 1151 f., nach der eine durch Bürgerkrieg geschwächte Elite politikfähig bleiben sollte.

118 *Pakter*, Origins of bankruptcy, S. 491 ff., 496.

119 *Forster*, Konkurs als Verfahren, S. 202, Fn. 1076.

120 *Forster*, Vom Schandstein zum Konkursverfahren, S. 13. Zu dieser Entwicklung auch *Paulus*, JZ 2009, 1148, 1150.

121 Vgl. *Endemann*, Zeitschrift für deutschen Zivilprozeß 12 (1888), 24, 34 ff.

122 Einige Beispiele bei *Forster*, Vom Schandstein zum Konkursverfahren, S. 12 f.; ausführlich zum italienischen Recht *Planitz*, ZRG Germ. Abt. 52 (1932), 134, 233 f.; zum niederländischen Recht *Wessels*, Roman-Dutch Law, S. 665; zum französischen Recht *Bergfeld*, Aufhebung der Schuldhaft, S. 336.

123 *Forster*, Konkurs als Verfahren, S. 203 f.

124 *Whitman*, Yale L.J. 105 (1996), 1841, 1871 ff.

oder Notbedarf des Schuldners zu vollstrecken.[125] Im gemeinen deutschen Recht und der deutschen Partikulargesetzgebung wurde dem Schuldner die Rechtswohltat der Kompetenz (*beneficium competentiae*)[126] gewährt, was ebenfalls bedeutet, dass dem Schuldner das zum notwendigen Lebensunterhalt Erforderliche belassen wurde.[127] Das französische Recht hingegen beschränkte die schuldnerfreundlichen Rechtsfolgen der *cessio bonorum* bereits im *Ancien Régime* auf die Haftverschonung.[128]

Eine restschuldbefreiende Wirkung hatte die *cessio bonorum* nicht. Soweit dies in der Literatur überhaupt erwogen wurde, scheint es auf missverständlichen Zitaten zu beruhen.[129]

---

125 Der Schuldner wurde nur „*in id quod facere potest*", also zu „so viel, wie er leisten konnte" verurteilt, vgl. *Forster*, Konkurs als Verfahren, S. 107; *Kaser/Hackl*, Römisches Zivilprozessrecht, S. 406; *Wlassak*, in: Paulys Real-Encyclopädie, Bd. 3, Sp. 1998.

126 Der lateinische Begriff stammt allerdings nicht aus dem römischen Recht, sondern aus dem jüngeren Kirchenrecht, *Forster*, Konkurs als Verfahren, S. 202 f.

127 Anschaulich etwa *Fürstenthal*, Real-Encyclopädie, Bd. 1, S. 118 f.: „beneficium competentiae (...) heißt diejenige Rechtswohltat, vermöge welcher der Schuldner, der sich zu ernähren außer Stand ist, von seinem Gläubiger verlangen kann, dass er ihm soviel lasse, als zu seinem standesgemäßigen Unterhalt nöthig ist. Dieses Privilegium steht nur folgenden Personen zu: 1) allen denjenigen, welche schon früher ihr gesammtes Vermögen ihren Gläubigern abgetreten haben, und nunmehr von diesen wiederum auf Nachzahlung eines früher erlittenen Ausfalles aus dem neuerdings erlangten Vermögen belangt werden (...). Das beneficium kann indes nur mittelst einer Einrede gegen die Klage des Gläubigers geltend gemacht werden, keineswegs aber wird durch dasselbe eine condictio indebiti begründet, wenn der zu diesem beneficio berechtigte Schuldner, ohne sich dessen zu bedienen, vollständig gezahlt hat." Zur Entwicklung dieses Rechtsinstituts *Bauder*, Beneficium Competentiae; *Forster*, Konkurs als Verfahren, S. 202 f. Heute existiert eine solche eine solche „Einrede des Notbedarfs" nur noch im Schenkungsrecht, § 519 BGB. Allgemeinen Vollstreckungssschutz bieten heute §§ 811, 850 ff. ZPO, die gemäß § 36 InsO auch im Insolvenzverfahren gelten.

128 *Bergfeld*, Aufhebung der Schuldhaft, S. 335. Im *code de commerce*, Livre III, Titre II, Art. 131 hieß es schließlich: „La cession judicaire n'éteint point l'action des créanciers sur les biens que le failli peut acquérir par la suite; elle n'a d'autre effet que soustraire le débiteur à la constrainte par corpse."

129 *Dalhuisen*, Compositions in Bankruptcy, S. 7 f., Fn. 11 und *ders.*, International Bankruptcy and Insolvency, S. 1–8, Fn. 13 und S. 1–13, Fn. 3 nennt *Woeß*, ZRG Rom. Abt. 43 (1922), 485, 526 als Vertreter der Ansicht, dass die römische *cessio bonorum* zu einer Restschuldbefreiung geführt habe. *Woeß* beschäftigt sich an der zitierten Stelle jedoch nur mit der Personalexekution, nicht mit der Vermögensexekution in den Neuerwerb des Schuldners. *Paulus*, ZEuP 1994, 301, 312, Fn. 16, weist darauf hin, dass eine Schuldbefreiung durch *cessio bonorum* in der frühen Neuzeit durchaus verbreitet

bb) Stundungszwangsvergleich

Die Rechtsfigur des römisch-kontinentalen Stundungszwangsvergleichs kann als Kombination und Weiterentwicklung von Aspekten der *cessio bonorum* mit der Praxis hoheitlich gewährter Moratorien erklärt werden. Im römischen Recht war die Gewährung eines Moratoriums zunächst nur durch den Kaiser möglich.[130] Auch im gemeinen Recht wurden auf dieser Grundlage Moratorien von Landesherren gewährt, in Deutschland etwa in Form sogenannter „Quinquenellen" oder „Eiserner Briefe".[131] Ähnlich verfuhr Elizabeth I. in England, die bis Ende des 16. Jahrhunderts königliche Schutzbriefe (*writs of protection*) für Kaufleute in Zahlungsschwierigkeiten ausstellte.[132] Auch der englische *Privy Council* gewährte entsprechende Moratorien (*respites*).[133]

Kaiser Justinian ließ im 6. Jahrhundert die Begründung eines Moratoriums auch über den Weg des Stundungszwangsvergleichs zu. Voraussetzung war das Angebot der *cessio bonorum* durch den Schuldner, woraufhin die Gläubiger gleichsam als Minus zur Vermögensliquidation eine Stundung gewähren konnten.[134] Der Stundungszeitraum war dabei auf fünf Jahre festgelegt, wie es

---

gewesen sei und nennt das von Ulrich Zasius verfasste Freiburger Stadtrecht von 1520 als Beispiel. Nach dessen Titel 14, § 15, Satz 1 habe der Schuldner nach der Güterabtretung „frid und sicherheit von allen schultherren". Satz 2 der Vorschrift behält den Gläubigern den Zugriff auf den Neuerwerb jedoch ausdrücklich vor: „Werouch das der schuldner zukünfftige zu en habhaffte [komme] un[d] zahlbar würde / so ist den schultherren ir gerechtikeit und uordnung so uett sy mit den verkoufften gütern nit hetten möge zahlt werde vorbehalten." (abgedruckt bei *Köbler*, Nüwe Stattrechten und Statuten der loblichen Statt Fryburg im Pryszgow gelegen, S. 86 f.). *Bergfeld*, Aufhebung der Schuldhaft, S. 336 nimmt eine restschuldbefreiende Wirkung der französischen *cession judicaire* an, allerdings ohne Belege. *Forster*, Konkurs als Verfahren, S. 202 f. erwähnt als einzigen ersichtlichen Vertreter einer restschuldbefreienden Wirkung *Guido Papae*, der eine restschuldbefreiende Wirkung dann für gerechtfertigt halte, wenn die *cessio bonorum* nach lokaler Gewohnheit in für den Schuldner entehrender Weise vonstattengehe.

130 *Forster*, Konkurs als Verfahren, S. 123; *Kaser/Hackl*, Römisches Zivilprotzessrecht, S. 630.

131 Zu den Voraussetzungen der Erteilung solcher Eisernen Briefe im gemeinen Recht siehe *Claproth*, Summarische Processe, S. 451.

132 Dazu unten B. II. 2. e).

133 Dazu unten B. II. 2. d).

134 Codex Iustinianus 7, 71, 8 (531/32 n. Chr.), dazu *Forster*, Konkurs als Verfahren, S. 123 f. Deutsche Übersetzung bei *Otto/Schilling/Sintenis*, Corpus Juris Civilis, Bd. 6, S. 147 f.

zuvor bei den kaiserlich verordneten Moratorien die Regel war (*quinquennale spatium*).[135]

Aufgrund der Möglichkeit des Rückgriffs auf das spätantike Vorbild war der Stundungsvergleich auf Initiative des Schuldners als Variante oder Alternative zur *cessio bonorum* im römisch-kontinentalen Recht weit verbreitet.[136] Das spanische Recht kannte beispielsweise seit dem 16. Jahrhundert zwei Alternativen des Stundungszwangsvergleichs, bei denen der Schuldner die Zustimmung der Gläubigermehrheit entweder in einer Art Umlaufverfahren einholen und dem Gericht vorlegen konnte oder eine Gläubigerversammlung vor Gericht einberufen wurde.[137] Der Zusammenhang von *cessio bonorum* und Stundungszwangsvergleich lässt sich auch im deutschen Rechtskreis erkennen. Er zeigt sich beispielsweise im Landrecht für das Herzogtum Preußen von 1620 (und dessen revidierter Fassung von 1685). Dieses sah zur Verhinderung einer *cessio bonorum*, die insbesondere „in Handels-Städten misslich sein könne", ausdrücklich die Vereinbarung eines Moratoriums vor, bei dem es auf die Zustimmung der Summenmehrheit der Gläubiger ankam und das Einverständnis der Minderheit durch das Gericht ersetzt werden konnte.[138]

cc) Erlasszwangsvergleich

Im Unterschied zum Stundungszwangsvergleich war ein Erlasszwangsvergleich im römischen Recht nur für den Fall der Verteilung eines überschuldeten Nachlasses vorgesehen und sollte der Ehrenrettung des verstorbenen Schuldners dienen.[139] Reichte die Masse eines Nachlasses zur Befriedigung der Nachlassverbindlichkeiten nicht aus, konnte der Erbe mit den Nachlassgläubigern vereinbaren, dass deren Forderungen gegen den Nachlass nur anteilig befriedigt werden

---

135 *Forster*, Konkurs als Verfahren, S. 124.

136 Trotz starker Tendenzen zur Rechtszersplitterung wirkte im Hinblick auf solche gemeinrechtlichen Rechtsinstitute die auf dem Kontinent verbreitete Statutentheorie für eine in vielen Punkten weitgehende inhaltliche Rechtseinheit, dazu *Oestmann*, Gemeines Recht und Rechtseinheit.

137 *Forster*, Konkurs als Verfahren, S. 209 f.

138 Vgl. dazu *Litewski*, Landrecht des Herzogtums Preussen von 1620, Bd. 3, S. 114 ff.; *Vollmershausen*, Vom Konkursprozess zum Marktbereinigungsverfahren, S. 62. Eine den römischen Grundsätzen entsprechende Beschreibung des Stundungszwangsvergleichs für das gemeine deutsche Recht findet sich auch bei *Claproth*, Einleitung in sämtliche summarische Processe, S. 449 f.

139 *Forster*, Konkurs als Verfahren, S. 125; *Kaser/Hackl*, Römisches Zivilprozessrecht, S. 407.

mussten. Stimmten nicht alle Gläubiger einem solchen Teilerlass zu, konnte der zuständige öffentliche Amtsträger im Sinne des Wunsches der Gläubigermehrheit per Dekret über den Teilerlass entscheiden.[140] Die Entscheidung war zunächst an den Willen der Summenmehrheit der Gläubiger, hilfsweise zusätzlich an die Kopfmehrheit und wiederum hilfsweise an das Stimmgewicht der Gläubiger aufgrund ihrer sozialen Stellung (*dignitas*) gebunden. Blieben immer noch Zweifel, war auf einen Teilerlass zu entscheiden.[141] Ein so bestätigter Teilerlass war auch für jene Gläubiger bindend, die entweder gegen den Teilerlass gestimmt hatten oder am Zustandekommen einer Einigung überhaupt nicht beteiligt waren.[142]

Der Erlasszwangsvergleich unter Lebenden war eine Weiterentwicklung dieser römischen Rechtsfigur. Ausgehend von den römischen Grundsätzen zum Erlasszwangsvergleich beim überschuldeten Nachlass weiteten die Lehre des gemeinen Rechts[143] und vor allem die kontinentale Gesetzgebung und Rechtspraxis die Rechtsfigur auch auf Fälle der Insolvenz unter Lebenden aus. Sehr früh geschah dies im Recht der italienischen Stadtstaaten (als „*concordato*“)[144] und im spanischen Recht,[145] aber auch im französischen[146] und niederländischen

---

140 D.2.14.7.19; nach deutscher Übersetzung *Behrends/Knütel/Kupisch/Seiler*, Corpus Juris Civilis, Bd. 2, S. 232: „Heutzutage schadet eine solche Abrede den Gläubigern allerdings nur noch dann, wenn sie sich auf einen Vorschlag geeinigt und einmütig erklärt haben, mit welcher Schuldenquote sie sich zufriedengeben wollen. Werden sie sich aber nicht einig, dann muss der Prätor seines Amtes walten, der mit seinem Beschluß dem Willen der Mehrheit folgen wird.“

141 D.2.14.8 (deutsche Übersetzung bei *Behrends/Knütel/Kupisch/Seiler*, Corpus Juris Civilis, Bd. 2, S. 232 und *Otto/Schilling/Sintenis*, Corpus Juris Civilis, Bd. 1, S. 321 f.); *Forster*, Konkurs als Verfahren, S. 125; *Seuffert*, Deutsches Konkursprozessrecht, S. 401.

142 *Seuffert*, Deutsches Konkursprozessrecht, S. 401.

143 Zur Ausweitung auf zunächst flüchtige Schuldner mittels Analogie vgl. *Forster*, Konkurs als Verfahren, S. 214; *ders.*, Vom Schandstein zum Konkursverfahren, S. 7 f.

144 *Forster*, Konkurs als Verfahren, S. 213 f. *Riesenfeld*, Minn. L. Rev. 31 (1947), 401, 439 f. Teils blieb allerdings trotz *concordato* eine spätere Nachforderung möglich, vgl. *Kohler*, Lehrbuch des Konkursrechts, S. 447.

145 So ließen bereits die „*Siete Partidas*“, ein kastilisches Gesetzbuch aus der zweiten Hälfte des 13. Jahrhunderts, den Erlassvergleich entsprechend der Regelungen zum Stundungsvergleich, ohne gerichtliche Bestätigung, bei Beantragung einer *cessio bonorum* zu, dazu *Forster*, Konkurs als Verfahren, S. 213 f., 217; *Kohler*, Lehrbuch des Konkursrechts, S. 448 f.

146 *Kohler*, Lehrbuch des Konkursrechts, S. 15. Der Zwangsvergleich wurde bereits im *Ancien Régime* mit der *Ordonnance du Commerce* vom 23. März 1673, Titre XI, Art. 5

Recht.[147] Verhältnismäßig spät setzt sich der Erlassvergleich dagegen in der Lehre des gemeinen deutschen Rechts und der deutschen Rechtspraxis durch.[148]

Weil die rechtlichen Privilegien der *cessio bonorum* nur dem unverschuldet zahlungsunfähigen Schuldner zustehen sollten, findet man in der gemeinrechtlichen Literatur Erörterungen und Diskussionen zu der Frage, ob auch ein Zwangsvergleich nur dann gegen eine dissentierende Minderheit von Gläubigern durchsetzbar sein sollte, wenn der Schuldner unverschuldet zahlungsunfähig wurde.[149]

Im 19. Jahrhundert wurde der Zwangsvergleich auf dem Kontinent schließlich als zentrales Element des Insolvenzrechts angesehen.[150]

---

und 7 zentralgesetzlich von der Krone anerkannt (abgedruckt bei *Isambert/Decrusy/Taillandier*, Recueil Général des Anciennes Lois Françaises, Bd. 19, S. 92, 104). Im *Ancien Régime* wurde meist von *„accord“*, *„contrat“* oder *„composition“* gesprochen, soweit nur eine Stundung gewährt wurde auch von *„atermoiement“*, erst mit dem *Code de Commerce* von 1807 setzte sich der Begriff *„concordat“* durch, vgl. *Sgard*, Bankruptcy Law, S. 7, Fn. 13.

147 1544 verbot Kaiser Karl V. Erlassvergleiche unter Lebenden, woraus geschlossen werden kann, dass solche Erlassvergleiche vorher anerkannt waren, vgl. *Forster*, Konkurs als Verfahren, S. 216. Trotz des Verbots von 1544 erkannten niederländische Stadtrechte den Erlassvergleich unter Lebenden jedoch weiterhin bzw. wieder an, vgl. *Forster*, Konkurs als Verfahren, S. 216; *Riesenfeld*, Minn. L. Rev. 31 (1947), 401, 440, Fn. 300; *Wessels*, Roman-Dutch Law, S. 666; sowie *Kohler*, AcP 81 (1893), 329, 425 zum Zwangsvergleich im Antwerpener Recht von 1582 (teils i. d. F. von 1608).

148 *Fuchs*, Concursverfahren, S. 85 f.; *Schultze*, Deutsches Konkursrecht, S. 115 ff.; *Seuffert*, Deutsches Konkursprozessrecht, S. 402 ff. *Forster*, Konkurs als Verfahren, S. 217 (m. w. N.) spricht auch von einer Rückkehr zum reinen Stundungsvergleich im 18. Jahrhundert. *Claproth*, Einleitung in sämtliche summarische Processe, S. 450, lehnt den Nachlassvergleich dementsprechend ausdrücklich ab.

149 *Heffter*, AcP 10 (1827), 341 ff. verweist darauf, dass *Stracha* im 17. Jahrhundert den Zwangsvergleich auch dann für durchsetzbar hielt, wenn ein flüchtiger Kaufmann ihn angeboten hatte, lehnte diese Ansicht *Strachas* jedoch ab und leitete aus dem Zusammenhang mit der *cessio bonorum* her, dass der Schuldner ohne eigenes Verschulden zahlungsunfähig geworden und redlich sein musste; a. A. war *Windscheid*, Pandektenrecht, Bd. 2, S. 387, Fn. 2.

150 Vgl. für Deutschland *Kohler*, Lehrbuch des Konkursrechts, S. 15, der den Zwangsvergleich als „Seele des Konkurswesens“ bezeichnet; zu den Vorteilen des Zwangsvergleichs *Seuffert*, Deutsches Konkursprozessrecht, S. 405 f.; für Frankreich *Locré*, Esprit de Code de Commerce, Bd. 4, S. 150, der den Zwangsvergleich als „Krönung“ des Insolvenzverfahrens beschreibt: „Le concordat entre le failli et les créanciers est le derniere acte, et, en quelque sorte, le couronnement de cette procédure (…).“ Vgl. zudem *Sgard*, Bankruptcy Law, S. 13: „This account contradicts the common narrative

dd) *Keine Tätigkeit des englischen Gesetzgebers bis weit ins 17. Jahrhundert*

In England wurde der Versuch, ein Zwangsvergleichsrecht nach kontinentaleuropäischem Vorbild gesetzlich zu verankern, eineinhalb Jahrhunderte nach Schaffung des *bankruptcy law* durch 34 & 35 Hen. VIII. c. 4 (1542–43) unternommen. Der englische Gesetzgeber nahm sich dieser Thematik erst gegen Ende des 17. Jahrhunderts an, allerdings ohne ein dauerndes Zwangsvergleichsrecht etablieren zu können.[151] Bereits im 16. Jahrhundert lassen sich jedoch Ansatzpunkte für die Entwicklung eines englischen Zwangsvergleichsrechts und einige Parallelen zu kontinentalen Rechtsfiguren im Zusammenhang mit der insolvenz- und handelsrechtlichen Tätigkeit des *Privy Council* und der Gerichtspraxis des *Court of Chancery* erkennen.

ee) *Privy Council*

Seit dem späten 16. Jahrhundert fungierte der *Privy Council* auf entsprechende Petitionen hin durch individuell eingesetzte Kommissionen und teils selbst als Mediator in handels- und insolvenzrechtlichen Streitigkeiten oder griff direkt in die zivilrechtlichen Beziehungen zwischen Gläubigern und Schuldnern ein. *Dawson* beschreibt diese Tätigkeit als eine „Dienstleistung für den Handelsstand".[152] Der *Privy Council* setzte dazu in der Regel individuelle Kommissionen ein, die aus Kaufleuten bestanden.[153] Dadurch sollte die Einschaltung des schwerfälligen und insbesondere für ausländische Kaufleute undurchsichtigen Justizapparats der *Common-law*-Gerichte verhindert werden.[154]

---

by which the introduction of debt discharge in 1705 would have given English (and American) bankruptcy law an early and uniquely modern pro-market pattern." Ähnlich *ders.*, Market Discipline, S. 15 f. Mit Blick auf die deutsche Restschuldbefreiung der Insolvenzordnung von 1999 ähnlich *Henckel*, in: FS Großfeld, S. 349: „Neu ist lediglich, dass die Restschuldbefreiung, die nach altem Recht nur mit Zustimmung der Gläubigermehrheit (Vergleich, Zwangsvergleich) möglich war, auch gegen deren Willen gewährt werden kann.", wobei hier zu bedenken ist, dass die *bankruptcy discharge* historisch betrachtet bis etwa Mitte des 19. Jahrhunderts wie der Zwangsvergleich von der Zustimmung einer Gläubigermehrheit abhing.

151 Dazu unten B. II. 4.

152 *Dawson*, Mich. L. Rev. 48 (1950), 393, 411: „(...) [T]he aid given to debtors can be viewed as another kind of service to the mercantile classes, since it was the merchants and traders who were most likely to find themselves overextended (...)."

153 *Dawson*, Mich. L. Rev. 48 (1950), 393, 411 f.

154 *Dawson*, Mich. L. Rev. 48 (1950), 393, 408: „By this means it was possible to escape the technicalities of common law procedure and the bias of its officials, but to enlist

In Fällen mit insolvenzrechtlichen Problemstellungen hatten diese Kommissionen den Auftrag, auf eine Stundungsvereinbarung[155] oder Nachlassvergleiche mit den Gläubigern[156] hinzuwirken. *Treiman* spricht von der ersten Anerkennung bereits lange etablierter römisch-kontinentaler Prinzipien des Insolvenzrechts.[157]

Neben dem Einsatz von Kommissionen wurde der *Privy Council* auch selbst tätig, wenn sich Verhandlungen mit einzelnen Gläubigern als schwierig erwiesen. Dabei konnte es zu Vorladungen einzelner Gläubiger kommen, in denen diese ihre ablehnende Haltung gegenüber einer vergleichsweisen Einigung mit dem insolventen Schuldner rechtfertigen mussten.[158] *Treiman* nennt zudem Beispiele erstaunlich direkter Drohungen gegen unkooperative Gläubiger.[159] Vom *Privy Council* eingesetzte Kommissionen wurden sogar angewiesen, einzelne Gläubiger inhaftieren zu lassen.[160]

Der *Privy Council* erteilte darüber hinaus direkte Anweisung an Gerichte, laufende Verfahren gegen den Schuldner zu unterbrechen. Weiter gewährte der *Privy Council* Moratorien von bis zu sechs Jahren (*respites*), die unter dem Schutz der Krone die Rechtsverfolgung gegen einen Schuldner suspendierten.[161] Diese *respites* des *Privy Council* scheinen nach großzügigem Ermessen ausgestellt worden zu sein. *Treiman* beschreibt die Praxis wie folgt:[162]

---

the judgement of experience of the merchants themselves on problems with which both common law and equity were not prepared to deal with.“

155 *Dawson*, Mich. L. Rev. 48 (1950), 393, 411: „The chief means for rehabilitating debtors was simply through extension of time.“

156 *Dawson*, Mich. L. Rev. 48 (1950), 393, 413 f.: „(…) [T]here was no measure of relief for the honest debtor, who sought means to restore his position by scaling down debts. But for the Council, with its wide powers and its practical view of the problem, it was a short step from the device of a respite to an outright composition.“

157 *Treiman*, Va. L. Rev. 24 (1938), 507, 512: „(…) the earliest official recognition in English law of a bankruptcy principle that had been firmly established (…) in the ancient Roman law and the Continental Law Merchant.“

158 *Dawson*, Mich. L. Rev. 48 (1950), 393, 412; *Treiman*, Va. L. Rev. 24 (1938), 507, 513 f.

159 Vgl. *Treiman*, Va. L. Rev. 24 (1938), 507, 514 mit dem Beispiel einer Drohung, dass der Gläubiger aufgrund seines jetzigen Verhaltens gegenüber seinem Schuldner für den Fall, dass er jemals wegen zukünftiger Verfehlungen vor Gericht stehen würde, keine Nachsicht erwarten dürfe.

160 Dies führte wiederum zu Klagen gegen die Kommissionen des *Privy Council* wegen unrechtmäßiger Inhaftierungen, *Treiman*, Va. L. Rev. 24 (1938), 507, 514.

161 *Treiman*, Va. L. Rev. 24 (1938), 507, 512, Fn. 20.

162 *Treiman*, Va. L. Rev. 24 (1938), 507, 513.

> „If [the Privy Council] felt that the petitioner was deserving of ‚pitie or commiseracion', either because of his age and poverty, or because of heavy losses which he had suffered through unforeseen calamities, or because of the sharp practice of his creditors, it would simply issue an open letter or placard to all the creditors forbidding them to molest the debtor for a certain period of time – whether or not a majority of them were in favor of the extension."

Insgesamt scheint dieses informelle Vorgehen zur Schuldenrestrukturierung durch den *Privy Council* in vielen Fällen erfolgreich gewesen zu sein.[163] Zugleich war das pragmatische Vorgehen aber rechtlich fragwürdig und teilweise auch willkürlich. Für die regelmäßig ergriffenen Maßnahmen gab es weder eine eindeutige Rechtsgrundlage noch feststehende Regeln.[164] Die großzügige Praxis der Ausstellung von *respites* entwickelte sich zudem zu einem Einfallstor für Missbrauch durch zahlungsunwillige oder betrügerische Schuldner.[165] Insbesondere die Praxis der teilweise willkürlich anmutenden Inhaftierung dissentierender Gläubiger – deren Ansprüche gegen ihre Schuldner in der Regel durch *Common-law*-Gerichte bestätigt waren – führte zu Konflikten mit den Letzteren.[166]

Schließlich wurden dem *Privy Council* ab 1641 durch den *Habeas Corpus Act 1640* alle direkten justiziellen Zuständigkeiten, Kompetenzen und Ermächtigungen innerhalb des Königreichs entzogen:[167]

> „Be it likewise declared and Enacted (...), That neither his Majestie nor his Privie Councell, have or ought to have any Jurisdiction power or authority by English Bill Petition Articles Libell or any other arbitrary way whatsoever to examine or drawe into question determine or dispose of the Lands Tenements Hereditaments Goods or Chattels of any the Subjects of this Kingdom But that the same ought to be tried and determined in the ordinary Courts of Justice and by the ordinary course of the Law."

163 *Dawson*, Mich. L. Rev. 48 (1950), 393, 414: „Through the prestige of the Council and the aid it could enlist, a most useful and necessary service was enabled to continue up to the civil war."

164 *Dawson*, Mich. L. Rev. 48 (1950), 393, 413: „(...) [P]rotections for debtors emerged clearly as an invasion of private rights, on the outer verge of legality."; *Dawson*, Mich. L. Rev. 48 (1950), 627, 636 ff., 642 ff.; *Treiman*, Va. L. Rev. 24 (1938), 507, 512: „Indeed, [the Privy Council] does not seem to have been bound by any rules whatever in its jurisdiction over the affairs of debtors and creditors. Its procedure in such cases was as vague as the limits of its powers."

165 *Treiman*, Va. L. Rev. 24 (1938), 507, 515 f.

166 *Dawson*, Mich. L. Rev. 48 (1950), 627, 640 f.

167 16 Car. 1 c. 10 (1640), § 3.

Damit war es dem *Privy Council* seit 1640 auch nicht mehr möglich, auf Antrag oder Begehren von Schuldnern Kommissionen zur Erzielung von Vergleichen einzusetzen, Moratorien zu verfügen oder in sonstiger Weise in die zivilrechtlichen Rechtsbeziehungen zwischen Schuldnern und Gläubigern einzugreifen.

c) *Court of Chancery*

Neben den Bemühungen des *Privy Council* half der *Court of Chancery* Gläubigern und Schuldnern dabei, Kollektivvereinbarungen gegen dissentierende Gläubiger durchzusetzen. Ihren Ursprung hatte diese Tätigkeit des *Court of Chancery* in der Durchsetzung von königlichen Schutzbriefen, den sogenannten „*writs of protection*", die Königin Elizabeth I. Kaufleuten in Zahlungsschwierigkeiten bis Ende des 16. Jahrhunderts ausstellte, um ihnen ein Moratorium zu gewähren.[168] Wenn ein Gläubiger versuchte, seine Forderungen vor einem *Common-law*-Gericht durchzusetzen, obwohl der Schuldner einen solchen königlichen *writ of protection* vorweisen konnte, erließ der *Court of Chancery* einstweilige Anordnungen (*injunctions*), die als „*bills of conformity*" bezeichnet wurden, um dies zu unterbinden.[169]

Diese Praxis dehnte der *Court of Chancery* auf Kollektivvereinbarungen zwischen dem Schuldner und seinen Gläubigern aus. Im Zuge dessen begann der *Court of Chancery* ab dem späten 16. Jahrhundert, Zahlungsklagen und Zwangsvollstreckungsmaßnahmen einzelner Gläubiger der *Common-law*-Gerichte zu stoppen und für die Zukunft zu untersagen, wenn der Kläger damit gegen einen Stundungs- oder Erlassvergleich verstieß, dem eine Gläubigermehrheit zugestimmt hatte.[170] Solche Anordnungen wurden zunächst auf Antrag von Gläubigern erlassen, die andere Gläubiger damit von der Vollstreckung gegen den gemeinsamen Schuldner abhalten wollten.[171] Später ergingen sie auch auf Antrag des betroffenen Schuldners, wenn er sich gegen die Vollstreckung eines dissentierenden Gläubigers zur Wehr setzen wollte.[172]

Im Jahr 1620 reglementierte Francis Bacon, damals *Lord Chancellor*, die Praxis der Ausstellung solcher *bills of conformity* durch eine Reihe von Anweisungen,

---

168 *Baker*, Oxford History of the Laws of England, Bd. 6, S. 95; *Treiman*, Va. L. Rev. 24 (1938), 507, 517 f.

169 *Treiman*, Va. L. Rev. 24 (1938), 507, 520.

170 *Treiman*, Va. L. Rev. 24 (1938), 507, 519 (mit einem Erlassvergleich und einem Stundungsvergleich als Beispiel).

171 *Treiman*, Va. L. Rev. 24 (1938), 507, 518 ff.

172 *Treiman*, Va. L. Rev. 24 (1938), 507, 520.

die mit der Zunahme des Missbrauchs der *bills of conformity* durch Schuldner und Gläubiger begründet wurden.[173] So durften einzelne Gläubiger durch *bills of conformity* nur noch zur Umsetzung eines Vergleichs gezwungen werden, wenn diesem eine Summenmehrheit von mindestens drei Viertel der Gläubiger zugestimmt hatte.[174] Nachdem Bacon 1621 das Amt des *Lord Chancellor* verloren hatte, wurde die Ausstellung von *bills of conformity* kurze Zeit später durch eine königliche Anordnung vollständig untersagt.[175] Damit brach die mögliche Entwicklung eines eigenständigen Zwangsvergleichsrechts im Zuständigkeitsbereich des *Court of Chancery* ab.[176]

d) Zwischenfazit

Neben der Schaffung des *bankruptcy law* scheint in England ein Bedürfnis nach einem Zwangsvergleichsrecht nach kontinentaleuropäischem Vorbild bestanden zu haben. Der englische Gesetzgeber ist dem jedoch nicht nachgekommen. Die *Common-law*-Gerichte standen solchen Rechtsfiguren ablehnend gegenüber, sei es, weil es sich um einen offensichtlich kontinentalen Einfluss handelte, sei es, weil sie die von ihnen angebotenen und durchgesetzten Individualrechtsbehelfe konterkarierten. Ab dem späteren 16. Jahrhundert sind jedoch abseits des Gesetzgebers und der *Common-law*-Gerichte Ansatzpunkte für die Entwicklung eines englischen Zwangsvergleichsrechts erkennbar, namentlich in der Tätigkeit des *Privy Council* und des *Court of Chancery*.

Diese Entwicklungen scheiterten jedoch im Laufe des 17. Jahrhunderts. Hierbei spielten wiederum die Entwicklungen im *bankruptcy law* des 17. Jahrhunderts eine Rolle. Gegen Ende des 17. Jahrhunderts versuchte schließlich der Gesetzgeber, ein Zwangsvergleichsrecht zu etablieren, was aber ebenfalls zunächst scheiterte.

3. Entwicklungen im bankruptcy law des 17. Jahrhunderts

Im 17. Jahrhundert wurde das englische *bankruptcy law* unter James I. vor allem durch die zwei umfangreichen Bankrottgesetze 1 Jac. I. c. 15 (1603–04)[177] und

---

173 *Treiman*, Va. L. Rev. 24 (1938), 507, 520.

174 *Sanders*, Orders of the High Court of Chancery, Bd. 1, S. 129, Nr. 3: „That no relief be given upon any such bills or suits except the debts of the creditors that have agreed do amount at least to full three parts in four to be divided of the total of the debt."

175 *Treiman*, Va. L. Rev. 24 (1938), 507, 520.

176 *Treiman*, Va. L. Rev. 24 (1938), 507, 520 f.

177 *An Acte for the better Reliefe of the Creditors againste suche as shall become Bankrupts*, 1 Jac. I. c. 15 (1603-4), § 1.

21 Jac. I. c. 19 (1623–24)[178] modifiziert. Diese Gesetze folgten in ihrem Ziel den Bankrottgesetzen des 16. Jahrhunderts. Mit ihren Regelungen sollte gegen betrügerisches und wirtschaftsschädigendes Verhalten von Bankrotteuren vorgegangen werden. Die Präambeln dieser Gesetze beschrieben sogar eine dramatische Zunahme von Betrug und Täuschung unter Kaufleuten, die immer neue Wege entwickelten, bestehende Gesetze zu umgehen. Ausdrückliches Ziel der neuen Bankrottgesetze war, dies im nationalen Interesse zum Schutz der Funktionsfähigkeit und Redlichkeit des Handels zu unterbinden. In der Präambel des Gesetzes 1 Jac. I. c. 15 (1603–04) heißt es:[179]

> „For that Fraudes and Deceipts, as new Diseases, daylie increase amongst such as live by buyinge and sellinge, to the hindrance of Traffique and mutuall Commerce, and to the general Hurte of the Realme, by such as wickedly and willfullie become Banckrupts; (…) in such cases of Deceipte, to prevent the deceitfull Actions of Bankrupts: For Remedie whereof be it therefore enacted (…)."

In der Präambel des Gesetzes 21 Jac. I. c. 19 (1623–24) wird nochmals zugespitzt formuliert:[180]

> „Forasmuch as daily Experience sheweth that the nomber and multitude of Banckrupts do increase more and more, and alsoe the Fraudes and Deceits invented and practised for the avoiding and deluding the Penalties and the good Lawes in that Behalfe alreadie made and the Remedy by them p[ro]vided; And for that divers Defects are daily found in the former Statutes made against Banckrupts, both in a descripcion of a Banckrupt, as also in the Power given to the Commissioners for the discovery and distributing the Banckrupts Estate, to the great Incouragement of evill minded p[er]sons, the hindrance of Traffique and Commerce, the greate Decay Overthrow and Undoing of many Clothiers, by whome many Thousands of the natural borne Subjects of this Realme be from tyme to tyme in all parts of this Kingdome set on worke; All which do tend to the generall hurt of this Realme: (…)"

Diesem – einer Restschuldbefreiung für den redlichen Insolvenzschuldner noch diametral entgegengesetzten – Ziel entsprachen die im 17. Jahrhundert erfolgten Neuerungen im *bankruptcy law*: die Einführung von Straftatbeständen, die in der Androhung der Todesstrafe für den betrügerischen Bankrott in 4 & 5 Anne c. 4 (1705) ihren Höhepunkt fand, sowie die Ausweitung des Katalogs der Bankrotthandlungen.

---

178 *An Acte for the Descripcon of a Banckrupt and Releife of Credytors*, 21 Jac. I. c. 19 (1623-4), § 1.

179 1 Jac. I. c. 15 (1603-4), § 1.

180 21. Jac. I. c. 19 (1623–24), § 1.

a) *Einführung von Straftatbeständen*

Im Vergleich zu den kontinentaleuropäischen Vorbildern fällt auf, dass sowohl 34 & 35 Hen. VIII. c. 4 (1542–43) als auch 13 Eliz. I. c. 7 (1571) noch keine Straftatbestände gegen den immerhin als *offender*, also (Straf-)Täter bezeichneten Bankrotteur enthielten. Die Ermächtigungen zur Inhaftierung des Schuldners hatten den Charakter einer Sicherungsmaßnahme oder Beugehaft zur Durchsetzung der zivilrechtlichen Ansprüche der Gläubiger. Aufgrund des Fehlens von Straftatbeständen wird das frühe englische *bankruptcy law* als von „quasikrimineller Natur" beschrieben.[181]

Das Gesetz 1 Jac. I. c. 15 (1603–04) stellte erstmals bestimmte unkooperative und betrügerische Verhaltensweisen des Bankrotteurs im Bankrottverfahren unter Strafe. Falschaussagen des Bankrotteurs in der Anhörung vor der Bankrottkommission konnten nach 1 Jac. I. c. 15 (1603–04) zur Anklage wegen Meineids gebracht und mit zwei Stunden am Pranger auf einem öffentlichen Platz bestraft werden, wobei anschließend ein Ohr des Bankrotteurs an den Pranger genagelt und abgeschnitten werden sollte.[182]

21 Jac. I. c. 19 (1623–24) erklärte zudem betrügerische Vermögensverfügungen im Wert von 20 Pfund oder mehr, die der Schuldner gegenüber der Bankrottkommission nicht offenlegte, zu einem Straftatbestand, der als Betrug zur Anklage gebracht werden konnte.[183] Die Strafandrohung bestand auch hier aus zwei Stunden am Pranger auf einem öffentlichen Platz und der Abtrennung eines an den Pranger genagelten Ohres.[184]

Nach 21 Jac. I. c. 19 (1623–24) sollte es auch strafbar sein, wenn der Bankrotteur gegenüber der Bankrottkommission nicht darlegen konnte, dass er seinen Zahlungsverpflichtungen aufgrund eines *„casuall loss"* nicht nachkommen konnte.[185] Diese Passage wird in der moderneren Literatur als eigenständiger

181 So z. B. *Tabb*, Am. Bankr. L.J. 65 (1991), 325, 330: „This act, along with all of the early bankruptcy laws, was quasi-criminal in nature (…)."

182 1 Jac. I. c. 15 (1603–04), § 4: „(…) And that if upon his her or theire Examination, it shall appeare that he shee or they have comitted any wilfull or corrupte P[er]jurie tending to the hurte or damage of the Creditors of the said Bankerupte to the value of Tenne Pounds of lawfull money of England or above, the Partie so offendinge shall or may thereof bee indicted (…) and beinge lawfullie convicted thereof, shall stand upon the Pillorye in some publike place by the space of Two Houres, and have one of his Eares nailed to the Pillorie and cut off."

183 21 Jac. I. c. 19 (1623–24), § 6.

184 21 Jac. I. c. 19 (1623–24), § 6.

185 21 Jac. I. c. 19 (1623–24), § 6.

Tatbestand interpretiert, der eine selbst verschuldete Zahlungsunfähigkeit des Bankrotteurs unter Strafe stellte.[186] Zweifelhaft erscheint dies, weil die Bankrottgesetze nach 21 Jac. I. c. 19 (1623–24) und die ältere Literatur einen solchen Tatbestand - soweit ersichtlich - vollkommen ignorierten.[187] Ein derartiger Tatbestand passt zudem nicht in die grundsätzliche Systematik der englischen Bankrottgesetze dieser Zeit, nach der Verfehlungen des Bankrotteurs im Bankrottverfahren, nicht jedoch die Umstände und Bankrotthandlungen, die zur Eröffnung eines Bankrottverfahrens geführt hatten, mit Strafe bedroht wurden.[188] Denkbar erscheint daher auch ein Zusammenhang der Passage mit der Strafbarkeit der betrügerischen Vermögensverfügung, etwa als Rückausnahme. Einschlägige Gerichtsentscheidungen scheint es dazu nicht zu geben und Aussagen in der zeitgenössischen Literatur zu ihrer tatsächlichen Interpretation und Anwendungspraxis ließen sich nicht finden.

b) Ausweitung der Bankrotthandlungen

Eine zweite entscheidende Entwicklung der Bankrottgesetze des 17. Jahrhunderts war die Ausweitung des Katalogs der Bankrotthandlungen. Auch dies diente im Grunde dem Ziel der Bankrottgesetze, die ausdrücklich gesetzliche Schlupflöcher der Rechtsbehelfe des Zwangsvollstreckungsrechts des *common law* und der jeweils vorausgehenden Bankrottgesetze schließen sollten, die unredliche Bankrotteure nutzten, um einem Bankrottverfahren zu entgehen. Gleichzeitig führte diese Ausweitung des Katalogs der Bankrotthandlungen aber auch dazu, dass eigentlich redliche Insolvenzschuldner sehr viel eher als zuvor in den Anwendungsbereich der Bankrottgesetze fallen konnten.

---

186 *Kadens*, Duke L.J. 59 (2010), 1229, 1247 f.; *Stephen*, History of the Criminal Law of England, S. 229; *Tabb*, Am. Bankr. L.J. 65 (1991), 325, 332, Fn. 41; ebenso wohl *Duffy*, Am. J. Legal Hist. 24 (1980), 283, 285.

187 6 Anne c. 22 (1706), § 1 erhöhte die Strafandrohung für betrügerische Vermögensverfügungen auf die Todesstrafe, ignorierte die unklare Passage aber. *Goodinge*, Law Against Bankrupts, S. 69 f. zitiert zwar die unklare Passage, geht aber nicht weiter auf sie ein. *Christian*, Practice of the Bankrupt Law, Bd. 1, S. 42, Fn. 3 weist darauf hin, dass 21 Jac. I, c. 19 (1623–24), § 6 durch die Androhung der Todesstrafe auf eine entsprechende betrügerische Vermögensverfügung durch 5 Geo. II c. 30 (1732) außer Kraft gesetzt worden sei, ohne auf die unklare Passage als eigenen Tatbestand einzugehen oder diese auszunehmen.

188 Vgl. zu dieser Systematik *Kadens*, Duke L.J. 59 (2010), 1229, 1247 f.

Zu diesem Effekt kam es insbesondere durch die Schaffung einer neuartigen Kategorie von Bankrotthandlungen, der rein objektiv durch Schuldhaft oder Verzug qualifizierten Nichtzahlung (dazu aa)). Auch die von lokalen Gerichten teils noch zugelassenen Rechtsfiguren des Arrests und der Sequestration wurden zu Bankrotthandlungen erklärt (dazu bb)). Über den Bankrotttatbestand der betrügerischen Vermögensverfügung wurde zudem das sogenannte *„assignment for the benefit of creditors“* – eine nicht gesetzlich institutionalisierte, treuhänderische Vermögensliquidation – zur Bankrotthandlung umdeklariert (dazu cc)). Schließlich wurden jegliche Bemühungen um offizielle Unterstützung bei Gerichten oder sonstigen offiziellen Stellen zum Abschluss oder zur Durchsetzung von Stundungen, Moratorien und Zwangsvergleichen zu Bankrotthandlungen erklärt (dazu dd)). Möglich wurden treuhänderische Vermögensliquidationen (als *deeds of arrangement*) und Zwangsvergleiche (*compositions*) erst wieder im Laufe des 19. Jahrhunderts (dazu ee)).

aa) Schuldhaft und Verzug

Nach 1 Jac. I. c. 15 (1603–04) konnte bereits die Tatsache, dass ein Schuldner auf Betreiben eines Gläubigers eine bestimmte Zeit wegen Schulden inhaftiert war, die Eröffnung eines Bankrottverfahrens rechtfertigen.[189] Das Gesetz 1 Jac. I. c. 15 (1603–04) sah zunächst einen Inhaftierungszeitraum von sechs Monaten vor, das Gesetz 21 Jac I. c. 19 (1623–04) reduzierte diesen auf zwei Monate.[190] Diese Frist wurde 1825 nochmals verringert und betrug dann nur noch 21 Tage.[191] Leistete der Schuldner eine Kaution und blieb deshalb frei, lag kein Bankrotttatbestand vor. Im Zusammenhang mit der Inhaftierung wurde nach 21 Jac I. c. 19 (1623–24) auch der Ausbruch aus der Schuldhaft zur Bankrotthandlung erklärt.[192]

Aus Sicht der Gläubiger erschließt sich der Sinn dieser Bankrotthandlung aus der bereits angesprochenen Sperrwirkung, die eine Inhaftierung wegen Schulden im Hinblick auf das Schuldnervermögen bewirkte.[193]

Dogmatisch war diese neue Bankrotthandlung aus zwei Gründen bemerkenswert. Erstens war objektiv keine Handlung (kein *act of bankruptcy*) mehr erforderlich. Ein Unterlassen in Form der Nichtzahlung der Schuld über einen

189 1 Jac. I. c. 15 (1603–04), § 1.

190 1 Jac. I. c. 15 (1603–04), § 1; 21 Jac. I. c. 19 (1623–24), § 2.

191 6 Geo. IV. c. 16 (1825), § 5.

192 21 Jac. I, c. 19 (1623–24), § 2.

193 Dazu oben B. II. 1. d) cc).

bestimmten Zeitraum genügte bereits. Des Weiteren wurde für eine Bankrotthandlung erstmals kein subjektives Vorsatzelement gefordert. Das Gesetz formuliert im Hinblick auf das Vorsatzelement:[194] „(…) to all intents and purposes." Dogmatisch handelte es sich folglich um eine rein objektiv qualifizierte Nichtzahlung.[195]

Unabhängig von der Haftdauer erklärte 21. Jac. I. c. 19 (1623–24) zudem die Inhaftierung des Schuldners zu einer Bankrotthandlung, wenn die geltend gemachte Schuld mindestens 100 Pfund betrug und er mit deren Begleichung mindestens sechs Monate in Verzug war. War es nicht möglich, einen Schuldner, der mindestens 100 Pfund schuldete, zu inhaftieren, konnte er sechs Monate nach Bekanntgabe eines *original writ* zum Bankrotteur erklärt werden, wobei zur wirksamen Bekanntgabe das Hinterlassen einer schriftlichen Benachrichtigung am Wohnsitz des Schuldners genügte. Auch das Stellen einer Kaution durch den Schuldner zur Abwendung einer Inhaftierung wegen Schulden von 100 Pfund oder mehr wurde von nun an als Bankrotthandlung gewertet. Diese Bankrotthandlungen erforderten ebenfalls kein Vorsatzelement.[196]

Diese von der Haftdauer unabhängigen Varianten der rein objektiv qualifizierten Nichtzahlung wurden 1711 wieder aus dem Katalog der Bankrotthandlungen gestrichen, weil sie – so die Gesetzesbegründung – zu viel Missbrauch durch Gläubiger geführt hatten.[197] Bis zur Einführung der Restschuldbefreiung im Jahr 1706 und einige Jahre darüber hinaus waren sie jedoch in Kraft.

---

194 1 Jac. I. c. 15 (1603–04), § 1.

195 Ähnlich auch *Weisberg*, Stan. L. Rev. 39 (1986), 3, 38: „An ‚act' of bankruptcy was thus transformed into a condition of being." Vgl. auch *Kilborn/Walters*, Am. Bankr. L.J. 87 (2013), 123, 130 f., 134 f.

196 21 Jac. I, c. 19 (1623–24), § 2: „(…) being indebted to any p[er]son or p[er]sons in the sume of One Hundred Pounds or more, shall not pay or otherwise compound for the same within Six Monethes next after the same shall growe due, and the Debtor be arrested for the same, or within Six Moneths after an original Writ sued out to recover the said Debt, and Notice thereof given unto him or left in Writing at his or their Dwelling House or last Place of Aboad[e]; (…) or being arrested for the sume of One Hundred Pounds or more just Debt or Debts, shall at any tyme after such Arrest (…) procure his Enlargement by putting in com[m]on or hired Bayle, shalbe be accomted and adjudged a Banckrupt to all Intents and Purposes (…)."

197 10 Anne c. 25 (1711), § 1: „(…) whereas it is found by Experience that many and great Mischiefs and Inconveniences have happened especially of late to Trade and Credit in general by Reason of the said Discriptions of a Bankrupt (…)."

Der Vollständigkeit halber soll in diesem Zusammenhang ein weiterer, allerdings erst 1763 geschaffener Sondertatbestand für Mitglieder des Parlaments, die gleichzeitig Kaufleute im Sinne der Bankrottgesetze waren, genannt werden. Da Mitglieder des Parlaments aufgrund ihrer Immunität nicht wegen Schulden inhaftiert werden konnten, reichte es ihnen gegenüber aus, einen entsprechenden *original writ* über eine Forderung von mindestens 100 Pfund zuzustellen. Zahlte der Schuldner zwei Monate lang nicht, konnte er zum Bankrotteur erklärt werden.[198]

bb) Arrest und Sequestration

Als neue Bankrotthandlung wurde die durch den Schuldner absichtlich herbeigeführte dingliche Arrestierung und Sequestration des eigenen Vermögens (außerhalb eines Bankrottverfahrens) definiert.[199] Diese Bankrotthandlung verwundert auf den ersten Blick, weil das *common law* weder den dinglichen Arrest als Sicherungsmaßnahme noch die Sequestration von Schuldnervermögen als Maßnahme der (Gesamt-)Zwangsvollstreckung vorsah.[200] Im Prozessrecht des *common law* konnte die Beschlagnahme bestimmter Vermögensgegenstände des Schuldners durch den *sheriff* nur über einen als *distringas* bezeichneten *judicial writ* beantragt werden. Dieses Vorgehen diente jedoch allein dazu, den Beklagten dazu zu bewegen, vor Gericht zu erscheinen, nicht dagegen der Absicherung behaupteter Ansprüche im Wege eines summarischen vorläufigen Rechtsschutzes.[201]

Die Aufnahme dieser Bankrotthandlungen erklärt sich jedoch vor dem Hintergrund der teils noch gebilligten oder noch nicht vollständig verdrängten Anwendung von lokalen Gewohnheitsrechten, die diese Rechtsfiguren zuließen.[202] Erwähnenswert ist hier vor allem der seit 1482 nachweisbare dingliche Arrest des *Mayors Court of the City of London*, der bis ins 19. Jahrhundert in dessen örtlichem Zuständigkeitsbereich, der *Square-Mile* der *City of London*, zur Anwendung kam (*foreign attachement*).[203] Ähnlich wie die Inhaftierung oder die

---

198 4 Geo. III. c. 33 (1763), dazu *Blackstone*, Commentaries, Bd. 2, S. 479.

199 1 Jac. I. c. 15 (1603–04), § 1.

200 Siehe zur Entwicklung des dinglichen Arrests im *common law* oben Fn. 53.

201 Zur Beschreibung dieses Verfahrens vgl. *Millar*, Civil Procedure of the Trial Court, S. 487, Fn. 29.

202 *Christian*, Practice of the Bankrupt Law, Bd. 2, S. 80.

203 *Millar*, Civil Procedure of the Trial Court, S. 482 ff.; *Pulling*, Laws, Customs, Usages and Regulations of the City and Port of London, S. 187 ff.

Rechtloserklärung (*outlawry*) durch *Common-law*-Gerichte nutzten oder missbrauchten Schuldner solche Verfahren anscheinend, um Gläubigern den Zugriff auf ihr Vermögen zu erschweren oder zumindest einzelne Gläubiger gegenüber anderen zu bevorzugen.

cc) Fraudulent conveyances und assignment for the benefit of creditors

Zur Bankrotthandlung wurden im 17. Jahrhundert zudem das betrügerische Verbergen und Beiseiteschaffen von Vermögensgegenständen erklärt (*fraudulent conveyance*).[204] Welche Arten von Vermögensverschiebungen als betrügerisch zu qualifizieren waren, ergab sich vor allem aus dem *Acte agaynst fraudulent Deedes Gyftes Alienations & c.*, 13 Eliz. I. c. 5 (1571).[205] Zusätzlich zu den in 13 Eliz. I. c. 5 (1571) geregelten Tatbeständen wurden unter die Bankrotthandlung der *fraudulent conveyance* weitere Handlungen subsumiert.

Im Hinblick auf die Entstehung der *bankruptcy discharge* von besonderer Bedeutung ist dabei die freiwillige Abtretung bzw. Übertragung des (nahezu) gesamten Vermögens eines insolventen Schuldners auf einen Treuhänder, der mit der Abtretung den treuhänderischen Auftrag erhielt, das Schuldnervermögen quotal an alle Gläubiger zu verteilen (*assignment for the benefit of creditors*). Solche Vereinbarungen konnten mit einem Teilerlass für den Schuldner einhergehen. Wenn dem Schuldner ein solcher gewährt werden sollte, musste die Vereinbarung nach den Regeln des *common law* jedoch in einer förmlichen Urkunde (einem *deed*) erfolgen, weil im Hinblick auf den Teilerlass die für die Wirksamkeit eines formlosen Vertrags vom *common law* geforderte angemessene Gegenleistung des Schuldners an die Gläubiger (*consideration*) fehlte.[206]

Diese an die Struktur der römisch-kontinentalen *cessio bonorum* erinnernde Treuhandlösung der Vermögensabtretung zur insolvenzrechtlichen Vermögensliquidation scheint in England im 17. Jahrhundert eine populäre Alternative zu

---

204 1 Jac. I. c. 15 (1603–04), § 1.

205 Vgl. zu den Tatbeständen der *fraudulent conveyances* im Einzelnen *Christian*, Practice of Bankruptcy, Bd. 2, S. 128.

206 Nach *Pinnel's Case* (1602) 5 Co. Rep. 117a; 77 E.R. 237, war die Vereinbarung einer Teilzahlung zum (oder nach) Fälligkeitszeitpunkt einer Schuld gegen Erlass der Restschuld unwirksam, weil für den enthaltenen Teilerlass keine angemessene Gegenleistung (*consideration*) erbracht wurde. Daher war eine formelle Urkunde (*deed*) erforderlich, wenn eine Schuld im Rahmen eines Vergleichs durch eine Teilleistung insgesamt erlöschen sollte.

teuren und langwierigen Bankrottverfahren gewesen zu sein.[207] Gleichwohl war es bis weit in das 18. Jahrhundert hinein hoch umstritten, ob eine solche Vermögensabtretung aus Sicht eines Gläubigers, der sich nicht ausdrücklich damit einverstanden erklärt hatte, als betrügerische Vermögensverschiebung und damit als Bankrotthandlung zu werten war. *Goodinge* argumentierte in seinem Praktiker-Handbuch zum Bankrottverfahren von 1694 gegen die Qualifikation als Bankrotthandlung, weil er in der Vermögensabtretung keinen Betrug zulasten der Gläubiger erkennen konnte.[208] Erst 1767 wurde dieser Streit höchstrichterlich durch den *Court of Chancery* entschieden.[209] Demnach stellte die Abtretung des gesamten Vermögens zugunsten aller Gläubiger im Rahmen einer Treuhandabrede eine Umgehung der Bankrottgesetze dar und war aus Sicht der nicht mit diesem Vorgehen einverstandenen Gläubiger als betrügerische Vermögensverschiebung und Bankrotthandlung zu qualifizieren.[210] Sie sollte folglich nur dann zulässig sein, wenn alle Gläubiger zustimmten.

---

207 *Treiman*, Va. L. Rev. 24 (1938), 507, 523. Interessant ist, dass im französischen *code civile* und im *code de commerce* neben der vor Gericht erklärten *cession de biens judicaire* eine rein privatautonome *cession de biens volontaire* als mehrseitiger Vertrag erwähnt wurde, vgl. *code civile* (i. d. F. von 17. Februar 1804), Art. 1267 und *code de commerce* (i. d. F. vom 10. September 1807), Art. 567, dazu *Frey*, Lehrbuch des französischen Civilrechts, Bd. 3, S. 457. Gesetzlich geregelt war dort nur, dass sich die Wirkung der *cession de biens volontaire* nach dem Inhalt der vertraglichen Vereinbarung richtete. In den Vereinigten Staaten sind Vermögensliquidationen über Abtretungslösungen als „ABC“ nach dem Recht der Einzelstaaten möglich, vgl. für einen Überblick *Dawson*, Rutgers U. L. Rev. 69 (2016), 137, 145 ff.

208 *Goodinge*, Law against Bankrupts, S. 35 f.: „But if he [the debtor] abscond not, but declares his intention to pay his Debts, and the Trustees act accordingly, and pay as far as it may go proportionally, this Conveyance, without other act, shall not make him a Bankrupt; for there is no fraud.“

209 *Christian*, Practice of Bankruptcy, Bd. 2, S. 95 mit Verweis auf *Kettle v. Hammond* (1767) 1 Cooke 86.

210 *Holt*, Bankrupt Laws, S. 62 fasst die Rechtsprechung zur Vermögensabtretung an einen Treuhänder zugunsten aller Gläubiger wie folgt zusammen: „The principle of all the cases is, that any such conveyance, or trust deed, by a trader of all his property, or of so much of it as to incapacitate him to continue his trade, though for the benefit of *all* his creditors, is an act of bankruptcy, being in defraud of the bankrupt laws, and thus *constructively* defeating his creditors of their just rights.“ (Kursivdruck im Original). Zur Kritik dieser Entscheidung *Christian*, Practice of Bankruptcy, Bd. 2, S. 95 ff. Siehe für die Vereinigten Staaten von Amerika *Brashear v. West*, 32 U.S. 608, 614 (1833).

Erst im Laufe des 19. Jahrhunderts wurden solche Treuhandarrangements in den Bankrottgesetzen selbst und später in eigenen Gesetzen als *deed* bzw. *scheme of arrangement* durch den Gesetzgeber schrittweise zugelassen, soweit sie inhaltlich bestimmten Anforderungen wie zum Beispiel Mindestzustimmungsquoten von betroffenen Gläubigern genügten.[211]

dd) Moratorien, Zwangsvergleiche und Vollstreckungsschutz

Das Gesetz 21 Jac. I. c. 19 (1623–24) erklärte zudem Versuche des Schuldners, bei der Krone oder vor einem königlichen Gericht Unterstützung zur Durchsetzung eines Moratoriums oder Zwangsvergleichs gegen dissentierende Gläubiger zu erbitten oder zu beantragen, zu Bankrotthandlungen.[212]

Auf die Praxis der Krone, des *Privy Council* und des *Court of Chancery*, Schuldnern Moratorien zu gewähren oder bei der Durchsetzung von Stundungs- oder Erlassvergleichen zu helfen, wurde oben bereits eingegangen.[213] Mit der vollständigen Unterbindung dieser Interventionen im weiteren Verlauf des 17. Jahrhunderts verloren allerdings auch die entsprechenden Bankrotthandlungen ihre praktische Bedeutung.[214] Für die Erklärung der Einführung der *bankruptcy discharge* ist diese Entwicklung gleichwohl wichtig. Das Bankrottverfahren wurde damit zwangsvergleichsfeindlich oder – in einer moderneren Terminologie – sanierungs- und restrukturierungsfeindlich.

In diesem Zusammenhang ist abschließend noch eine weitere neue Bankrotthandlung zu erwähnen. Auch das Erwirken aller denkbaren Arten von individuellen Privilegien zum Schutz vor Zwangsvollstreckungsmaßnahmen mit Ausnahme der ehrlich erworbenen Immunität als Mitglied des englischen Parlaments wurde zur Bankrotthandlung erklärt.[215] Es scheint nicht ganz eindeutig, auf welche konkreten Maßnahmen dies genau abzielte. Jedoch liegt nahe, dass sich die Bankrotthandlung gegen die Gewährung von Zwangsstundungen

---

211 Dazu unten B. II. 3. b) ee).

212 21 Jac. I c. 19 (1623–24), § 2 nennt folgende Handlungen: „(…) [to] prefer or exhibit unto his Majesty, his Heirs or Successors, or unto any of the King's Courts, any Petition or Petitions, Bill or Bills against his or her Creditor or Creditors, or any of them, thereby desiring or endeavouring to compel or enforce them or any of them to accept less than their just and principal Debts, or to procure Time or longer Days of Payment than was given et the Time of their Contracts (…)."

213 Dazu oben B II. 2. d) und e).

214 *Christian*, Practice of the Bankrupt Law, Bd. 1, S. 37.

215 21. Jac. I. c. 19 (1623–24), § 2; dazu *Goodinge*, Law Against Bankrupts, S. 32.

(*respites*) richtete, die der *Privy Council* zum Schutz von Schuldnern bis 1640 ausstellte.[216]

ee) Öffnung für Vermögensabtretungen und Zwangsvergleiche erst ab 1825

Eine Öffnung des englischen Insolvenzrechts für treuhänderische Vermögensliquidationen in Form von *deeds of arrangement* und Zwangsvergleichen (*compositions*) erfolgte erst wieder ab 1825. Das Bankrottgesetz von 1825 begann mit der vorsichtigen Legalisierung solcher Abreden, indem es bestimmte, dass die Vermögensabtretung keine Bankrotthandlung darstellte, wenn der Schuldner ausnahmslos sein ganzes Vermögen auf einen Treuhänder übertrug, die Übertragung in einer öffentlichen Zeitung angezeigt wurde und sechs Monate kein Gläubiger ein Bankrottverfahren beantragte.[217]

Im Rahmen des eröffneten Bankrottverfahrens ermöglichte das Bankrottgesetz von 1825 zudem einen Erlassvergleich, der das Bankrottverfahren beenden konnte. Dieser konnte in der letzten Anhörung des Bankrottverfahrens vorgeschlagen werden, wurde mit Zustimmung einer Kopf- und Summenmehrheit von neun Zehnteln der Gläubiger wirksam und beendete das Bankrottverfahren.[218] 1844 schuf der Gesetzgeber dann ein aufwendiges außergerichtliches Zwangsvergleichsverfahren, wobei ein Zwangsvergleich mit Zustimmung einer Kopf- und Summenmehrheit von drei Fünfteln oder einer Kopf- oder Summenmehrheit von neun Zehnteln der Gläubiger mit Forderungen von jeweils über 20 Pfund bindend wurde.[219] Der Schuldner erhielt dann ein Zertifikat über die Registrierung der erfolgreichen Einigung mit den Gläubigern, das einem im Bankrottverfahren zur Erlangung der *bankruptcy discharge* ausgestellten Konformitätszertifikat gleichgestellt war.[220]

Unter dem *Bankrupt Law Consolidation Act 1849* konnte ein *deed* zur Vermögensabtretung, das innerhalb von drei Monaten von sechs Siebteln der Gläubiger mit Forderungen von 10 Pfund oder mehr unterschrieben war, beim

---

216 Dazu oben B. II. 2. d).

217 6 Geo. IV. c. 16 (1825), § 4.

218 6 Geo. IV. c. 16 (1825), § 133; dazu *Perks*, Deeds of Arrangement, S. 9; *Riesenfeld*, Minn. L. Rev. 31 (1947), 401, 443, meint, der Vergleich hatte keine Wirkung gegenüber dem dissentierenden Zehntel der Gläubiger.

219 *An Act to facilitate Arrangements between Debtors and Creditors*, 7 & 8 Vict. c. 70 (1844), § 5; dazu *Riesenfeld*, Minn. L. Rev. 31 (1947), 401, 443 f.

220 7 & 8 Vict. c. 70 (1844), § 13.

Bankruptcy Court eingereicht werden, war dann für alle Gläubiger bindend und schloss die Geltendmachung jeglicher Bankrotthandlungen drei Monate vor und nach der Einreichung des *deed* aus.[221] Darüber hinaus enthielt das Gesetz Regelungen zur Vereinbarung von Zwangsvergleichen unter Mitwirkung des *Bankruptcy Court* zur Abwendung drohender[222] und zur Beendigung eröffneter Bankrottverfahren.[223]

Im weiteren Verlauf des 19. Jahrhunderts entwickelte sich ein komplexes Recht um *deeds* bzw. *schemes of arrangement* und Zwangsvergleiche (*compositions*) außerhalb und im Rahmen von gerichtlichen Bankrottverfahren.[224]

c) Zwischenfazit

Während der *Privy Council* und der *Court of Chancery* noch bemüht waren, Zwangsvergleiche oder ähnliche Mehrheitsvereinbarungen von Gläubigern durchzusetzen, wurde das Bankrottverfahren durch die Einführung von Straftatbeständen verschärft und durch die Ausweitung des Katalogs der Bankrotthandlungen im Anwendungsbereich ausgeweitet. Dies hatte zur Folge, dass auch ein Schuldnerverhalten, das nicht betrügerisch war, zu einer Bankrotterklärung führen konnte. Die vorausgehende Untersuchung hat bereits gezeigt, dass das *bankruptcy law* im Ansatz ein vom Arrest her konturiertes Gesamtvollstreckungsverfahren gegen flüchtige und unredliche Schuldner war. Rechtsfiguren wie die *cessio bonorum* oder der Zwangsvergleich deckte es damit naturgemäß nicht ab. Im 17. Jahrhundert wurde es aber zu einem Instrument, das Rechtsfiguren, deren Koexistenz mit den Bankrottgesetzen auch im englischen Recht durchaus denkbar gewesen wäre, unterbinden sollte.

Bestrebungen, das Bankrottverfahren schuldnerfreundlicher zu gestalten, waren nicht ersichtlich. Die gesetzgeberische Tendenz lief im 17. Jahrhundert klar in die entgegengesetzte Richtung.

Vor diesem Hintergrund mahnte *Goodinge* 1694 in seinem Handbuch zum *bankruptcy law* zahlungsunfähige Schuldner zur Vorsicht. Er sei sicher, dass viele von ihnen sich nicht einmal bewusst seien, welche Verhaltensweisen vom Gesetz

---

221 12 & 13 Vict. c. 106 (1849), §§ 224 ff.

222 12 & 13 Vict. c. 106 (1849), §§ 211 ff.

223 12 & 13 Vict. c. 106 (1849), §§ 230 f.

224 Einen Überblick bis zum *Deeds of Arrangement Act 1887*, 50 & 51 Vict. c. 57, bietet *Perks*, Deeds of Arrangement, S. 9 ff.; einen Überblick bietet zudem *Riesenfeld*, Minn. L. Rev. 31 (1947), 401, 443 ff.

neben der klassischen Flucht (inzwischen) als Bankrotthandlungen gewertet wurden:[225]

> „You who are not only dipt, but drencht in Debt, may see here how to manage your Concerns with so much Prudence, as to avoid those dangerous Shelfs on which thousands of Families have been irrevocably ruine'd. For I am very confident, many have committed, or suffered such Acts of Bankruptcy, which they never understood would bring them within the Compass of the Statutes, but have thought that it only consisted in Absconding or downright Running."

Goodinge kritisierte, dass über die weiten Bankrotthandlungen letztlich auch ehrliche Schuldner in den Anwendungsbereich des *bankruptcy law* fielen. Die Konstruktion des Bankrottverfahrens hielt er insoweit für verfehlt:[226]

> „It must be granted, and it's the subject of pity rather than scorn, that many good Men may, and do insensibly sink and decay in their Estates, either by losses at Sea or Land (…) or by the fatal hidden determinations of Providence, which will sometimes baffle human designs (…). A Bankrupt, by Fraud, I always hated, I mean one that breaks on purpose to raise a Fortune by the ruin of others; tho'my Charity and Reason will induce me to believe such are not very ordinary. To leave a dear Family to the taunts and scorns of inconsiderate Fools, to roll about the World ones self like an Outlaw or a Fugitive, certainly are not things of choice, they are in no w[ay] amiable. If such Monsters are to be found, I conceive our Laws are not severe enough against them. But I regret the proceedings against Bankrupts by Accident, (if we must allow of that distinction) and am sorry they are involved in the same Penalties."

Thomas Dekker, der kein Jurist, sondern Dramatiker war, wies bereits zu Beginn des 17. Jahrhunderts in seinen *Seven Deadly Sinnes of London* darauf hin, dass es verfehlt sei, Kaufleute, die Opfer von Unglücken wurden, als Bankrotteure zu behandeln:[227]

> „The infortunate Marchant, whose estate is swallowed up by the mercilesse Seas, and the provident Trades-man whom riotous Servants at home, or hard-hearted debters abroad undermine and overthrow, blotting them with the name of *Bankrupts* deserve to be pitied and relieved."

Blackstones charakterisierte die Bankrotthandlungen gut eineinhalb Jahrhunderte nach *Goodinge* zwar noch immer als Verhaltensweisen, denen zumindest eine Tendenz zum Betrug zulasten der Gläubiger innewohne und die ein

---

225 *Goodinge*, Law Against Bankrupts, Preface to the Reader, ohne Seitenzahl.

226 *Goodinge*, Law Against Bankrupts, Preface to the Reader, ohne Seitenzahl.

227 *Dekker*, The Seven Deadly Sinnes of London, S. 16; dazu auch *Hoppit*, Risk and Failure, S. 20.

Kaufmann nutze, um der Durchsetzung rechtmäßiger Forderungen gegen ihn zu entgehen:[228]

> „A bankrupt is ‚a trader, who secretes himself, or does certain other acts, tending to defraud his creditors.' And, in general, whenever such a trader, as is before described, hath endeavoured to avoid his creditors or evade their just demands, this hath been declared by the legislature to be an act of bankruptcy, upon which a [bankruptcy] commission may be sued out (…)."

Gleichzeitig merkte er aber an, dass das Gesetz – unabhängig von betrügerischen Tendenzen – bestrebt sei, den Vermögensverfall eines Schuldners so früh wie möglich zu erkennen, um den Gläubigern die Realisierung eines möglichst großen Teils ihrer Forderungen zu ermöglichen:[229]

> „[T]he law is extremely watchful to detect a man, whose circumstances are in decline in the first instance, or at least as early as possible: that the creditors may receive as large a proportion of their debts as may be (…)."

4. Scheitern eines gesetzlichen Zwangsvergleichsrechts im 17. Jahrhundert

Auf das Scheitern der Bemühungen des *Privy Council* auf dem Gebiet des Insolvenzrechts durch den *Habeas Corpus Act 1640* und die ab 1621 unterbundene Praxis des *Court of Chancery*, Kollektivvereinbarungen zwischen dem Schuldner und einer Gläubigermehrheit mittels *bills of conformity* durchzusetzen, wurde bereits eingegangen.[230] Ende des 17. Jahrhunderts scheiterte schließlich auch der Versuch des Gesetzgebers, ein abstrakt-generelles Zwangsvergleichsrecht nach kontinentaleuropäischem Vorbild zu etablieren.

Nachdem sich der Gesetzgeber in den 1620er-Jahren durch die Ergänzung entsprechender Bankrotthandlungen zunächst gezielt gegen das Konzept des

228 *Blackstone*, Commentaries, Bd. 2, S. 477. Erstmals findet sich diese Beschreibung auf S. 285 in folgender Form: „(…) which unfortunate person may, from the several descriptions given of him in our statute law, be thus defined; a trader who secrets himself, or does certain acts, tending to defraud his creditors."

229 *Blackstone*, Commentaries, Bd. 2, S. 477; in diesem Sinne auch *Duncan*, Comm. L.J. 100 (1995), 191, 204: „Each of these ‚acts [of bankruptcy]' involved the debtor doing something that would have caused any right thinking creditor to get concerned." *Hoppit*, Risk and Failure, S. 36 beschreibt die Bankrotthandlungen als „(…) the laws attempt to identify failure."

230 Dazu oben B. II. 2. d) und e).

Zwangsvergleichs gerichtet hatte,[231] beschäftigte sich das Parlament 1679 mit einem Gesetzesentwurf zur Durchsetzung von Zwangsvergleichen mit dem Titel „*An Act to prevent the smaller number of the creditors of a bankrupt from obstructing the composition of the greater number*“, der aber im Gesetzgebungsverfahren scheiterte.[232] Ein zweiter, vom *House of Commons* getragener Gesetzesentwurf von 1693 wurde im *House of Lords* abgelehnt. Letzteres legte jedoch wenige Jahre später seinerseits einen Gesetzesentwurf vor, der sogar weiter als sein Vorgänger aus dem *House of Commons* ging. So war dieser Entwurf in seinem Anwendungsbereich nicht mehr auf Kaufleute beschränkt, sondern sollte auf alle Schuldner anwendbar sein.[233] Dieser Entwurf wurde als 8 & 9 Gul. III. c. 18 (1696–97) mit dem Titel „*An Act for Relief of Creditors by making Composition with their Debtors in Case Two Thirds in Number & Value doe agree*“ vom Parlament beschlossen.

Interessant ist zunächst die Präambel des Gesetzes, in der die Fehlentwicklungen des geltenden Insolvenzrechts und des Bankrottverfahrens, die sich aus dem bisherigen Scheitern des Zwangsvergleichsrechts ergaben, detailliert benannt wurden:[234]

> „Whereas many Debtors disabled by Losses and Misfortunes to pay their whole Debts are often willing to make what Satisfaction they can for the same so as they may enjoy their Liberty upon reasonable Agreement or Composition But some few creditors insisting on their whole Debts and Executors Administrators Guardians or Trustees being incapacitated to make any Composition such Debtors despairing to see an end of their Troubles transport themselves and their Effects beyond Sea or consume the same in Prisons or pretended priviledged Places to their utter ruine and become useless to the Government their Families a Burdon to their Relations or the Parishes they live in and all their Creditors lose what may be had for their Debts For Remedy whereof be it enacted (…).“

Anwendbar war das Gesetz auf alle insolventen Schuldner, die vor dem 17. November 1696 von ihrem Wohnsitz oder üblichem Aufenthaltsort geflüchtet waren, diesen Ort verlassen hatten oder aufgrund einer Zahlungsforderung inhaftiert worden waren (für Kaufleute war diese Art der Flucht zugleich eine Bankrotthandlung).[235]

---

231 Dazu oben B. II. 3. b) dd).
232 *Treiman*, Va. L. Rev. 24 (1938), 507, 521 f.
233 *Treiman*, Va. L. Rev. 24 (1938), 507, 522.
234 8 & 9 Gul. III. c. 18 (1696–97), § 1.
235 8 & 9 Gul. III. c. 18 (1696–97), § 1.

Nach 8 & 9 Gul. III. c. 18 (1696–97), § 1 war ein Vergleich für alle Gläubiger bindend, wenn eine Zweidrittelmehrheit der Gläubiger nach Summe und Köpfen zugestimmt hatte.[236] Der Vergleich erfolgte jedoch nicht unter gerichtlicher Aufsicht und benötigte auch keine gerichtliche Bestätigung.[237]

Das Gesetz führte zu viel Missbrauch und wurde bereits im folgenden Jahr durch 9 Gul. III. c. 29 (1697–98) aufgehoben:[238]

> „Whereas [8 & 9 Gul. III. c. 18 (1696–97)] hath not answered the end to which the same was intended in regard that notwithstanding the Provisions in the said Act for preventing Frauds in the making [of] such Compositions many fraudulent practices have been committed by making pretended Agreements with Persons who were not real Creditors and for greater advantages than what were expressed in such Compositions which Practices have (as there is just Cause to fear) occaisened much Perjury For Remedy whereof be it enacted (…). That from and after [24 June 1698] the said Act and every Clause Matter & Thing therein contained shal be repealed determined and of no Force.“

Nach 8 & 9 Gul. III. c. 18 (1696–97) bereits geschlossene Vergleiche sollten jedoch ihre Gültigkeit behalten, soweit sie ohne Betrug und in redlicher Absicht zustande gekommen waren.[239]

Man kann im Hinblick auf die genannten Gesetzesinitiativen des Parlaments ebenfalls von einer gescheiterten Rezeption des römisch-kontinentalen Zwangsvergleichsrechts sprechen. *Glenn* weist darauf hin, dass 8 & 9 Gul. III. c. 18 (1696–97) – das einzige zumindest zeitweise in Kraft getretene englische Gesetz zur Ermöglichung von Zwangsvergleichen vor Einführung der *bankruptcy discharge* – nach dem Vorbild des Zwangsvergleichs der französischen *Ordonnance du Commerce* von König Louis XIV. von 1673 entworfen wurde.[240] Er führt zudem aus, dass ein möglicher Grund für das Scheitern dieses Gesetzes die fehlende gerichtliche Kontrolle und die mangelnde Institutionalisierung des Zwangsvergleichsrechts waren, was den Missbrauch der Vorschrift ermöglichte.[241]

Im Laufe des 18. Jahrhunderts erließ der Gesetzgeber dann keine generellen Regelungen zum Zwangsvergleich mehr. Die nächste vorsichtige Öffnung für Zwangsvergleiche erfolgte erst wieder mit dem Bankrottgesetz von 1825.[242]

---

236 8 & 9 Gul. III. c. 18 (1696–97).
237 *Glenn*, Va. L. Rev. 23 (1937), 373, 379.
238 9 Gul. III. c. 29 (1697–98), § 1.
239 9 Gul. III. c. 29 (1697–98), §§ 2 f.
240 *Glenn*, Va. L. Rev. 23 (1937), 373, 379.
241 *Glenn*, Va. L. Rev. 23 (1937), 373, 379.
242 6 Geo. IV. c. 16 (1825), §§ 4, 133.

Das Parlament gab das Konzept des Zwangsvergleichs jedoch nicht vollkommen auf. Anerkannt wurde dieses zwar nicht mehr in allgemeinen Gesetzen, es fand jedoch Eingang in einer Reihe von Einzelfallgesetzen. Beispielsweise erließ das Parlament noch 1699 ein Einzelfallgesetz, das Vergleichsstörer des zum Bankrotteur erklärten Londoner Großbankiers Sir Robert Vyner zur Zustimmung zu einem von der Mehrheit der Gläubiger gewünschten Vergleich zwang.[243] Weitere Beispiele werden im folgenden Abschnitt dieser Arbeit im Zusammenhang mit der Pitkin-Affäre behandelt.[244]

Das Fehlen eines mit dem Kontinent vergleichbaren Zwangsvergleichsrechts wurde auch von dem Rechtshistoriker *Holdsworth* als Problem des englischen Insolvenzrechts gewertet. Nach seiner Beurteilung glichen die Probleme des englischen Insolvenzrechts bis ins 19. Jahrhundert letztlich immer noch denjenigen, auf die *Brinklow*[245] mit seinem Aufruf zur Schaffung eines Zwangsvergleichsrechts 1542 hingewiesen hatte:[246]

> „(…) [B]oth the law [of bankruptcy] and its administration continued to be one of the most unsatisfactory branches of English law till the reforms of the nineteenth century. (…) All these defects were aggravated by the limited scope of the bankruptcy laws, which (…) applied only to traders; and by the fact that no person, whether or not he came within the scope of these laws, could force his cerditors to assent to a composition.
>
> That this was so was largely due to the fact that the abolition of the jurisdiction of the [Privy] Council in 1641, had left no machinery by which an honest but unfortunate debtor could make an effectual composition with his creditors, unless all creditors agreed. (…)
>
> It would, I think, be true to say it was this branch of English law which was the most injuriously affected by the abolition of the jurisdiction of the [Privy] Council. That neither the Legislature, nor the common law, nor equity, had succeeded in constructing a satisfactory body of law, is clear from the fact that the defects pointed out at the beginning of the nineteenth century, are, to a large extent, the same as those pointed out by Brinklow in the sixteenth century."

5. Zusammenfassung zur makrohistorischen Begründung

Die makrohistorische Begründung hat die Entwicklungslinien des englischen Insolvenzrechts von ihren kontinentaleuropäischen Wurzeln bis zum Ende

---

243 Zu diesem Fall vgl. *Kadens*, Am. Bankr. L.J. 84 (2010), 483, 518.

244 Dazu unten B. III. 2. d).

245 Dazu oben B. II. 2. a).

246 *Holdsworth*, History of English Law, Bd. 8, S. 244 f.

des 17. Jahrhunderts und damit kurz vor Einführung der *bankruptcy discharge* nachgezeichnet. Die englischen Bankrottgesetze des 16. Jahrhunderts, 34 & 35 Hen. VIII. c. 4 (1542–43) und 13 Eliz. I. c. 17 (1571), erscheinen demnach in terminologischer und dogmatischer Hinsicht als Rechtsnormimport einer kontinentaleuropäischen Bankrottgesetzgebung. Übernommen wurde ein vom Gedanken des Gesamtvermögensarrests her konstruiertes Gesamtvollstreckungsverfahren, das konzeptionell gegen flüchtige und unredliche (Insolvenz-) Schuldner gerichtet war.

Die zweite große Entwicklungslinie des kontinentaleuropäischen Insolvenzrechts, die auf der römischen *cessio bonorum* und dem Zwangsvergleich basierte, übernahm das englische Recht zu dieser Zeit nicht. Dem englischen Recht fehlte damit aus der Sicht des Insolvenzschuldners ein insolvenzrechtliches Instrumentarium zur Entschuldung und aus der Perspektive der Gläubiger ein Instrumentarium zur Kontrolle der Mehrheit über die Minderheit im Rahmen von Zwangsvergleichen.

Bis in das 17. Jahrhundert hinein bemühten sich der *Privy Council* und der *Court of Chancery*, diese Lücke gegen erhebliche Widerstände der *Common-law*-Gerichte zu füllen. Letztlich haben sie es aber nicht geschafft, eine entsprechende Entwicklungslinie im englischen Recht zu etablieren.

Im 17. Jahrhundert unternahm schließlich der Gesetzgeber den Versuch, ein Zwangsvergleichsrecht nach kontinentaleuropäischem Vorbild zu schaffen. Auch dies scheiterte jedoch Ende des 17. Jahrhunderts.

III. Mikrohistorische Begründung: Bestandsaufnahme Ende des 17. Jahrhunderts und Schaffung der bankruptcy discharge

1. Bestandsaufnahme, Kritik und Kommentar des betroffenen Defoe

Die Situation des englischen Insolvenzrechts im ausgehenden 17. Jahrhundert kann auf mikrohistorischer Ebene zunächst anschaulich durch die zeitgenössische Bestandsaufnahme und Kritik *Daniel Defoes* illustriert werden. *Defoe* war als insolventer Kaufmann und gescheiterter Spekulant unmittelbar Betroffener des geltenden englischen Insolvenzrechts, dem einige wenige Gläubiger einen Vergleich verwehrten. In dieser Situation übte *Defoe* in seinem 1697 erschienenen *Essay Upon Projects* eine detaillierte Kritik am geltenden englischen *bankruptcy law* und schlug eine Restschuldbefreiung nach dem Verwertungsmodell vor. Schließlich beobachtete und kommentierte *Defoe* das laufende

Gesetzgebungsverfahren zu 4 & 5 Anne c. 4 (1705) in der von ihm verlegten Zeitung *A Review of the State of the English Nation*. Das abgeschlossene Gesetzgebungsverfahren machte er in den 1706 veröffentlichten *Remarks on the Bill to Prevent Frauds Committed by Bankrupts* zum Gegenstand. *Defoes* Kritik und seine Lösungsvorschläge waren getrieben von der (eigenen) Situation des redlichen Schuldners, dem einzelne – jedenfalls aus seiner Sicht unredliche – Gläubiger einen fairen und angemessenen Vergleich verweigerten.

a) Defoe als Betroffener

Defoe war 1692 zum Bankrotteur erklärt worden[247] und hatte 1692 zumindest eine kurze Zeit in Schuldhaft verbracht.[248] Zur Zeit seiner Bankrotterklärung schuldete er rund 140 Gläubigern insgesamt rund 17.000 Pfund.[249] Bezogen auf die heutige Kaufkraft wäre dies mit etwa 2 Mio. britischen Pfund vergleichbar.[250] Der Hauptgrund für *Defoes* finanzielle Schwierigkeiten waren Spekulationen mit Schiffsversicherungen. Diese liefen schlecht, weil die versicherten englischen Handelsschiffe im Neunjährigen Krieg in großer Zahl von französischen Freibeutern aufgebracht wurden.[251] Dazu erlitt *Defoe* mit weiteren Unternehmungen und Spekulationen Verluste. *Quilter* nennt als besonders markantes Beispiel die gescheiterte Investition in eine Art Tauchboot, mit dem Schätze aus gesunkenen Schiffen gehoben werden sollten.[252] Die Verluste führten jedenfalls dazu, dass *Defoe* 1692 zum Bankrotteur erklärt wurde.[253] *Defoe* nahm zwar Vergleichsverhandlungen mit allen seinen Gläubigern auf, ein Vergleich scheiterte jedoch an der fehlenden Zustimmungsbereitschaft von nur vier von 140 Gläubigern.[254]

1694 wandte sich *Defoe* – der bis 1695 noch seinen Geburtsnamen *Daniel Foe* nutzte[255] – mit einer Petition an das *House of Commons*. Dort wurde zu diesem Zeitpunkt ein Gesetz beraten, welches insolventen Kaufleuten, die aufgrund

---

247 *Quilter*, J. Legal Hist. 25 (2004), 53, 54; *Richetti*, Life of Daniel Defoe, S. 16.
248 *Quilter*, J. Legal Hist. 25 (2004), 53, 55; laut *Richetti*, Life of Daniel Defoe, S. 17, wenige Tage.
249 *Quilter*, J. Legal Hist. 25 (2004), 53, 55.
250 *Richetti*, Life of Daniel Defoe, S. 16.
251 *Quilter*, J. Legal Hist. 25 (2004), 53, 54 f.; *Richetti*, Life of Daniel Defoe, S. 16.
252 *Quilter*, J. Legal Hist. 25 (2004), 53, 54.
253 *Quilter*, J. Legal Hist. 25 (2004), 53, 54; *Richetti*, Life of Daniel Defoe, S. 16.
254 *Quilter*, J. Legal Hist. 25 (2004), 53, 55.
255 *Quilter*, J. Legal Hist. 25 (2004), 53, 55; *Richetti*, Life of Daniel Defoe, S. 18 mit Anm. 50.

des See- und Kaperkriegs mit Frankreich Verluste im Schiffsversicherungsgeschäft erlitten hatten, einen Zwangsvergleich mit ihren Gläubigern ermöglichen sollte.[256] In den Protokollen des *House of Commons* findet sich folgende Petition:[257]

> „A PETITION of *Daniel Foe* Merchant, was presented to the House, and read; setting forth, That the Petitioner having sustained divers Losses by Insurances since the War with France, and having met and proposed to his Creditors a Means for their Satisfaction, some few of them will not come into those Proposals: That there being a Bill depending in this House, to enable some Merchants Insurers the better to satisfy their Creditors, the Petitioner prays his Name may be inserted in the said Bill, to have the like Benefit with them.
>
> *Ordered*, That the Consideration of the said Petition be referred to the Committee, to whom the said Bill is committed."

Das Gesetzesvorhaben scheiterte jedoch 1695 im *House of Lords* und wurde nicht wieder aufgenommen.[258]

Offenbar konnte *Defoe* auch nicht von dem bereits beschriebenen kurzlebigen *Act for Relief of Creditors by making Composition with their Debtors in Case Two Thirds in Number & Value doe agree* von 1697 profitieren.[259] Da *Defoe* zu diesem Zeitpunkt weder inhaftiert noch flüchtig war, fiel sein Fall nicht in den Anwendungsbereich des Gesetzes.

Auch *Defoes* Bankrottverfahren endete zu seiner Lebenszeit nicht mit einer *bankruptcy discharge*. In dem kurzen Zeitraum, in dem die *bankruptcy discharge* auf Grundlage des Gesetzes 4 & 5 Anne c. 4 (1705) – also ohne Gläubigerzustimmung – möglich war, war *Defoe* in politischer Mission in Schottland und konnte sein Bankrottverfahren schon deshalb nicht vorantreiben.[260] Später scheiterte

---

256 Journals of the House of Commons, Bd. 11 (13. Dezember 1693), S. 30: „Mr. *Waller*, according to Order, presented to the House a Bill to enable divers Merchants Insurers, that have sustained many Losses by the present War with France, the better to satisfy their several Creditors: And the same was received." (Kursivdruck im Original).

257 Journals of the House of Commons, Bd. 11 (9. Februar 1694), S. 87 (Kursivdruck im Original).

258 *Quilter*, J. Legal Hist. 25 (2004), 53, 55.

259 8 & 9 Gul. III. c. 18 (1696–97), dazu oben B. II. 4.

260 *Defoe* befand sich im Auftrag des *Secretary of State* und Sprechers des *House of Commons*, *Robert Harley*, in verdeckter politischer Mission in Schottland, um die Vereinigung mit England voranzutreiben, die schließlich im Zusammenschluss und dem *Act of Union* von 1707 gipfelte, *Quilter*, J. Legal Hist. 25 (2004), 53, 56; *Richetti*, Life of Daniel Defoe, S. 113 ff.

seine *bankruptcy discharge* an der mit 6 Anne c. 22 (1706) eingeführten Hürde der Gläubigerzustimmung.[261]

b) Bestandsaufnahme und Kritik: An Essay Upon Projects

Defoe veröffentlichte im Jahr 1696 – seit vier Jahren von seinen Gläubigern bedrängt und offiziell zum Bankrotteur erklärt – mit der Reformschrift *An Essay Upon Projects* sein erstes umfangreicheres Buchprojekt.[262] Darin diskutierte er eine Reihe politischer und sozialer Probleme der Zeit und entwickelte eigene Lösungsvorschläge. Ein komplettes Kapitel ist den Bankrotteuren gewidmet. Dieses Kapitel („*Of Bankrupts*") folgt direkt auf ein Kapitel über die Reform des Umgangs mit psychisch kranken Menschen („*Of Fools*"), zu deren besserer Versorgung *Defoe* eine Art Wohlfahrtslotterie vorschlug. Zur Einleitung des Kapitels über Bankrotteure knüpfte *Defoe* zunächst mit einem polemischen Wortspiel an dieses vorausgegangene Kapitel an:[263]

> „This Chapter has some Right to stand next to that of Fools; for besides the common acceptation of Late, which makes *every Unfortunate Man a Fool*, I think no man so much made a Fool of as a *Bankrupt*."

Defoe führte sodann aus, das Bankrottverfahren mute im Gegensatz zum grundsätzlich liberalen und von Nachsicht geprägten englischen Recht fast barbarisch an, denn es erlaube den Gläubigern grausame Selbstjustiz, biete dem Schuldner aber keine Chance, seine Redlichkeit zu erweisen und statt den Schuldner zur Aufnahme neuer wirtschaftlicher Tätigkeit zu animieren, verdamme es ihn zur Untätigkeit und zum Hungertod. Die Bankrottgesetze zerstörten die wirtschaftliche Existenz des Schuldners, ohne den Gläubigern damit einen sinnvollen Dienst zu erweisen. Die Schärfe des Gesetzes gegenüber dem Schuldner hielt *Defoe* für unverhältnismäßig und inhuman:[264]

> „If I may be allow'd so much liberty with our Laws, which are generally good, and above all things are temper'd with Mercy, Lenity, and Freedom, This has something in it of Barbarity; it gives a loose to the Malice and Revenge of the Creditor, as well as a Power to right himself, while it leaves the Debtor no way to show himself honest: It contrives all

---

261 *Quilter*, J. Legal Hist. 25 (2004), 53, 56.

262 Vgl. zum Hintergrund des *Essay Upon Projects* die Einführung von *Reder* in der von ihm herausgegebenen deutschen Ausgabe des Essays über Projekte von 2006, S. 7 ff. Zu *Defoes* frühen Veröffentlichungen *Richetti*, Life of Daniel Defoe, S. 18 mit Anm. 52.

263 *Defoe*, Essay Upon Projects, S. 191 (Kursivdruck im Original).

264 *Defoe*, Essay Upon Projects, S. 192 f. (Kursivdruck im Original).

the ways possible to drive the Debtor to despair, and encourages no new Industry, for it makes him perfectly uncabable of any thing but *starving*.

The law (...) tends wholly to the destruction of the Debtor, and yet very little to the benefit of the Creditor. (...)

The Severties to the Debtor are unreasonable, and, if I may say, a little inhuman; for it not only strips him of all in a moment, but renders him forever incapable of helping himself, or relieving his family by future Industry."

Defoe kritisierte, dass die Schaffung der ersten Bankrottgesetze legitim und notwendig gewesen sein möge, der damals verfolgte Ansatz aber nicht mehr zeitgemäß sei.[265] Das Bankrottverfahren habe sich sogar in einem öffentlichen Missstand der Nation verkehrt.[266]

Defoe stützte sein kritisches Urteil in der Sache vor allem auf die *de lege lata* bestehende Dysfunktionalität des Bankrottsystems, die unredlichen Schuldnern trotz aller Verschärfungen und Ausweitungen des 17. Jahrhunderts noch immer Möglichkeiten bot, ihr Vermögen vor den Gläubigern zu verbergen (dazu aa)) und dabei eigentlich redlichen Schuldnern gleichzeitig fatale Fehlanreize setze, genau diese unredlichen Möglichkeiten zu nutzen, um der sinnlosen Schärfe der Bankrottgesetze zu entkommen (dazu bb)). *Defoe* kritisierte, dass dieses System genau die Art von unredlichen Schuldnern produziere, vor denen es ursprünglich habe schützen wollen. Zur Auflösung der dargestellten strukturellen Fehlanreize schlug er ein alternatives Insolvenzrecht mit freiwilliger Vermögensaufgabe und einer Restschuldbefreiung nach dem Verwertungsmodell vor, für dessen Durchführung ein Gericht zuständig sein solle, das er den „*Court of Enquiries*" nannte (dazu cc)).

aa) Dysfunktionalität zugunsten unredlicher Schuldner

Defoe ging zunächst darauf ein, wie die Bankrottgesetze trotz ihrer Strenge zuließen, dass unredliche Schuldner ihr Vermögen durch den Missbrauch gesetzlicher Bestimmungen dem Zugriff der Gläubiger entziehen konnten. Für einen Kaufmann, dessen Handelswaren sich außerhalb der englischen Landesgrenzen befanden, stellten die in ihrer Geltung (und praktischen Durchsetzbarkeit) auf

---

265 *Defoe*, Essay Upon Projects, S. 195: „(...) I am far from reflecting on the Makers of that Law, who, no question, saw 'twas necessary at that Time (...)."

266 *Defoe*, Essay Upon Projects, S. 197: „(...) this Act is now a Publick Grievance to the Nation (...)."

England beschränkten Bankrottgesetze laut *Defoe* keine Gefahr dar.[267] Dies war im wirtschaftlich bedeutenden Kolonial- und Überseehandel die Regel.

Sofern sich der Bankrotteur selbst in England befand, konnte er sich und seine Handelsbücher durch die Flucht in sogenannte *Liberties* vor dem Zugriff durch Vollstreckungsmaßnahmen der Gläubiger retten. Als *Liberties* wurden bestimmte Gebiete, Stadtteile oder Gemeinden bezeichnet, die aus historischen Gründen nicht in die Zuständigkeit der *Common-law*-Gerichte fielen, weil die Krone im Mittelalter ihr Rechtsprechungsprivileg auf lokale Lehnsherren übertragen hatte. Solche *Liberties* existierten auch innerhalb der Stadtgrenzen von London. Die bedeutendsten waren im ausgehenden 17. Jahrhundert die Stadtteile Whitefriars – kurz *„Friars"* – und die *„Mints"*, die sich im Stadtteil Southwark befanden. *Defoe* schrieb:[268]

> „If the Bankrupt be a Merchant, no Statute can reach his Effects byond the Seas; so that he has nothing to secure but his Books, and away he goes into the *Friars*."

Für einen Bankrotteur mit einem inländischen Handelsgeschäft soll ein solches Vorgehen laut *Defoe* etwas aufwendiger gewesen sein. Er verwies aber auf kommerzielle Anbieter, die sich auf den Transport ganzer Warenlager (und Weinkeller) in die *Liberties* innerhalb einer einzigen Nacht spezialisiert hätten. Die Londoner Nachtwächter, die kleinkriminelle Diebe jagten, würden solche Transporte zum großen Schaden einer Vielzahl rechtschaffener Gläubiger ungehindert passieren lassen:[269]

> „If [the Bankrupt be] a shopkeeper, he has more difficulty; but that is made easy, for there are Men (and Carts) to be had, whose Trade it is, and who in One Night shall remove the greatest Warehouse of Goods, or Cellar of Wines in Town, and carry them off into those Nurseries of Rogues, the *Mint* and *Friars*; and our Constables and Watch, who are the allow'd Magistrates of the Night, and who shall stop a poor little lurking Thief, that may be has stole a Bundle of old Cloaths, worth 5 § shall let them all pass without any disturbance, and see a hundred honest men robb'd of their Estates before their faces, to the Eternal Infamy of the Justice of the Nation."

Der rechtliche Sonderstatus der *Liberties* änderte sich erst im Laufe des 18. Jahrhunderts. Dabei hat es zwei gesetzgeberische Anläufe gebraucht, um das *common law* auch in den *Mints* durchzusetzen.[270]

---

267 *Defoe*, Essay Upon Projects, S. 198.

268 *Defoe*, Essay Upon Projects, S. 198.

269 *Defoe*, Essay Upon Projects, S. 198 f.

270 Das Gesetz 9 Geo. I c. 28 (1722), mit dem Titel *„An acte for more effectual Execution of Justice in a pretended priviledged Place in the Parish of* Saint George *in the County of*

Nach der Beschreibung dieser unredlichen Verhaltensweisen benannte *Defoe* die Fehlanreize, die aus den Bankrottgesetzen für redliche Schuldner folgten und diese in das dargestellte unredliche Verhalten trieben.

bb) Dysfunktionalität durch Fehlanreize für redliche Schuldner

Im Kern von *Defoes* Kritik steht die Ungerechtigkeit des bestehenden Systems gegenüber dem redlichen Schuldner, dem Gläubiger einen angemessenen Vergleich verweigerten. Seine Kritik lässt sich folgendermaßen zusammenfassen: Während das geltende Recht unredlichen Schuldnern eine Reihe von Schlupflöchern biete, um ihren Gläubigern den Zugriff auf ihr Vermögen durch Missbrauch und geschickte Umgehung gesetzlicher Bestimmungen unmöglich zu machen, treffe den redlichen Schuldner, der sich zu solchen zweifelhaften Methoden nicht hinreißen lasse und dessen Gläubiger ihm einen angemessenen Vergleich verwehrten, die gesamte unbillige Härte der Bankrottgesetze (und schließlich des *common law* in Form der Schuldhaft). So sei es nur nachvollziehbar und sogar ratsam, dass auch der redliche Schuldner zu unredlichen Mitteln greife, um dieser gesetzlichen Ungerechtigkeit zu entkommen.

Defoe bediente sich zur Illustration seiner Kritik der Beschreibung einer fiktiven Szene in einer der *Liberties*, die er in diesem Zusammenhang als „Brutstätte der Schurken" („*Nurseries of Rogues*") bezeichnete.[271] Ein Schuldner, dem seine Gläubiger nachsetzten und der sich fürs Erste ins Schuldnerasyl gerettet hatte, traf dort auf einen Bankrotteur, der ihm seinen Rat anbot. *Defoes* Neuankömmling war „zu verzweifelt, um den Rat auszuschlagen".[272] Der Bankrotteur riet dem Neuankömmling, seinen Gläubigern zunächst ein Vergleichsangebot zu machen. Würden die Gläubiger dieses nicht annehmen und ein Bankrottverfahren anstrengen, sei es gerechtfertigt, sich dem barbarischen und ungerechten Verfahren mit allen Mitteln zu entziehen:[273]

Surrey, *commonly called the* Mint (…)", stellte klar, dass der Aufenthalt in den *Mints* keinen Schutz vor der Zwangsvollstreckung oder Inhaftierung wegen Schulden mehr bieten sollte und dass auch dort nach dem *common law* vollstreckt werden durfte. Eine vergleichbare Regelung findet sich bereits in 8 & 9 Gul. III. c. 27 (1696–97), § 15, welches in dieser Hinsicht praktisch aber offenbar nicht beachtet wurde. Zur Geschichte der Mints siehe *Stirk*, Soc. Hist. 25 (2000), 316 ff.

271 *Defoe*, Essay Upon Projects, S. 198.

272 *Defoe*, Essay Upon Projects, S. 201: „The man is in too much trouble not to want counsel (…)."

273 *Defoe*, Essay Upon Projects, S. 201 f. (Kursivdruck im Original).

„*Send a Summons to your Creditors, and offer what you can propose in the Pound* (always reserving a good Stock to begin the World again), *which if they will take, you are a Freeman* (…). *If they will not take it, but will proceed to a Statute,*[[274]] *you have nothing to do but to oppose Force with Force; for the Laws of Nature tell you, you must not starve; and a Statute is so barbarous, so unjust, so malicious a way of proceeding against a man, that I do not think any Debtor oblig'd to consider any thing but his own Preservation* (…). [F]*or Equity is due to a Bankrupt as well as to any man; and if the Laws do not give it to us, we must take it.*“

Die Beschreibung des Bankrotteurs in einer Art außergesetzlichem oder naturrechtlichem Notstand gegenüber seinen Gläubigern überzeugte auch den eigentlich prinzipien- und gesetzestreuen Neuankömmling.[275] *Defoe* selbst bekannte sich dazu, einmal dem Rat seines fiktiven Bankrotteurs gefolgt zu sein, um der Ungerechtigkeit der Bankrottgesetze zu entkommen und damit gegen die von ihm selbst vertretenen Prinzipien eines redlichen und ehrlichen Kaufmanns verstoßen zu haben.[276]

Neben der Kritik der unbilligen Härte des Gesetzes gegenüber dem redlichen Schuldner verstärkte *Defoe* seine Argumentation durch einen zweiten Punkt. Dabei ging es um die unverhältnismäßigen Kosten des Bankrottverfahrens und der Bankrottkommissionen, die aus dem Schuldnervermögen beglichen werden mussten. *Defoe* ließ seinen fiktiven Bankrotteur die durchaus berechtigte rhetorische Frage stellen, weshalb ein Schuldner es zulassen solle, dass die Bankrottkommission, der er nichts schuldig sei, aus der Masse des Schuldnervermögens dafür bezahlt werde, den Schuldner und seine Familie auszuhungern, bevor etwas zur Begleichung der Forderungen der Gläubiger aufgewendet würde:[277]

„*For why (…) should the Creditors spend your Estate in the Commission, and then demand the Debt of you too? Do you owe anything to the Commission of the Statute? (…) I warrant their Charges will come to 200 l. out of your Estate, and they must have 10 $ a day*

274 Die Eröffnung eines Bankrottverfahrens wird hier als „*proceed to a Statute*“ bezeichnet, weil es sich um ein gesetzlich geregeltes Verfahren handelt, nicht um ein Verfahren nach den Regeln des *common law*.

275 *Defoe*, Essay Upon Projects, S. 203: „This is too rational Discurse not to please him, and he proceeds by his Advice (…).“

276 *Defoe*, Review of the State of the English Nation, 19.2.1705, zitiert nach *Quilter*, J. Legal Hist. 25 (2004), 53, 63: „I rank my self with those that are ready to own, that they have in the Extremities and Embarrassments in Trade, done those things, which their own Principles Condemned (…).“

277 *Defoe*, Essay Upon Projects, S. 202 (Kursivdruck im Original).

for starving you and your Family. I cannot see why any man should think I am bound in Conscience to pay the Extravagance of other men."

Nicht der Bankrotteur, sondern die Gläubiger und die Bankrottkommission werden nach dieser Argumentation zu gewissenlosen Verschwendern fremden Vermögens gemacht. Diese Kritik scheint auch einen tatsächlich gerechtfertigten Hintergrund zu haben. *Duffy* beschreibt in seiner Untersuchung der Praxis der Bankrottkommissionen in London, dass die Bankrottkommissare durchaus darum bemüht gewesen seien, ihre recht spärliche Bezahlung durch das Hochtreiben der Verfahrensgebühren aufzubessern, etwa durch Ansetzen überflüssiger Termine oder Vertagung begonnener Termine, um zusätzliche Gebühren auszulösen.[278] Bankrottkommissionen scheinen sich zudem großzügig Auslagen aus der Vermögensmasse des Bankrotteurs erstattet zu haben. Interessant ist in diesem Zusammenhang eine Regelung aus 4 & 5 Anne c. 4 (1705), die es Bankrottkommissaren untersagte, weiterhin üppige Essen und Getränke als Verfahrenskosten aus der Vermögensmasse des Bankrotteurs zu bezahlen:[279]

„And whereas Commissions of Bankrupts have been often executed with great Expence in eating and drinking at the Meetings of the Commissioners (...) be it further enacted (...) That there shall not be paid or allowed by the Creditors or out of the Estate of the Bankrupts any Monies whatsoever for Expences in eating or drinking (...)."

Zuwiderhandlungen führten zum Ausschluss vom Amt des Bankrottkommissars auf Lebenszeit.[280]

cc) Lösungsvorschlag durch Entschuldung im Verwertungsmodell

Im Anschluss an die Kritik der bestehenden Gesetzeslage arbeitete *Defoe* einen detaillierten Lösungsvorschlag aus, in dessen Zentrum für den redlichen Schuldner eine Restschuldbefreiung nach dem Verwertungsmodell stand. *Defoe* ging von zwei Typen von Schuldnern und von Gläubigern aus, zwischen denen sein Lösungsansatz unterscheiden sollte: erstens dem redlichen, aber glücklosen Schuldner, zweitens dem unredlichen Schuldner, der verschwenderisch oder sogar betrügerisch agierte, drittens dem redlichen Gläubiger, den er als moderat und vernunftgeleitet charakterisierte, und viertens dem unredlichen Gläubiger, den er als unnachgiebig, böswillig oder gar rachsüchtig beschrieb.[281] Diesen

278 *Duffy*, Bankruptcy and Insolvency, S. 34 ff., 40 f.
279 4 & 5 Anne c. 4 (1705), § 21.
280 4 & 5 Anne c. 4 (1705), § 21.
281 *Defoe*, Essay Upon Projects, S. 206 f.

vier Figuren ordnet er dann jeweils ein anzustrebendes gesetzgeberisches Ziel zu:[282]

„*That a necessary favour might be shown to the first*, in Pity and Compassion to the Unfortunate, in Commisaration of Casualty and Poverty, which no man is exempt from the danger of. *That a due Rigor and Restraint be laid upon the second*, that Villany and Knavery might not be encourag'd by a Law. *That a due care be taken of the third*, that means Estates may, as far as can be, secur'd to them. *And due limits set to the last*, that no man may have an unlimited Power over his Fellow-Subjects, to the Ruin of both Life and Estate."

Für die vorliegende Untersuchung sind vor allem die Reaktionsvorschläge im Hinblick auf den redlichen Schuldner von Interesse. Auf diesen und damit gleichzeitig auf sein Gegenstück des unredlichen und vergleichsunwilligen Gläubigers konzentrieren sich die folgenden Ausführungen.

An den von *Defoe* vorgeschlagenen *Court of Enquiries*[283] sollte sich jedermann mit einem Antrag wenden können, wenn er seine Geschäfte nicht weiterführen konnte. Eine Beschränkung der Regelungen auf Kaufleute wie im geltenden *bankruptcy law* gab es nicht. Der Antrag sollte die Erklärung des Schuldners enthalten, sein gesamtes Vermögen zur Befriedigung seiner Gläubiger aufzugeben:[284]

„To this Court every man who finds himself press'd by his Affairs, so that he cannot carry on his Business, shall apply himself as follows:
(…) Sheweth,
That your Petitioner beeing unable to carry on his Business, by reason of great Losses and Decay of Trade, and beeing ready and willing to make a full and entire Discovery of his Estate, and to deliver up the same to your Honours upon Oath (…).
Your Petitioner humbly prays the Protection of this Honourable Court."

Diese Abtretungslösung entsprach dem Modell der kontinentalen *cessio bonorum*, die *Defoe* allerdings nicht ausdrücklich erwähnte.

Ein Recht für Gläubiger, sich mit einem Antrag auf Gesamtvollstreckung gegen einen Schuldner an den *Court of Enquiries* wenden zu können, sah *Defoe* nicht vor. Die Verfahrenseröffnung ausschließlich auf Antrag des Schuldners stellte insoweit ein Gegenmodell zum geltenden *bankruptcy law* dar.

Für den redlichen Schuldner, der sich mit seinem Antrag rechtzeitig an den *Court of Enquiries* wandte und seine Vermögensverhältnisse vollständig und

282 *Defoe*, Essay Upon Projects, S. 207 f. (Kursivdruck im Original).
283 *Defoe*, Essay Upon Projects, S. 208.
284 *Defoe*, Essay Upon Projects, S. 210 f.

wahrheitsgemäß offenlegte sowie dieses Vermögen zur Befriedigung seiner Gläubiger aufgab, sah *Defoe* eine vollständige und im Übrigen bedingungslose Restschuldbefreiung sowie einen Selbstbehalt von 5 % der Verfahrensmasse vor. Dazu formulierte *Defoe* folgenden Regelungsvorschlag:[285]

> „Upon a fair and just Surrender of all his Estate and Effects, *bona fide*, according to the true Intent and Meaning of the Act, the Commissioners shall return to him in Money, or such of his Goods as he shall chuse, at a value, by just Appraisement, *5 l. per Cent.* of all the estate he surrender'd to him, together with a full and free Discharge from all his Creditors."

Defoe schlug hier praktisch eine *cessio bonorum* mit restschuldbefreiender Wirkung vor. Dieses dogmatische Modell entspricht der *straight discharge*, die etwa 150 Jahre später mit dem *US Bankruptcy Act 1841* erstmals neben die Regelungen eines klassischen Bankrottverfahrens gestellt wurde.[286]

Für den unredlichen Schuldner konstruierte *Defoe* eine strafbewehrte Ehrlichkeits- und Insolvenzantragspflicht, die er allerdings auf Kaufleute beschränkte, das heißt auf die Klientel, auf die die damaligen Bankrottgesetze anwendbar waren:[287]

> „(…) if any man who is a Tradesman or Merchant shall break or fail, or shut up shop, or leave off Trade, and shall not either pay or secure to his Creditors their full and whole Debts, Twenty Shillings in the Pund, without Abatement or Deduction; or shall convey away their Books or Goods, in order to bring their Creditors to any Composition; or shall not apply to this Office as aforesaid, shall be guilty of Felony, and upon Conviction of the same, shall suffer as a Felon, without Benefit of Clergy."

Dieses Konzept lässt eine große Ähnlichkeit zu modernen Insolvenzantragspflichten für Personen- und Kapitalgesellschaften erkennen, wie sie etwa in § 15a InsO geregelt sind.

Die von *Defoe* hier vorgeschlagene Strafandrohung („shall suffer as a Felon, without Benefit of Clergy") stand für die Todesstrafe ohne Möglichkeit einer Aussetzung oder Abmilderung durch Inanspruchnahme des Privilegs des Klerus.[288] Eine solche Strafandrohung war im *bankruptcy law* zu dieser Zeit noch

285 *Defoe*, Essay Upon Projects, S. 214 (Kursivdruck im Original).

286 Dazu unten C. III.

287 *Defoe*, Essay Upon Projects, S. 222 f.

288 Die Rechtsfigur des Privilegs des Klerus erlaubte es ursprünglich Angehörigen des Klerus, bei einer Anklage wegen eines Kapitalverbrechens statt von einem weltlichen Gericht von einem Kirchengericht abgeurteilt zu werden. Kirchliche Gerichte verhängten keine Todesstrafe. Zur Abmilderung mittelalterlicher Strafgesetze wurde das Privileg des Klerus als rechtliche Fiktion auch von weltlichen Strafgerichten auf Laien

nicht vorgesehen. Es gibt jedoch Hinweise darauf, dass eine solche Strafandrohung bereits seit der Schaffung, jedenfalls aber seit den Verschärfungen des *bankruptcy law* im 17. Jahrhundert diskutiert wurde.[289] Durchgesetzt wurde die Androhung der Todesstrafe für betrügerische Bankrotteure erstmals mit 4 & 5 Anne c. 4 (1705) und gleichzeitig mit der *bankruptcy discharge.*

Zunächst erscheint bemerkenswert, dass *Defoe* einerseits für die Restschuldbefreiung des Schuldners plädierte, andererseits aber die Androhung der Todesstrafe für gerechtfertigt hielt. Auch *Defoe* sah in einem unredlichen und absichtlich gläubigerschädigend handelnden Bankrotteur jedoch offenbar einen Verbrecher:[290] „(…) the willful Bankrupt is one of the *worst Sort of Thieves.*"

Für die vorliegende Untersuchung weniger relevant sind die von *Defoe* vorgeschlagenen technischen Details des Verfahrens wie etwa zur Offenlegung und Beschlagnahme des Schuldnervermögens sowie zur Forderungsanmeldung und zur Umsetzung der anschließenden quotalen Befriedigung der Gläubiger.[291]

Defoe kam schlussfolgernd insofern auf seine ursprüngliche Kritik an den bestehenden Bankrottgesetzen zurück, dass sein Modell einem redlichen Schuldner keinen Anreiz mehr biete, vor seinen Gläubigern zu fliehen oder

---

angewendet, wenn diese den Psalm 51 vorlesen konnten. Zu Beginn des 18. Jahrhunderts wurde es schließlich unabhängig davon angewendet, ob eine Person überhaupt lesen konnten. Das Privileg des Klerus konnte einmalig in Anspruch genommen werden, um der Todesstrafe zu entgehen. Das Gericht verhängte dann eine alternative Strafe wie Haft, Kennzeichnung mit einem Brandzeichen auf der Wange oder in der Handfläche oder Verbannung in die überseeischen Kolonien. Ab dem 16. Jahrhundert wurde in Strafgesetzen geregelt, ob eine Berufung auf das Privileg des Klerus zulässig war oder nicht. Vgl. zur Entwicklung des Rechtsinstituts *Baker*, English Legal History, S. 554 f.; *Cross*, Am. Hist. Rev. 22 (1917), 544, 551 ff.

289 1559 gab es den Versuch, eine Gesetzesänderung herbeizuführen, die es auf Antrag der Gläubiger erlauben sollte, Bankrotteure als Kapitalverbrecher anzuklagen und mit dem Tod bestrafen zu können, dazu *Kadens*, Duke L.J. 59 (2010), 1229, 1253; *Willems*, Actio Pauliana, S. 119. Es lassen sich Hinweise darauf finden, dass die Todesstrafe im Rahmen des Gesetzgebungsverfahrens zu 1 Jac. I. c. 15 (1603–04) diskutiert wurde, dazu *Kadens*, Duke L.J. 59 (2010), 1229, 1253 f., mit einem Zitat von *Coke* aus einer Debatte im *House of Commons*: „Adrian would have bankrupts whipped to death. They deserved it. But I like not laws written in blood." Um 1696 lässt sich eine Petition von Londoner Kaufleuten an das *House of Lords* nachweisen, die für flüchtige Bankrotteure die Androhung der Todesstrafe forderten, dazu *Kadens*, Duke L.J. 59 (2010), 1229, 1254 f.

290 *Defoe*, Essay Upon Projects, S. 224 (Kursivdruck im Original).

291 Vgl. *Defoe*, Essay Upon Projects, S. 214 ff.

sich auf sonstige Weise zu entziehen. Im Gegenteil eröffne die Petition an den *Court of Enquiries* dem redlichen Schuldner einen ehrenhaften Ausweg aus der Insolvenz.[292]

Interessant ist, dass *Defoes* Vorschlag das Prinzip des englischen Bankrottverfahrens strukturell umkehrte. Sein Vorschlag sollte auch formell keine Reform des bereits bestehenden *bankruptcy law* sein, sondern dieses komplett ersetzen. Er entsprach auf Tatbestandsseite strukturell der römisch-kontinentalen *cessio bonorum* und ging in der Rechtsfolge mit einer Entschuldung darüber hinaus. *Defoes* Vorschlag sah – anders als der Zwangsvergleich des römischkontinentalen Rechts – keine Gläubigerkontrolle über die Verfahrenseröffnung oder die Gewährung der *discharge* vor. *Defoe* schlug hier eine Lösung vor, die weit über die Schuldnerfreundlichkeit des kontinentalen Rechts hinausging. Mit diesem Gegenmodell zum geltenden englischen *bankruptcy law* schuf *Defoe* allerdings auch Raum für denkbare Kompromisslösungen wie etwa ein Zwangsvergleichsrecht nach kontinentaleuropäischem Vorbild.[293]

dd) Defoe als Kommentator des Gesetzgebungsverfahrens

Als Medium zur Förderung seines politischen (und persönlichen) Anliegens der Reform der Bankrottgesetze und der Ermöglichung einer Restschuldbefreiung nutzte *Defoe* auch die von ihm verlegte Zeitschrift *A Review of the State of the British Nation*.[294] Parallel zur Arbeit des Parlaments kommentierte er die Fortschritte des Gesetzgebungsverfahrens zu 4 & 5 Anne c. 4 (1705) in einer Reihe von sieben Beiträgen und argumentierte dabei zugunsten der Einführung einer *bankruptcy discharge*.[295]

Defoes Review erschien in überschaubarer Auflage; *Quilter* nennt eine Auflage von um die 1.500 Druckexemplare,[296] *Richetti* erwähnt eher 500 bis höchstens 1.000.[297] Die Verbreitung der Zeitschrift wurde allerdings von der Regierung

292 *Defoe*, Essay Upon Projects, S. 222, 223 f.

293 Ähnlich *Quilter*, J. Legal Hist. 25 (2004), 53, 59 f.: „Clearly the introduction of some limited form of discharge of the bankrupt would have seemed more attractive to parliament than the possibility that through a debtor's petition (Defoe's other proposal) a debtor could control, to an extent, how he managed his creditors."

294 Siehe zur Publikation der *Review Richetti*, Life of Daniel Defoe, S. 28 f.

295 *Quilter*, J. Legal Hist. 25 (2004), 53, 65, nennt die Ausgaben vom 12., 14., 16. 19., 21., 23., 26. und 28. Februar 1706 (englische Zeitungen nutzten bereits vor 1752 zum Teil den heute üblichen gregorianischen Kalender).

296 *Quilter*, J. Legal Hist. 25 (2004), 53, 63.

297 *Richetti*, Life of Daniel Defoe, S. 88.

unterstützt, die eine große Zahl von Exemplaren aufkaufte und verteilte.[298] Dies lässt – so argumentiert *Quilter* – den Schluss zu, dass der Inhalt der Zeitung in Regierungskreisen und unter Mitgliedern des Parlaments durchaus bekannt war.[299]

Ein Großteil der Druckexemplare kam zudem in den Kaffeehäusern in der Londoner City zur Auslage, in denen Londoner Kaufleute und Bankiers Geschäfte abschlossen.[300] Jedes Exemplar der *Review* konnte auf diese Weise mehrere Leser erreichen.[301] Für die politische Diskussion waren Zeitschriften wie *Defoes Review* eine Art Leitmedium; was in den Londoner Zeitungen veröffentlicht wurde, hatte in aller Regel einen aktuellen Bezug und wurde mit einer gewissen Wahrscheinlichkeit auch Gesprächsthema in den betroffenen Kreisen.[302]

Defoe schrieb in einem Beitrag vom 28. Februar 1706 – dem letzten in der Reihe seiner Kommentare zur Reform des Bankrottverfahrens –, dass sich die überzeugenden, auch von ihm immer wieder vorgebrachten Argumente für die Restschuldbefreiung eines Bankrotteurs, der freiwillig seine Bücher offenlege und sein Vermögen aufgebe, letztlich durchgesetzt hätten:[303]

> „I debated in the last paper, the injustice of a law to oblige the Debtor or Bankrupt-Trader, to Surrender his Books and Effects to his Creditors, or to the Commissioners, while at the same time, the Creditors are not at all obliged to come in and accept of it, and Discharge him. (…) I presume, the undeniable force of this Argument, prevailed upon the Gentlemen, who have this Law under Consideration to receive a Clause, to Encourage (…) an Honest surrender (…) and Discharge the [Debtor]."

Das Argument unterstreicht einmal mehr die Nähe der *bankruptcy discharge* zur Idee des Erlasszwangsvergleichs. Dabei wird klar zum Ausdruck gebracht, dass der Insolvenzschuldner, der sein Vermögen freiwillig seinen Gläubigern überlässt, im Gegenzug erwarten dürfe, dass die Gläubiger ihm etwaige Restschulden erlassen.

Defoe nahm zwar nicht für sich in Anspruch, den Gesetzgeber zur Einführung der *bankruptcy discharge* veranlasst zu haben.[304] Gleichwohl wird *Defoes*

298 *Quilter*, J. Legal Hist. 25 (2004), 53, 63.
299 *Quilter*, J. Legal Hist. 25 (2004), 53, 63.
300 *Quilter*, J. Legal Hist. 25 (2004), 53, 63; *Richetti*, Life of Daniel Defoe, S. 88.
301 *Quilter*, J. Legal Hist. 25 (2004), 53, 63, schätzt etwa 40 bis 50 Leser pro ausgelegtem Druckexemplar.
302 *Quilter*, J. Legal Hist. 25 (2004), 53, 63.
303 Zitiert nach *Quilter*, J. Legal Hist. 25 (2004), 53, 64.
304 *Quilter*, J. Legal Hist. 25 (2004), 53, 65.

stetiger Lobbyismus für die *bankruptcy discharge* als wichtiger begleitender Einfluss auf den Gesetzgebungsprozess gewertet.[305]

ee) Zwischenfazit

Auch aus *Defoes* Bestandsaufnahme, Kritik und Kommentaren zum Bankrottverfahren sowie seinen Reformvorschlägen ergibt sich die gedankliche Konstruktion der Restschuldbefreiung als Ersatz für den unbillig versagten Zwangsvergleich, den der insolvente redliche Kaufmann seinen Gläubigern anbietet.

2. Gesetzgebungsverfahren zu 4 & 5 Anne c. 4 (1705)

Nach *Defoe* und seiner reformorientierten Bestandsaufnahme zum *bankruptcy law* am Ende des 17. Jahrhunderts sollen nun die tatsächlichen Geschehnisse um den Erlass des Gesetzes 4 & 5 Anne c. 4 (1705) in den Blick genommen werden. Präsent bleiben soll dabei die Tatsache, dass sich der Gesetzgeber Ende des 17. Jahrhunderts mehrfach mit dem Zwangsvergleichsrecht auseinandergesetzt,[306] seit 21 Jac. I. c. 19 (1623–24) aber keine substanziellen Änderungen im *bankruptcy law* mehr vorgenommen hatte.

a) Pitkin-Affäre und Pitkin-Gesetz, 3 & 4 Anne c. 11 (1704)

Der historische Ausgangspunkt für das Gesetz 4 & 5 Anne c. 4 (1705) waren schließlich nicht die Kritik am bestehenden System oder die Forderung nach schuldnerfreundlichen Regelungen, maßgeblich war vielmehr ein öffentlichkeitswirksamer Fall von Wirtschaftskriminalität zu Beginn des 18. Jahrhunderts.

---

305 *Quilter*, J. Legal Hist. 25 (2004), 53, 62: „Defoe's commentary upon, and advocacy of a discharge provision in *Review* played a vital role in relation to parliament's recognition of the need to introduce more effective means of encouraging bankrupts to discover their estates. In this respect the importance of *Review* cannot be understated." *Ders.*, J. Legal Hist. 25 (2004), 53, 68: „Defoe's continuous criticism in *Review* of the manner in which parliament dealt with the commercial realities of bankruptcy, and the exposure this criticism received, would have been a significant factor in moving parliament towards a position where it saw economic matters, particularly as they affected traders, as essential in the way it approached the introduction of discharge."

306 Ab 1693 mit dem Gesetzesentwurf, über den unter anderem *Defoe* einen Vergleich mit seinen Gläubigern durchsetzen wollte; 1696 bis 1698 mit dem *Act for Relief of Creditors by making Composition with their Debtors in Case Two Thirds in Number & Value doe agree*; 1699 mit dem *Vyner Act*.

Dieser wird hier in Anlehnung an *Kadens* als „Pitkin-Affäre“ bezeichnet.[307] Aus diesem Kontext entwickelte sich zunächst eine Gesetzesinitiative zur Anhebung des Strafrahmens für den betrügerischen Bankrott. Die *bankruptcy discharge* fand als Ergänzung erst in einem sehr späten Stadium dieses Gesetzgebungsverfahrens Berücksichtigung.

Namensgeber der Pitkin-Affäre war Thomas Pitkin. Er und sein Komplize Thomas Brerewood waren wohlhabende Londoner Textilhändler, die bereits in der Vergangenheit mit undurchsichtigen Geschäften und auch kleineren gemeinsamen Betrügereien aufgefallen waren.[308]

Für ihren großen Coup – *Kadens* spricht von einem klassischen *bankruptcy bust-out scheme*[309] – gingen die beiden Täter wie folgt vor: Pitkin gerierte sich als kreditwürdig und verlässlich. Ab Mai 1704 erwarb er große Mengen an Textilwaren gegen Schuldscheine und Wechsel, die er weiterveräußerte.[310] Die kompletten Einnahmen aus den Geschäften überließ er seinem Komplizen Brerewood. Im Februar 1705 verließ Pitkin fluchtartig England, ohne die auf Kredit erworbenen Textilwaren zu bezahlen. Über Schottland gelangte Pitkin auf seiner Flucht nach Holland.[311] Zu diesem Zeitpunkt hatte er bei rund 140 Gläubigern Schulden in Höhe von insgesamt etwa 60.000 Pfund.[312] Das Ausmaß des Betrugs wird deutlich, wenn man bedenkt, dass ein Kaufmann mit einem Jahresumsatz von um die 10.000 Pfund und einem Jahresgewinn von um die 500 Pfund zu dieser Zeit als erfolgreich und wohlhabend galt.[313]

Der Plan sah vor, dass Brerewood gegenüber den betrogenen Gläubigern als „weißer Ritter“ auftreten sollte, indem er ihnen anbot, ihre Forderungen gegen den geflohenen Pitkin für ein Viertel ihres Nennbetrags aufzukaufen und zu

---

307 Eine detaillierte Aufarbeitung der „*Pitkin Affair*“ findet sich bei *Kadens*, Am. Bankr. L.J. 84 (2010), 483 ff., in zusammengefasster Form *dies.*, Duke L.J. 59 (2010), 1229, 1255 ff.; *Kadens*, Am. Bankr. L.J. 84 (2010), 483, 485, vergleicht das Ausmaß des Falles mit dem Skandal um den amerikanischen Anlagebetrüger Bernhard L. Madoff, der 2008 aufflog. Aus deutscher Sicht könnte man an den Wirecard-Skandal denken.

308 Vgl. *Kadens*, Am. Bankr. L.J. 84 (2010), 483, 485, 488 ff. zu Lebenswegen und Rollen der beiden Täter.

309 *Kadens*, Am. Bankr. L.J. 84 (2010), 483, 485.

310 Vgl. *Kadens*, Am. Bankr. L.J. 84 (2010), 483, 500 ff. zum Weitervertrieb der erworbenen Textilwaren.

311 Vgl. *Kadens*, Am. Bankr. L.J. 84 (2010), 483, 485, 503 ff., 511 zur Vorbereitung und Durchführung der Flucht Pitkins.

312 *Kadens*, Am. Bankr. L.J. 84 (2010), 483, 500.

313 *Kadens*, Duke L.J. 59 (2010), 1229, 1257.

übernehmen.[314] Dies sollte Pitkin eine schuldenfreie und sichere Rückkehr nach England ermöglichen.[315]

Der Plan ging jedoch nicht auf. Möglicherweise bekamen seine Gläubiger einen Hinweis, als Pitkin außer Landes flüchtete.[316] Sie beantragten jedenfalls unverzüglich die Eröffnung eines Bankrottverfahrens gegen Pitkin, konnten ihn in England jedoch nicht mehr ergreifen.[317] Nach erfolglosen Versuchen, im Inland zurückgelassenes Vermögen von Pitkin ausfindig zu machen, wandten sich die Gläubiger mit einer Petition und der Bitte um Hilfe direkt an das *House of Commons*.[318] Gleichzeitig veröffentlichten sie in der *London Gazette* eine Anzeige, in der sie den geflohenen Pitkin aufforderten, zurückzukehren, den Verbleib seines Vermögens vollumfänglich offenzulegen und die Gläubiger so weit wie möglich zu bedienen. Im Gegenzug boten sie Pitkin eine Prämie von 200 Pfund plus 6 % des von ihm offengelegten Vermögens an und versprachen nachsichtige Behandlung.[319]

Das nach damaligen Maßstäben außerordentliche finanzielle Ausmaß des Betrugs und die große Zahl der Gläubiger – viele von ihnen hoch angesehene Londoner Kaufleute – führten dazu, dass im *House of Commons* eine Kommission zur Untersuchung des Falles eingerichtet wurde.[320] Letztere wurde ermächtigt, den Fall entsprechend geltender Bankrottgesetze zu untersuchen, und erhielt zusätzlich das Recht, alle Personen zu vernehmen, die ab Mai 1704 mit Pitkin Geschäftsbeziehungen eingegangen waren.[321] Die Kommission arbeitete zudem den Entwurf für ein Einzelfallgesetz aus, in dem Pitkin eine Frist zur Rückkehr und Übergabe seines Vermögens von gut zwei Monaten eingeräumt werden sollte. Bei Versäumnis dieser Frist sollte ihm nach seiner Ergreifung eine lebenslange Haftstrafe mit jährlich dreimaliger öffentlicher Zurschaustellung am Pranger angedroht werden.[322]

Im Zuge der Beratung dieses Gesetzesentwurfs in einem Ausschuss des *House of Lords* wurde dem Entwurf eine Klausel hinzugefügt, die über den Einzelfall der Pitkin-Affäre hinaus parallel zur Strafandrohung im Hinblick auf Pitkin

314 *Kadens*, Am. Bankr. L.J. 84 (2010), 483, 486.
315 *Kadens*, Am. Bankr. L.J. 84 (2010), 483, 486.
316 *Kadens*, Am. Bankr. L.J. 84 (2010), 483, 505 f.
317 *Kadens*, Am. Bankr. L.J. 84 (2010), 483, 506 f.
318 *Kadens*, Am. Bankr. L.J. 84 (2010), 483, 486 f., 507 f.
319 *Kadens*, Am. Bankr. L.J. 84 (2010), 483, 508.
320 *Kadens*, Am. Bankr. L.J. 84 (2010), 483, 508.
321 *Kadens*, Am. Bankr. L.J. 84 (2010), 483, 509.
322 *Kadens*, Am. Bankr. L.J. 84 (2010), 483, 509.

persönlich für betrügerisches Verhalten im Bankrottverfahren eine generelle Anhebung des Strafrahmens auf lebenslange Freiheitsstrafe mit öffentlicher Zurschaustellung am Pranger vorsah.[323] Diesem Zusatz stimmte das *House of Lords* allerdings nicht zu. Das Pitkin-Gesetz wurde am 14. März 1705[324] als reines Einzelfallgesetz beschlossen.[325]

aa) Initiative zu 4 & 5 Anne c. 4 (1705)

Das Anliegen der im Gesetzgebungsverfahren zum Pitkin-Gesetz verfolgten allgemeinen Erhöhung des Strafrahmens für betrügerische Bankrotteure wurde jedoch nicht aufgegeben. Das *House of Lords* entschied vielmehr, die allgemeine Anhebung des Strafrahmens in einem eigenen Gesetz zu regeln. Dazu beauftragte es ein Gremium von Richtern, einen Gesetzesentwurf auszuarbeiten, der inhaltlich der gestrichenen Klausel des Pitkin-Gesetzes entsprechen sollte.[326] Dieser Entwurf wurde innerhalb von nur zwei Tagen erstellt und in das *House of Lords* eingebracht.[327] Er bildete den Ausgangspunkt für das spätere Gesetz 4 & 5 Anne c. 4 (1705).

Kadens weist darauf hin, dass der Gesetzestitel[328] und die Formulierung der Präambel dieses Gesetzesentwurfs – der inhaltlich bisher nur die Anhebung des Strafrahmens für betrügerische Bankrotteure auf lebenslange Freiheitsstrafe umfasste – bereits der späteren Präambel des finalen Entwurfs zu 4 & 5 Anne c. 4 (1705) entsprachen.[329] Dies erklärt, warum die Formulierungen der Präambel auf die Rechtfertigung der verschärften Strafandrohung zugeschnitten war, während die *bankruptcy discharge*, die ein absolutes Novum und einen Bruch

---

323 *Kadens*, Am. Bankr. L.J. 84 (2010), 483, 510 f.; *dies.*, Duke L.J. 59 (2010), 1229, 1261 f. Der Inhalt der Ergänzung ergibt sich zumindest mittelbar aus dem Inhalt des kurz darauf erstellten Gesetzesentwurfs zur generellen Strafverschärfung für den betrügerischen Bankrott, der auf Anweisung des *House of Lords* entsprechend der abgelehnten Klausel („pursuant to this clause") ausgearbeitet werden sollte, *Kadens*, Am. Bankr. L.J. 84 (2010), 483, 511.

324 Nach dem bis 1751 gebräuchlichen Kalender in England der 14. März 1704.

325 *An Act for the Relief of the Creditors of Thomas Pitkin a Bankrupt, and for the apprehending of him and the Discovery of the Effects of the said Thomas Pitkin and his Accomplices*, 3 & 4 Anne c. 11 (1704); dazu *Kadens*, Am. Bankr. L.J. 84 (2010), 483, 511.

326 *Kadens*, Am. Bankr. L.J. 84 (2010), 483, 510 f.; *dies.*, Duke L.J. 59 (2010), 1229, 1261 f.

327 *Kadens*, Am. Bankr. L.J. 84 (2010), 483, 511, die an dieser Stelle auch anmerkt: „That bill, in its original version, was little more than a generalized Pitkin bill."

328 *Kadens*, Duke L.J. 59 (2010), 1229, 1267.

329 *Kadens*, Duke L.J. 59 (2010), 1229, 1262.

mit der bisherigen Systematik des *bankruptcy law* darstellte, mit keinem Wort erwähnte:[330]

> „Whereas many Persons have and do daily become Bankrupt not so much by reason of Losses or unavoidable Misfortunes as to the Intent to defraud and hinder their Creditors of their just Debts and Duties to them due and owing For the prevention thereof, be it enacted (…)."

Die Präambel erklärte im Gegenteil, dass es sich bei Bankrotteuren in der Regel gerade nicht um ehrliche Schuldner, die aufgrund eines Unglücks in finanzielle Schwierigkeiten gerieten und deshalb eine Restschuldbefreiung verdienten, sondern um vorsätzliche Betrüger handelte.

Die im Gesetzesentwurf enthaltene Androhung der lebenslangen Freiheitsstrafe mit Zurschaustellung am Pranger wurde vom *House of Lords* nochmals verschärft und auf die Todesstrafe erhöht.[331] Gleichzeitig wurde über eine sogenannte „*sunset clause*" die zeitliche Befristung der Geltungsdauer des zukünftigen Gesetzes auf etwas über drei Jahre eingefügt.[332] Beide Regelungen finden sich gut ein Jahr später auch im finalen Gesetzestext zu 4 & 5 Anne c. 4 (1705).[333] Die Pitkin-Affäre scheint den drastischen Schritt in Richtung Todesstrafe, der jedenfalls im 17. Jahrhundert immer wieder diskutiert wurde, schließlich doch mehrheitsfähig gemacht zu haben.[334] Die Verbindung der Todesstrafe mit der Befristung der Geltungsdauer des Gesetzes durch eine *sunset clause* legt allerdings gleichzeitig nahe, dass es im *House of Lords* noch immer Vorbehalte gegen die Androhung der Todesstrafe gab.[335]

bb) Aufnahme der bankruptcy discharge

Der Entwurf des *House of Lords* (mit Androhung der Todesstrafe und *sunset clause*) wurde im *House of Commons* schließlich aus reinen Zeitgründen nicht mehr beschlossen. Vor Ende der laufenden Legislaturperiode des Parlaments kam es nur noch zu zwei statt der notwendigen drei Lesungen.[336] Das Vorhaben wurde jedoch in der folgenden Legislaturperiode im Oktober 1705

---

330 4 & 5 Anne c. 4 (1705), § 1.
331 *Kadens*, Duke L.J. 59 (2010), 1229, 1262.
332 *Kadens*, Duke L.J. 59 (2010), 1229, 1262.
333 4 & 5 Anne c. 4 (1705), §§ 1, 16.
334 *Kadens*, Am. Bankr. L.J. 84 (2010), 483, 510, Fn. 190.
335 So auch mit zusätzlichen Hinweisen *Kadens*, Duke L.J. 59 (2010), 1229, 1264 f.
336 *Kadens*, Duke L.J. 59 (2010), 1229, 1261, Fn. 160.

vom *House of Commons* in Form eines inhaltlich identischen Gesetzesentwurfs erneut aufgenommen.[337]

Das *House of Commons* wies den neuen Entwurf nach den ersten zwei Lesungen einem Ausschuss zu.[338] Erst in dieser Phase scheint es zu dem entscheidenden Impuls gekommen zu sein, den Gesetzesentwurf zugunsten kooperativer Schuldner um die Regelung der *bankruptcy discharge* zu ergänzen. *Defoe* berichtete rückblickend über seine Beobachtungen des Gesetzgebungsverfahrens:[339]

> „The bill was all the while a provision only to punish; but as it seemed a sufficient foundation to answer both debtor and creditor, several persons, on both sides, began to consider how to make it a complete bill, and both to relieve the miserable but honest debtor already fallen into disaster, and secure trade against the numerous mischiefs of bankrupts for the future."

Der Ausschuss erhielt am 4. Februar 1706[340] durch das *House of Commons* die Anweisung und Ermächtigung, den Gesetzesentwurf um Regelungen zur Befreiung von Schuldhäftlingen zu ergänzen, die ihr Vermögen zugunsten ihrer Gläubiger aufgaben:[341]

> „*Ordered*, That it be an Instruction to the Committee, to whom the bill to prevent Frauds, frequently committed by Bankrupts, is committed, that they have power to receive a Clause, for the better discovery and preventing Frauds by Prisoners and Bankrupts, and for relief of such Prisoners for Debt, as shall resign their Effects to their Creditors."

Welche Erwägungen im *House of Commons* diesem Auftrag und seiner Umsetzung zugrunde lagen, geht aus den Protokollen des *House of Commons* oder sonstigen verfügbaren Gesetzgebungsmaterialien nicht hervor.[342] Interessant an dieser Anweisung ist, dass sie eine Restschuldbefreiung für Bankrotteure überhaupt nicht erwähnte, sondern eher der Idee der Haftverschonung im Sinne

337 *Kadens*, Duke L.J. 59 (2010), 1229, 1265.

338 *Kadens*, Duke L.J. 59 (2010), 1229, 1265.

339 *Defoe*, Remarks on the Bill to Prevent Fraud, S. 7 f.

340 Nach dem bis 1751 gebräuchlichen Kalender in England der 4. Februar 1705.

341 Journals of the House of Commons, Bd. 15 (4. Februar 1705), S. 125 f.

342 *Quilter*, J. Legal Hist. 25 (2004), 53, 65. *Kadens* schreibt im Blogpost History of Bankruptcy Discharge, dass entsprechende Aufzeichnungen des *House of Commons* nicht mehr erhalten sind: „Discharge appeared toward the end of the legislative process, though because the House of Commons papers from the period are gone, it's not clear exactly when." (http://legalhistoryblog.blogspot.com/2009/02/history-of-bankruptcy-discharge.html, zuletzt abgerufen am 27. Februar 2022).

einer *cessio bonorum* oder ihrer englischen Adaption in Form der *insolvency laws* entsprach.[343]

Gleichwohl muss der Ausschuss des *House of Commons* dem Entwurf eine Regelung zur Restschuldbefreiung hinzugefügt haben, deren Voraussetzungen das gesetzeskonforme Verhalten des Bankrotteurs – insbesondere die vollständige Offenlegung seines Vermögens – und dazu wohl nur eine eidesstattliche Versicherung waren.[344] Diese Fassung wurde zunächst von beiden Kammern des Parlaments angenommen und an einen weiteren (gemeinsamen) Ausschuss verwiesen, der Londoner Kaufleute zur Regelung der *bankruptcy discharge* anhörte.[345] Die Protokollierungen dieser Anhörungen zeugen von großer Ablehnung und erheblichem Widerstand gegen die vorgeschlagene Regelung.[346] Ein Kaufmann namens Thomas kritisierte beispielsweise, dass der Schuldner hier zum Richter in eigener Sache gemacht werde:[347]

> „– *Thomas*: I am against the modus of freeing bankrupts. This modus seems to be that a bankrupt coming to the Commissioners, and, on his oath swearing he delivers up all, he is discharged. The debtor is here made judge, jury and all by his own oath."

Ein anderer Kaufmann namens *John Water* echauffierte sich darüber, dass seine Forderungen in Zukunft mit eidesstattlichen Versicherungen statt mit Geld beglichen würden:[348]

> „*John Water*, against the last clause: (…) I may be paid my debts rather by affidavit than money."

Die Kritik erscheint verständlich, wenn man bedenkt, dass der Ansatz, das *bankruptcy law* zur Entschuldung des Bankrotteurs zu nutzen, völlig neu war

343 Vgl. dazu später die Interpretation bei *Blackstone*, Commentaries, Bd. 2, S. 472 f.: „(…) the law of bankrupts, taking into consideration the sudden and unavoidable accidents to which men in trade are liable, has given them the liberty of their persons, and some pecuniary emoluments, upon condition they surrender up their whole estate to be divided among their creditors. In this respect our legislature seems to have attended to the example of the Roman (…) law of cession (…)."

344 *Kadens*, Duke L.J. 59 (2010), 1229, 1267.

345 *Kadens*, Duke L.J. 59 (2010), 1229, 1267; *Quilter*, J. Legal Hist. 25 (2004), 53, 66.

346 Vgl. dazu *Kadens*, Duke L.J. 59 (2010), 1229, 1267 f. sowie *Quilter*, J. Legal Hist. 25 (2004), 53, 66.

347 Manuscripts of the House of Lords, 1704–1706, Bd. 6 (New Series), S. 427 (Kursivdruck im Original).

348 Manuscripts of the House of Lords, 1704–1706, Bd. 6 (New Series), S. 427 (Kursivdruck im Original).

und systematisch wie historisch nicht intuitiv schien. Hinzu kommt, dass es eigentlich darum ging, auf den Skandal der Pitkin-Affäre zu reagieren. Für die Kaufleute muss das praktisch bekannte und intuitive Mittel der Entschuldung der Erlassvergleich und höchstens der Erlasszwangsvergleich des Kontinents gewesen sein.

Entgegen aller Kritik wurde das Konzept der *bankruptcy discharge* jedoch beibehalten. Als Zugeständnis an die Kritik wurde nur das Erfordernis eines Konformitätszertifikats (*certificate of conformity*) ergänzt: Die Bankrottkommission musste dem Bankrotteur gesetzeskonformes Verhalten attestieren und das Konformitätszertifikat musste durch den *Lord Chancellor* (bzw. einen Vertreter) bewilligt werden. Schließlich hatten die Gläubiger das Recht, vor Ausstellung und Bewilligung des Konformitätszertifikats mit ihren Einwendungen dagegen gehört zu werden.[349] Diese Regelungen finden sich schließlich als 4 & 5 Anne c. 4 (1705), § 20 in einem Anhang zum Originaltext des Gesetzesentwurfs.[350]

Defoe kommentierte mit Blick auf den Widerstand der angehörten Kaufleute zur *bankruptcy discharge*:[351]

> „These men, indeed, made some clamours at this bill (…); but the arguments were so weak, and the people appeared so hot and visibly partial, that the Lords, convinced by the reasonableness and justice of the bill, agreed to it with some amendments (…)."

Defoe merkte zudem an, er selbst habe versucht, noch darauf hinzuwirken, dass zugunsten der Schuldner eine Frist für die Bankrottkommission aufgenommen werde, innerhalb derer eine Entscheidung über das Konformitätszertifikat zu ergehen habe. Dies sei von den Beteiligten positiv aufgenommen worden, habe aufgrund von Zeitmangel aber nicht mehr Aufnahme in den Gesetzesentwurf gefunden.[352]

So erhielt der Gesetzentwurf nach der Anhörung der Kaufleute die Form, in der 4 & 5 Anne c. 4 (1705) beschlossen und von Königin Anne am 19. März 1706[353] durch Erteilung ihres *royal assent* ausgefertigt wurde.[354]

---

349 *Quilter*, J. Legel Hist. 25 (2004), 53, 66 f.; *Kadens*, Duke L.J. 59 (2010), 1229, 1267 f.; zum Konformitätszertifikat siehe unten B. IV. 1. d).

350 Siehe dazu The Statutes of the Realm, Bd. 8, S. 464, Fn. 3.

351 *Defoe*, Remarks on the Bill to Prevent Fraud Committed by Bankrupts, S. 9.

352 *Defoe*, Remarks on the Bill to Prevent Fraud Committed by Bankrupts, S. 12.

353 Nach dem bis 1751 gebräuchlichen Kalender in England der 19. März 1705.

354 Journals of the House of Lords, Bd. 18 (19. März 1706), S. 162.

cc) Epilog zur Pitkin-Affäre, 6 Anne c. 23 (1706)

Obwohl das Zustandekommen der *bankruptcy discharge* damit erklärt ist, soll noch ein kurzer Blick auf den Ausgang der Pitkin-Affäre geworfen werden. Die Pitkin-Affäre endete nicht etwa mit lebenslang inhaftierten Schuldnern, sondern mit Vergleichen. Der Abschluss dieser Vergleiche ging wiederum mit Interventionen des Parlaments einher.

Nach Pitkins Flucht verfolgten die Gläubiger seine Spur zunächst bis nach Holland, wo er allerdings bereits von einem gewissen William Luce, wohl einem ehemaligen Komplizen, festgehalten wurde.[355] Sicher ist, dass Luce Pitkin nach Verhandlungen mit dessen Gläubigern schließlich nach London brachte und dafür die in der *London Gazette* (eigentlich für Pitkins freiwillige Wiederkehr) ausgeschriebene Prämie kassierte.[356] Pitkin gestand den Betrug, verriet den Mittäter Brerewood und legte dessen zentrale Rolle offen, woraufhin die eigentliche Aufarbeitung des Betrugs begann.[357]

Die Gläubiger konzentrierten sich von nun an auf Brerewood, denn dieser hatte die Beute aus dem Betrug erhalten. Brerewood schloss daraufhin einen Vergleich mit Pitkins Gläubigern, in dem er diesen acht Schilling und sechs Pence pro Pfund auf ihre Forderungen gegen Pitkin versprach, was einer Befriedigungsquote von 42,5 % entsprach.[358] Nachdem jedoch bekannt geworden war, dass der wohlhabende Brerewood mehr leisten konnte, wurde durch ein extra zu diesem Zweck erlassenes Gesetz – das zweite Einzelfallgesetz der Pitkin-Affäre – Brerewoods gesamtes Vermögen nach dem Vorbild der damals geltenden Bankrottgesetze im Hinblick auf Pitkins Schulden für haftbar erklärt.[359] Brerewood wurde nach einer zwischenzeitlichen Flucht und seinem Aufgreifen in Italien – ebenfalls aufgrund dieses Einzelfallgesetzes – zu einer lebenslangen Freiheitsstrafe verurteilt.[360]

Dies bewog Brerewood, sein Vergleichsangebot nachzubessern und Pitkins Gläubigern einen weiteren Schilling und sechs Pence pro Pfund auf ihre

---

355 Vgl. *Kadens*, Am. Bankr. L.J. 84 (2010), 483, 511 ff.

356 Vgl. *Kadens*, Am. Bankr. L.J. 84 (2010), 483, 514 f. Die Geschichte des Aufgreifens und der Überstellung Pitkins durch seinen ehemaligen Komplizen Luce sowie das Verhältnis zwischen beiden sind nicht abschließend aufgeklärt.

357 *Kadens*, Am. Bankr. L.J. 84 (2010), 483, 515.

358 *Kadens*, Am. Bankr. L.J. 84 (2010), 483, 521 ff.

359 *An Act to Subject the Estate of Thomas Brerewood to the Creditors of Thomas Pitkin, Notwithstanding any Agreement or Composition Made with the Creditors of the said Thomas Pitkin*, 6 Anne c. 23 (1706).

360 *Kadens*, Am. Bankr. L.J. 84 (2010), 483, 539 f.

Forderungen gegen Pitkin anzubieten, was im Ergebnis für die Gläubiger nun einer Befriedigungsquote von 50 % entsprach. So kam es zu einem erneuten Vergleich zwischen Brerewood und Pitkins Gläubigern.[361] Brerewood wurde daraufhin begnadigt und kam frei.[362] Pitkin, der nun ohnehin weitestgehend vermögenslos war, verbrachte zwar einige Zeit in Schuldhaft, letztlich ließen die Gläubiger jedoch auch von ihm ab.[363]

dd) Zwischenfazit

Der Blick auf das Gesetzgebungsverfahren zeigt, wie die *bankruptcy discharge* in gewisser Weise „in letztere Minute" Teil einer Reform des Bankrottverfahrens wurde, die eigentlich eine entgegengesetzte Stoßrichtung hatte. Bedenkt man, dass Versuche zur Schaffung eines Zwangsvergleichsrechts nach kontinentaleuropäischem Vorbild auf mehreren Ebenen gescheitert waren, wirkt die *bankruptcy discharge* des Gesetzes 4 & 5 Anne c. 4 (1705) wie ein pragmatischer – wenn auch zunächst noch improvisierter oder experimenteller – Lösungsansatz des Parlaments, Ersatz in einem bereits etablierten Regelungskontext zu schaffen. Das Parlament war offensichtlich gewillt, den Ansatz gegen den Widerstand der von ihm überraschten Kaufleute durchzusetzen.

3. Einfluss wirtschaftlicher Volatilität

Die Einführung der *bankruptcy discharge* wurde bereits im 18. Jahrhundert als Reaktion auf die in England politisch und wirtschaftlich volatile Epoche des ausgehenden 17. und frühen 18. Jahrhunderts gedeutet. *Lord Chancellor Hardwicke* nannte 1744 als gesetzgeberisches Motiv für die *bankruptcy discharge* das Bedürfnis einer temporären Entschuldungsmaßnahme für Kaufleute, die unter den wirtschaftlichen Folgen zweier langer Kriege litten. Diese Aussage erfolgte im Kontext eines Falls des *Court of Chancery*, in dem es unter anderem um die Frage der Rechtsfolge einer *cessio bonorum* nach holländischem Recht ging:[364]

> „Upon what appears before me, I do not take it to be the law of *Holland*, that (...) [a *cessio bonorum*] is an absolute discharge of the effects [of the debtor] as well as of his person; it certainly was not so even by the law of *England*, till the statute of the 4 & 5 *Ann.*

361 *Kadens*, Am. Bankr. L.J. 84 (2010), 483, 540 ff.

362 *Kadens*, Duke L.J. 59 (2010), 1229, 1259.

363 *Kadens*, Duke L.J. 59 (2010), 1229, 1258.

364 *Ex parte Burton* (1744) 1 Atk. 255; 26 E.R. 163 (Kursivdruck im Original). Aufmerksamkeit erlangte dieses Zitat wohl vor allem, weil es bei *Holdsworth*, History of English Law, Bd. 11, S. 445, Fn. 7 auftaucht.

which was temporary at first, and never intended to be a perpetual law, but was made in consideration of two long wars which had been detrimental to traders, and rendered them incapable of paying their creditors (…).“

Die bereits geschilderte Insolvenz und Bankrotterklärung *Defoes* ist ein Beispiel für die hier geschilderte Situation der Kaufleute.[365]

Auch der Historiker *Hoppit* charakterisiert die 1690er-Jahre in England als politisch und wirtschaftlich hoch volatil.[366] Als Einflussfaktoren im Hinblick auf die Entstehung der *bankruptcy discharge* nannte *Hoppit* neben den Kriegsfolgen, der Instabilität im Überseehandel und einer Finanzkrise im Jahr 1701 einen ungewöhnlich harten Winter im Jahr 1703, der die Schifffahrt auf der Themse zum Erliegen brachte, sowie die Auswirkungen eines politischen Kampfes um eine Neugründung der *East India Trade Company* und schließlich die Pitkin-Affäre.[367]

4. Zusammenfassung zur mikrohistorischen Begründung

Die mikrohistorische Begründung hat *Defoe* und seine Veröffentlichungen zur Bestandsaufnahme und Kritik am englischen Insolvenzrecht des ausgehenden 17. Jahrhunderts sowie seine Kommentare zum Gesetzgebungsverfahren zu 4 & 5 Anne c. 4 (1705) betrachtet. Hierbei wurde herausgearbeitet, dass der Kern der Kritik letztlich darin bestand, das englische Recht ließe keine Zwangsvergleiche zu. Dies würde vergleichsunwilligen, unredlichen Gläubigern dienen und Schuldner in die Unredlichkeit treiben. Dieses System schade sowohl dem redlichen Schuldner und als auch vergleichswilligen Gläubigern.

Zudem wurde das Gesetzgebungsverfahren betrachtet. Hierbei wurde aufgezeigt, dass die Einführung der *bankruptcy discharge* als pragmatische

365 Dazu oben B. III. 1. a).

366 *Hoppit*, The Historical Journal 33 (1990), 305, 308: „In no decade between 1680 and 1790 were there more crises than in the 1690s. During those ten years England was racked by political instability, war, financial innovation at the public and corporate levels, speculative manias, a massive recoinage and a financial crisis of some magnitude.“

367 *Hoppit*, Risk and Failure, S. 35: „(…) the warfare and consequent instability of overseas trade ushered in by the Glorious Revolution; the catastrophic winter of 1703 when the Thames froze over, shipping stopped and livestock was destroyed; the financial panic of 1701 associated with the Spanish Succession and the battle between the old and the new East India Companies; and, finally, the massive fraudulent bankruptcy of Thomas Pitkin (…).“

Ad-hoc-Lösung des Parlaments zur Schaffung einer Alternative zur gescheiterten Übernahme des kontinentaleuropäischen Zwangsvergleichs interpretiert werden kann. Diese Sichtweise erklärt, aus welchen Gründen die Rechtsfigur der *bankruptcy discharge* aus kontinentaleuropäischer Sicht untypisch und im Kontext des Bankrotts jedenfalls im Ausgangspunkt deplatziert wirkt.

Der volatile wirtschaftshistorische Hintergrund des späten 17. und frühen 18. Jahrhunderts unterstützt schließlich die vorgeschlagene Interpretation des Vorgehens des Gesetzgebers bei Schaffung der *bankruptcy discharge.*

IV. Dogmatik des Ausgangsmodells der bankruptcy discharge

1. Dogmatik gemäß 4 & 5 Anne c. 4 (1705)

a) Konstruktion und Systematik des Gesetzes

Das Gesetz 4 & 5 Anne c. 4 (1705) war kurz. Systematisch stellte es eine Ergänzung der bereits geltenden Bankrottgesetze dar. Die Aufnahme der *bankruptcy discharge* in „letzter Minute" des laufenden Gesetzgebungsverfahrens spiegelt sich auch in der Konstruktion und Formulierung des Gesetzes wider. Obwohl die *bankruptcy discharge* ein absolutes Novum im Kontext des Bankrotts war, fand sie sich weder im Titel noch in der Präambel wieder. Beides wurde nach Aufnahme der *bankruptcy discharge* nicht mehr angepasst.[368]

Aus der Gesetzgebungsgeschichte erklärt sich auch, dass das Gesetz vom betrügerischen Bankrotteur her konstruiert wurde. Das Gesetz beginnt mit der Definition der Straftatbestände des betrügerischen Bankrotts (*fraudulent bankruptcy*). Darauf folgen die Regelungen zur *bankruptcy discharge.* Deren Voraussetzungen sind als „positives Spiegelbild" des betrügerischen Bankrotts konstruiert.

b) Betrügerischer Bankrott als Kapitalverbrechen

Aus 4 & 5 Anne c. 4 (1705), § 1 ergeben sich die folgenden Tatbestände des betrügerischen Bankrotts:

---

368 Dem im Titel statuierten Gesetzeszweck „*to prevent Frauds frequently committed by Bankrupts*" widersprach es jedenfalls nicht, dem Schuldner durch die *bankruptcy discharge* auch einen positiven Anreiz zu ehrlichem Verhalten zu geben.

Erstens das Versäumnis des Bankrotteurs, innerhalb von 30 Tagen[369] nach ordnungsgemäßer Bekanntmachung der Bankrotterklärung bei der zur Durchführung des Verfahrens zuständigen Bankrottkommission vorstellig zu werden und dieser eine Untersuchung des Falls sowie seine Vernehmung unter Eid zu ermöglichen. Die ordnungsgemäße Bekanntmachung der Bankrotterklärung erforderte den Zustellungsversuch einer schriftlichen Mitteilung über die Bankrotterklärung mit Angabe des ersten Anhörungstermins an den Schuldner und die Veröffentlichung der entsprechenden Informationen in der *London Gazette* oder einer am Wohnort des Schuldners verbreiteten Zeitung.

Zweitens das Versäumnis des Bankrotteurs, in jeder Hinsicht die Regelungen der bereits erlassenen Bankrottgesetze zu befolgen. Dies bezog sich insbesondere auf die Mitwirkung im Verfahren und die Befolgung der Anordnungen der Bankrottkommission.

Drittens das Versäumnis des Bankrotteurs, vollständig und wahrheitsgemäß offenzulegen, ob, wie, an wen und für welche Gegenleistung er Vermögensgegenstände aus seinem Vermögen vor Eröffnung des Bankrottverfahrens weggegeben oder übertragen hatte.

Viertens das Versäumnis des Bankrotteurs, relevante Handelsbücher und sonstige verfahrensrelevante Dokumente beizubringen und vorzulegen.

Fünftens das Versäumnis des Bankrotteurs, alle in seinem Besitz befindlichen Vermögensgegenstände (mit Ausnahme der eigenen Kleidung und der Kleidung seiner Ehefrau und seiner Kinder) bei der Bankrottkommission abzuliefern bzw. freiwillig zu überlassen.

6 Anne c. 22 (1706), § 1 ergänzte wenige Monate später als weitere Tatbestandsvariante das Verbringen, Verstecken, Zerstören oder Unterschlagen von Vermögensgegenständen im Wert von 20 Pfund oder mehr oder von Handelsbüchern oder sonstigen verfahrensrelevanten Dokumenten und Aufzeichnungen jeweils mit dem Vorsatz, die Gläubiger zu schädigen oder zu betrügen.

Das Gesetz stellte zudem klar, dass die genannten Straftatbestände entsprechend auf Bankrotteure anwendbar sein sollten, die sich zwar zunächst freiwillig stellten, dann aber unkooperativ verhielten.[370]

Der Bankrotteur konnte bei Verwirklichung einer dieser Tatbestände (die nicht mit den nach wie vor als Voraussetzung einer Bankrotterklärung bestehenden Bankrotthandlungen zu verwechseln sind) wegen eines betrügerischen

369 Eine Verlängerung der Frist auf 60 Tage lag im Ermessen des *Lord Chancellor*, nach 4 & 5 Anne c. 4 (1705), § 2. Ab 5 Geo. II. c. 30 (1732), § 1 betrug die Frist 42 Tage.

370 4 & 5 Anne c. 4 (1705), § 19.

Bankrotts angeklagt und als Kapitalverbrecher ohne Privileg des Klerus[371] – das bedeutet zur Todesstrafe – verurteilt werden:[372]

> „(...) he or she or they the said Bankrupt in case of any Default or wilful Omission therein or in any the Premisses and being thereof lawfully convicted by Indictment or Information shall suffer as a Felon without the Benefit of Clergy[.]"

Die Todesstrafe für betrügerischen Bankrott wurde erst 1820 wieder auf Verbannung in eine Strafkolonie, Freiheitsstrafe oder Freiheitsstrafe mit Einsatz zu harter Arbeit, jeweils nicht unter sieben Jahren, abgemildert.[373] Wie viele Bankrotteure in dieser Zeit tatsächlich hingerichtet wurden, ist nicht klar, es scheinen aber nicht mehr als sechs gewesen zu sein.[374]

c) Belohnung des mitwirkungsbereiten Bankrotteurs mit bankruptcy discharge und Selbstbehalt

Der ehrliche Bankrotteur, der seine Vermögensverhältnisse wahrheitsgemäß offengelegt und sich im Bankrottverfahren gesetzeskonform und kooperativ verhalten hatte, durfte einen bestimmten Teil seines Vermögens (im Wert von 5 % der Masse, höchstens jedoch 200 Pfund) behalten. Er konnte von den im Verfahren nicht gedeckten Restschulden befreit werden. Diese *bankruptcy discharge* konnte er in Folgeprozessen wegen Restschulden als Einrede geltend machen. Die vollständige Regelung zur Restschuldbefreiung lautet wie folgt:[375]

> „(...) all Person and Persons so becoming Bankrupt as aforesaid who shall within the Time limited by this Act surrender him her or themselves to the (...) Commissioners (...) and in all things conform as in and by this Act is directed shall be allowed the Sum of Five Pounds per Centum out of the neat Product of all the Estate that shall be recovered in and received on such Discovery (...) so as the said Five Pounds per Centum shall not amount in the whole to above the Sum of Two hundred Pounds and shall be discharged from all Debts by him her or them due and owing at the Time he she or they did become Bankrupt and in case any such Bankrupt shall afterwards be arrested, prosecuted or impleaded for any Debt due before such Time as he she or they became

371 Dazu oben Fn. 288.

372 4 & 5 Anne c. 4 (1705), §§ 1, 19.

373 1 Geo. IV. c. 115 (1820), § 1 f.

374 *Duffy*, Am. J. Legal Hist. 1571–1861, 24 (1980), 283, 287, Fn. 27 nennt fünf; *Kadens*, Duke L.J. 59 (2010), 1229, 1270 f. nennt vier; *Tribe,* Insolv. Int. 22 (2009), 44 ff. nennt sechs.

375 4 & 5 Anne c. 4 (1705), § 8.

> Bankrupt such Bankrupt shall be discharged upon Common Bail[376] and shall and may plead in general that the Cause of such Action Suit did accrue before such Time as he became Bankrupt and may give this Act and the Special Matter in Evidence (…)."

Wie die *bankruptcy discharge* materiell-rechtlich konstruiert sein sollte, wird in der Regelung nicht deutlich. Später ging man davon aus, dass Restforderungen zwar nicht mehr gerichtlich durchsetzbar waren, trotz *discharge* aber in Form einer kaufmännischen Ehrenschuld bestehen blieben.[377] Die prozessuale Geltendmachung der *bankruptcy discharge* als Einrede erinnert an die Rechtsfolge des Instituts des *beneficium competentiae*.[378]

d) Ausstellung eines Konformitätszertifikats

Die Gewährung des Selbstbehalts und der *bankruptcy discharge* für den kooperativen Bankrotteur muss im Zusammenhang mit der Regelung der Ausstellung des sogenannten Konformitätszertifikats (*certificate of conformity*) gelesen werden, die gegen Ende des Gesetzgebungsverfahrens nach der Anhörung Londoner Kaufleute in einem separaten Anhang zum Gesetz ergänzt wurde:[379]

> „(…) no Discovery upon Oath to made by any Bankrupt of his or her Estate and Effects according to this Act shall entitle such Bankrupt to the Benefits allowed by this Act unless the Commissioners of Bankrupts or the Greater Part of them (…) shall in Writing under their Hands and Seal certifie to the Lord Chancellor of England (…) that such Bankrupt hath made Discovery of his Estate and Effects and in all Things conformed himself according to the Directions of this Act and that there doth not appear to them any Reason to doubt of the Truth of such Discovery or that the same is not a full

376 Vor den *Common-law*-Gerichten wurde bei Inhaftierung des Schuldners zwischen der echten Kautionsleistung (*special bail*) und einer bloß formalen Kautionsleistung (*common bail*) durch Angabe der fiktiven Bürgen John Roe und Richard Doe unterschieden, dazu *Sellon*, Practice of the Courts of King's Bench and Common Pleas, S. lx: „(…) it may be useful to add a few words on the origin of common bail and the difference between that and special bail. The latter, we find, is when real responsible sureties are actually given; the former is merely nominal bail, John Roe and Richard Doe, of no possible use, by way of pledge or security."

377 Zur Entwicklung einer moralischen Ehrenschuld trotz *bankruptcy discharge* im englischen und US-amerikanischen Recht siehe *Boshkoff*, Ind. L.J. 47 (1971), 36, 39 ff. Ähnlich erscheint die Konstruktion einer kondiktionsfesten Naturalobligation im deutschen Recht, siehe § 301 Abs. 3 InsO. Kritik an der Rechtsfigur der Naturalobligation im Insolvenzrecht üben *Dellit/Hamann*, ZIP 2015, 308, 312 ff.

378 Dazu oben Fn. 127.

379 4 & 5 Anne c. 4 (1705), § 20.

Discovery of all such Bankrupts Estate and Effects and unless such Certificate shall be allowed and confirmed by the Lord Chancellor (…) or by such two Judges (…) at Westminster to whom the Consideration of such Certificate shall be referred (…) and the Creditors of such Bankrupt are to be allowed to be heard if they shall think fit before the respective Persones aforesaid against the making [of] such Certificate and against the Confirmation thereof."

Um in den Genuss des Selbstbehalts und der *bankruptcy discharge* zu gelangen, genügte es demnach nicht, dass der Bankrotteur seine Redlichkeit und die Richtigkeit seiner Angaben im Bankrottverfahren selbst versicherte oder beeidete. Formell musste das redliche Verhalten des Bankrotteurs – insbesondere die vollständige und wahrheitsgemäße Offenlegung seiner Vermögensverhältnisse – vielmehr durch ein Konformitätszertifikat bescheinigt werden, welches die Bankrottkommission ausstellte und der *Lord Chancellor* oder ein Vertreter bewilligte. Dabei hatten die Gläubiger das Recht, mit Einwendungen gegen die Erteilung des Konformitätszertifikats sowohl von der Bankrottkommission (die das Zertifikat originär ausstellte) als auch vom *Lord Chancellor* (bzw. dessen Vertreter) angehört zu werden.

Das Gesetz machte die Gewährung der *bankruptcy discharge* nicht ausdrücklich vom Verhalten des Schuldners vor der Bankrotterklärung und dem Bankrottverfahren abhängig. Die Umstände, die zu einer Insolvenz führten, und der *act of bankruptcy* selbst wurden damit zwar nicht ausdrücklich berücksichtigt. Nach *Blackstone* leistete aber der durch Anhörung gesicherte Einfluss der Gläubiger auf die Ausstellung des Konformitätszertifikats zumindest indirekt Gewähr dafür, dass nur redliche Kaufleute eine *bankruptcy discharge* erhielten:[380]

„Thus the bankrupt becomes a clear man again; and, by the assistance of his allowance and his own industry, may become a useful member of the commonwealth: which is rather to be expected, as he cannot be entitled to these benefits, but by the testimony of his creditors themselves of his honest and ingenuous disposition; and unless his failures have been owing to misfortunes, rather than to misconduct and extravagance."

d) Ergänzende Regelungen zu bankruptcy discharge und Selbstbehalt

Abschließend soll noch auf einige ergänzende Regelungen zur Restschuldbefreiung und zum Selbstbehalt eingegangen werden.

Der Selbstbehalt war zu kürzen, wenn im Verfahren eine Befriedigungsquote von weniger als acht Schilling pro Pfund (was einer Befriedigungsquote von

380 *Blackstone*, Commentaries, Bd. 2, S. 484.

40 % entspricht)[381] erzielt wurde.[382] Die Restschuldbefreiung war von dieser Quotenregelung allerdings nicht betroffen.

Ausgeschlossen von Selbstbehalt und *bankruptcy discharge* waren Schuldner, die aufgrund der Leistung einer hohen Mitgift zur Hochzeit eines ihrer Kinder in Zahlungsschwierigkeiten geraten waren.[383] Ebenfalls ausgeschlossen waren Schuldner, die Spielschulden in gesetzlich näher bestimmter Höhe angehäuft hatten.[384]

Für flüchtige Bankrotteure, die sich nicht freiwillig der zuständigen Bankrottkommission stellten, gab es eine Art Rücktrittsregelung. Wurde ein Schuldner innerhalb einer bestimmten Frist nach Eröffnung des Verfahrens aufgegriffen, konnte er dennoch in den Genuss von Selbstbehalt und *bankruptcy discharge* kommen, wenn er sich ab dem Zeitpunkt seines Ergreifens kooperativ und redlich verhielt.[385] Nach Ablauf dieser Frist aufgegriffene Schuldner konnten durch Kooperation zumindest in den Genuss eines – allerdings gekürzten – Selbstbehaltes kommen.[386] Die *bankruptcy discharge* bleib ihnen jedoch verwehrt.

e) Befristung der Geltungsdauer des Gesetzes

4 & 5 Anne c. 4 (1705) enthielt eine sogenannte „*sunset clause*". Das Gesetz sollte für einen Zeitraum von drei Jahren und ab diesem Zeitpunkt noch bis zum Ende der folgenden Legislaturperiode des Parlaments in Kraft bleiben.[387]

2. Unmittelbare Korrektur und Modifikation durch 6 Anne c. 22 (1706)

Wenige Monate nach Inkrafttreten wurde 4 & 5 Anne c. 4 (1705) durch 6 Anne c. 22 (1706)[388] modifiziert. 6 Anne c. 22 (1706) führte insbesondere die Gläubigerkontrolle über die *bankruptcy discharge* ein. Diese unmittelbare Modifikation wird bei Betrachtung der *bankruptcy discharge* insbesondere aus kontinentaleuropäischer Perspektive oft außer Acht gelassen. Für die rechtshistorische

381 Ein Pfund enthält 20 Schilling, ein Schilling enthält zwölf Pence.
382 4 & 5 Anne c. 4 (1705), § 9.
383 4 & 5 Anne c. 4 (1705), §§ 13 f.
384 4 & 5 Anne c. 4 (1705), § 16.
385 4 & 5 Anne c. 4 (1705), § 6.
386 4 & 5 Anne c. 4 (1705), § 11.
387 4 & 5 Anne c. 4 (1705), § 17.
388 *An Act to explain and amend an Act of the last Session of Parliament for preventing Frauds frequently committed by Bankrupts.*

Einordnung der *bankruptcy discharge* und die These der vorliegenden Arbeit ist dieser Aspekt jedoch von entscheidender Bedeutung.

a) Einführung der Gläubigerkontrolle über die bankruptcy discharge

Das Gesetz 4 & 5 Anne c. 4 (1705) galt für alle Bankrottverfahren, die seit dem 24. Juni 1706 eröffnet wurden, sowie entsprechend für bereits laufende Bankrottverfahren, wenn sich der Bankrotteur bis zum 24. Juni 1706 freiwillig der zuständigen Bankrottkommission stellte.[389] Nach Inkrafttreten des Gesetzes 4 & 5 Anne c. 4 (1705) stieg die Zahl der eröffneten Bankrottverfahren von 159 im Jahr 1705 sprunghaft auf 567 im Jahr 1706 an, was mehr als einer Verdreifachung entsprach.[390] Diese Zahlen erscheinen umso erstaunlicher, wenn man bedenkt, dass der Schuldner selbst ein Bankrottverfahren nicht (legal) einleiten konnte. Vor dem Hintergrund dieser Entwicklung wurde das Gesetz 6 Anne c. 22 (1706) mit Wirkung zum 25. April 1707 beschlossen.[391]

In der Präambel des Gesetzes 6 Anne c. 22 (1706) brachte der Gesetzgeber zum Ausdruck, dass 4 & 5 Anne c. 4 (1705) seinen wohlwollenden Zweck nicht erfüllt habe, sondern im Gegenteil trotz der darin zum Ausdruck gebrachten „guten Absichten“ – womit nur die *bankruptcy discharge* gemeint sein konnte – zu weiteren Betrügereien geführt habe, die nun eine erneute Gesetzesänderung erforderten:[392]

> „Wheras (…) [4 & 5 Anne c. 4 (1705)] intituled An Act to prevent Frauds frequently committed by Bankrupts has not answered the good Intent thereof but on the contrary many notorious Frauds and Abuses have been committed notwithstanding the Provisions and Penalties in the said Act For Prevention whereof for the future and for explaining and amending the late Act be it enacted (…).“

Das Konzept der kurz zuvor eingeführten *bankruptcy discharge* wurde jedoch nicht direkt wieder aufgegeben. 6 Anne c. 22 (1706) machte die Erteilung einer *bankruptcy discharge* (und die Gewährung eines Selbstbehalts) stattdessen ab dem 25. April 1707 zusätzlich zu den in 4 & 5 Anne c. 4 (1705) geregelten

---

389 4 & 5 Anne c. 4 (1705), §§ 1, 18.

390 Die Zahlen stammen aus der Statistik von *Hoppit*, Risk and Failure, S. 182 (Appendix I); vgl. dazu auch *Kadens*, Duke L.J. 59 (2010), 1229, 1268, Fn. 204.

391 Nach 4 & 5 Anne c. 4 (1705), §§ 1, 18 galt das Gesetz für alle Bankrottverfahren, die ab dem 24. Juni 1706 eröffnet wurden, sowie entsprechend für bereits laufende Bankrottverfahren, wenn sich der Bankrotteur bis zum 24. Juni 1706 freiwillig der zuständigen Bankrottkommission stellte.

392 6 Anne c. 22 (1706), § 1.

Voraussetzungen davon abhängig, dass eine Mehrheit von vier Fünfteln der am Verfahren beteiligten Gläubiger nach Köpfen und Summe gemessen an der Höhe der angemeldeten und bewiesenen Forderungen der Gewährung der *bankruptcy discharge* (und des Selbstbehalts) für den Bankrotteur zustimmte und dies durch Unterschriften auf dem Konformitätszertifikat bestätigte:[393]

> „(…) no Person or Persons that have or hath or shall become Bankrupts shall be discharged from all or any of his or her or their Debts owing at the Time of such Bankruptcy or shall be entitled to any Allowance or Benefit given or provided by (…) [4 & 5 Anne c. 4 (1705), § 8] unless the Allowance thereby given and the Certificate by the said Act directed to be made and confirmed shall be first signed by Four parts in Five in Number and Value of the Creditors of such Bankrupt who shall have duly proved their Debts (…) testifying their Consent to such Allowance and Certificate (…).“

Die Leistung der Unterschriften und die damit verbundene Zustimmung zu *bankruptcy discharge* und Selbstbehalt standen im freien Ermessen jedes einzelnen Gläubigers. Es existierten keine Bestimmungen, die gegen eine ungerechtfertigte oder unbillige Versagung der Zustimmung gerichtet waren. Das hohe, doppelt qualifizierte Zustimmungsquorum von vier Fünfteln ermöglichte es daher mitunter einzelnen Gläubigern, die Ausstellung eines Konformitätszertifikats in unbilliger Weise zu blockieren. Vor diesem Hintergrund beriet das *House of Commons* 1759 einen Gesetzesentwurf, nach dem solchen *Discharge*-Störern eine Frist zum Vorbringen von berechtigten Einwänden gegen die Erteilung einer *bankruptcy discharge* zu setzen war und der Bankrottkommission gestattet werden sollte, bei unzureichender Begründung dem Schuldner das Konformitätszertifikat auch gegen den Willen blockierender Gläubiger wirksam auszustellen.[394] Dieser Gesetzesvorschlag hatte jedoch keinen Erfolg.[395]

In eine ähnliche Richtung ging das 1772 tatsächlich beschlossene Gesetz 12 Geo. III. c. 47 (1772). Alle redlichen Bankrotteure, die zu einem in 12 Geo. III. c. 47 (1772) bestimmten Zeitpunkt aufgrund der fehlenden Zustimmung ihrer Gläubiger noch keine Restschuldbefreiung erhalten hatten, sollten auf Antrag zumindest die Befreiung aus der Schuldhaft und den Schutz vor zukünftiger persönlicher Inhaftierung aufgrund von Nachforderungen erhalten, wenn kein Gläubiger dieser Haftverschonung begründet widersprechen konnte.[396] Das

---

393 6 Anne c. 22 (1706), § 2.

394 Journals of the House of Commons, Bd. 28 (2. Juni 1759), S. 603.

395 *Duffy*, Bankruptcy and Insolvency, S. 32 f.

396 12 Geo. III. c. 47 (1772), §§ 2 f. Eine Restschuldbefreiung gewährte dieses Gesetz jedoch nicht, die vorgesehene *discharge* bezieht sich allein auf die Schuldhaft.

Gesetz wirkte allerdings nicht für zukünftige Bankrottverfahren. Ein zweites Gesetz nach demselben Muster, das heißt wieder ausschließlich rückwirkend, wurde laut *Duffy* 1778 erlassen.[397]

Das Zustimmungsquorum nach Köpfen und Summe der angemeldeten Forderungen wurde erst 1809, also gut 100 Jahre später, auf drei Fünftel herabgesetzt, wobei nur noch Gläubiger zu berücksichtigen waren, deren Forderungen mindestens 20 Pfund betrugen.[398] Das Bankrottgesetz von 1825 enthielt schließlich eine zeitlich gestaffelte Regelung:[399] Berücksichtigt wurden von nun an nur Gläubiger, deren Forderungen mindestens 20 Pfund betrugen. Während der ersten sechs Monate nach der letzten Anhörung des Bankrotteurs konnte das Konformitätszertifikat nur mit Zustimmung einer doppelt qualifizierten Vier-Fünftel-Mehrheit erteilt werden. Wurde diese Mehrheit in den vorgegebenen sechs Monaten nicht erreicht, konnte das Konformitätszertifikat von einer doppelt qualifizierten Drei-Fünftel-Mehrheit oder einer reinen Kopfmehrheit von neun Zehnteln bestätigt werden.

Die Einführung dieser Art von Gläubigerkontrolle rückt das Ausgangsmodell der *bankruptcy discharge* auch dogmatisch ein Stück näher an das kontinentaleuropäische Zwangsvergleichsrecht.[400] Die Entscheidung, die mit 4 & 5 Anne c. 4 (1705) geschaffene *bankruptcy discharge* trotz Missbrauchs durch Schuldner grundsätzlich beizubehalten, aber durch ein Element der Gläubigerkontrolle dogmatisch dem Erlasszwangsvergleich anzunähern, stützt die These der vorliegenden Arbeit. Auch das Scheitern gesetzgeberischer Versuche, die *bankruptcy discharge* gegen den Willen einzelner Gläubiger durchzusetzen, wenn diese ihre Zustimmung in unbilliger Weise verweigern, betont den auch im Zwangsvergleichsrecht vorhandenen Aspekt der Privatautonomie der Gläubiger bzw. der Gläubigermehrheit.

Allerdings scheint *Duffy*, Bankruptcy and Insolvency, S. 33, die Regelung anders zu verstehen und eine Restschuldbefreiung anzunehmen.

397 *Duffy*, Bankruptcy and Insolvency, S. 33.

398 49 Geo. III. c. 121 (1809), § 18.

399 6 Geo. IV. c. 16 (1825), § 72.

400 Ähnlich mit Blick auf 4 & 5 Anne c. 4 (1705) *McCoid*, Am. Bankr. L.J. 70 (1996), 163, 164: „Before 1706, bankruptcy had been a narrowly focused *creditor's collection remedy* pure and simple (…). After that date, (…) it was a *statutorily mandated composition* (…)." (Kursivdruck im Original).

b) Weitere Regelungen in 6 Anne c. 22 (1706)

Vereinbarungen zwischen dem Schuldner und einem Gläubiger, die eine Zahlung von Geld für die Unterschrift des Gläubigers auf dem Konformitätszertifikat des Schuldners als Gegenleistung zum Gegenstand hatten und im Zeitraum zwischen Eröffnung des Bankrottverfahrens und der Ausstellung des Konformitätszertifikats zustande kamen, erklärte 6 Anne c. 22 (1706), § 3 für unwirksam.[401]

Die Verwaltung der Masse wurde unter 6 Anne c. 22 (1706) erstmals von der Bankrottkommission auf einen oder mehrere *assignees* übertragen, die auf einer Gläubigerversammlung aus dem Kreis der Gläubiger zu wählen waren.[402]

6 Anne c. 22 (1706) führte zudem eine Mindestsumme von Schulden ein, die geltend gemacht werden musste, um ein Bankrottverfahren zu beantragen. Beantragte ein Gläubiger ein Bankrottverfahren, musste er Forderungen in Höhe von mindestens 100 Pfund geltend machen, zwei Gläubiger gemeinsam mussten zusammen mindestens Forderungen in Höhe von 150 Pfund und drei Gläubiger gemeinsam mussten zusammen mindestens Forderungen in Höhe von 200 Pfund behaupten und entsprechend Sicherheit in Form einer Schuldverschreibung (*bond*) hinterlegen.[403] Die Regelung sollte verhindern, dass Bankrottverfahren in betrügerischer oder böswilliger Absicht beantragt wurden.[404] Praktisch führte diese Regelung jedoch dazu, dass kleinere Händler und Kaufleute vom Anwendungsbereich der Bankrottgesetze und damit der Aussicht auf eine *bankruptcy discharge* ausgenommen wurden.[405]

401 Vereinbarungen, die das Wiederaufleben von Forderungen nach Erteilung der Restschuldbefreiung zum Gegenstand hatten, wurden von den *Common-law*-Gerichten hingegen aufrechterhalten, wobei die Zustimmung des Gläubigers zum Konformitätszertifikat als ausreichende Gegenleistung (*consideration*) zum Wiederaufleben der Forderung angesehen wurde. Es scheint, als haben die *Common-law*-Gerichte weiterhin gegen das Insolvenzrecht gearbeitet. In den 1820er-Jahren erließ der Gesetzgeber ein Schriftformerfordernis für solche Wiederauflebensvereinbarungen, ab 1849 wurden sie generell für unwirksam erklärt. Gerichte und Gesetzgeber in den Vereinigten Staaten haben solche „*reaffirmations*“ hingegen weiterhin zugelassen. Vgl. dazu ausführlich *Boshkoff*, Ind. L.J. 47 (1971), 36, 39 ff. m. w. N.

402 6 Anne c. 22 (1706), § 5 ff.

403 6 Anne c. 22 (1706), § 7.

404 6 Anne c. 22 (1706), § 7.

405 *Duffy*, Am. J. Legal Hist. 24 (1980) 283, 287 f.

c) *Parallele Befristung zu 4 & 5 Anne c. 4 (1705)*

Das Gesetz 6 Anne c. 22 (1706) war parallel zu 4 & 5 Anne c. 4 (1705) durch eine *sunset clauses* in seiner Geltungsdauer befristet. Das Gesetz 4 & 5 Anne c. 4 (1705) sollte für einen Zeitraum von drei Jahren und ab diesem Zeitpunkt noch bis zum Ende der folgenden Legislaturperiode des Parlaments in Kraft bleiben.[406] Das aus dem folgenden Jahr stammende Gesetz 6 Anne c. 22 (1706) sollte dementsprechend für einen Zeitraum von zwei Jahren und ab diesem Zeitpunkt noch bis zum Ende der folgenden Legislaturperiode des Parlaments gelten.[407]

3. Konsolidierung der bankruptcy discharge als Teil des Bankrottverfahrens

Die Regelung der *bankruptcy discharge* in Form der Gesetze von 4 & 5 Anne c. 4 (1705) und 6 Anne c. 22 (1706) wurde im Laufe des 18. Jahrhunderts mehrmals verlängert bzw. erneut in Kraft gesetzt. Soweit sich die Gesetzgebung rekonstruieren ließ, scheint lediglich zwischen 1716 und 1719 sowie zwischen 1729 und 1732 jeweils keine Regelung in Kraft gewesen zu sein, die eine *bankruptcy discharge* ermöglichte.[408]

Das umfangreichste Bankrottgesetz des 18. Jahrhunderts war der *Act to prevent the committing of frauds by bankrupts*, 5 Geo. II. c. 30 (1732).[409] Die *bankruptcy discharge* entsprach auch hier dem Modell der Bankrottgesetze 4 & 5 Anne c. 4 (1705) und 6 Anne c. 22 (1706) und wurde somit nur mit Zustimmung einer hohen, doppelt qualifizierten Gläubigermehrheit gewährt. Der zu gewährende Selbstbehalt wurde unter 5 Geo. II. c. 30 (1732) abhängig von der erzielten Befriedigungsquote der Gläubiger gestaffelt.[410] Eine wiederholte Restschuldbefreiung

---

406 4 & 5 Anne c. 4 (1705), § 17.

407 6 Anne c. 22 (1706), § 9.

408 4 & 5 Anne c. 4 (1705) in der Fassung von 6 Anne c. 22 (1706) wurde um weitere fünf Jahre verlängert durch 7 Anne c. 25 (1708), § 4 und ist 1716 außer Kraft getreten. Durch 5 Geo. I. c. 24 (1718), 11 Geo. I. c. 29 (1724), § 1 und 13 Geo. I. c. 27 (1726), § 2 war es bis 1727 möglich, als Bankrotteur eine Restschuldbefreiung zu erlangen. 5 Geo. II. c. 30 (1732), §§ 1, 7 enthielt wiederum eine entsprechende Regelung zur Restschuldbefreiung, die bis 1729 zurückwirkte. Vgl. auch *Duffy*, Am. J. Legal Hist. 24 (1980) 283, 288.

409 5 Geo. II. c. 30 (1732).

410 5 Geo. II. c. 30 (1732), §§ 7 f. Bei einer Quote unter 50 % (berechnet nach Abzug aller Verfahrenskosten und unter Berücksichtigung des Selbstbehalts) stand der Selbstbehalt im Ermessen der Bankrottkommission, durfte jedoch maximal 3 % der Masse betragen; bei einer Quote ab 50 % betrug der Selbstbehalt nach wie vor 5 % der Masse,

war zudem nur noch bei einer Befriedigungsquote von 75 % oder höher möglich, andernfalls erhielt der Bankrotteur lediglich Haftverschonung.[411]

Erst durch ein Gesetz von 1797 erlangte die *bankruptcy discharge* den Charakter einer unbefristeten Regelung.[412] Damit kann die Phase der Konsolidierung des Rechtsinstituts zum Ende des 18. Jahrhunderts als abgeschlossen bezeichnet werden.

Im Verlauf des 18. Jahrhunderts zählt *Hoppit* dreizehn Wirtschaftskrisen in England.[413] Vor diesem Hintergrund können die Konsolidierung der *bankruptcy discharge* und damit die immer wieder erfolgten Verlängerungen und Wiederholungen von Bankrottgesetzen mit *bankruptcy discharge* bis 1779 zumindest ein Stück weit als von wirtschaftlicher Instabilität getrieben bewertet werden. Zu berücksichtigen ist auch, dass im Laufe des 18. Jahrhunderts kein Versuch mehr unternommen wurde, ein Zwangsvergleichsrecht zu schaffen.

V. Zusammenfassung zum Ausgangsmodell der bankruptcy discharge

Für das Parlament als Gesetzgeber zeichnete sich Ende des 17. Jahrhunderts recht klar ab, dass ein Zwangsvergleichsrecht als abstrakt-generelles Gesetzgebungsvorhaben in näherer Zukunft keine Erfolgsaussichten haben würde. Der englische Gesetzgeber musste für die Lösung folglich auf etablierte Regelungen rekurrieren. Einen Ersatz für die Funktion des Zwangsvergleichsrechts in das *bankruptcy law* zu ziehen, war eine pragmatische *Ad-hoc*-Lösung.

Dieser Ansatz erklärt auch plausibel, weshalb der Gesetzgeber die *bankruptcy discharge* nach anfänglichem Missbrauch durch Schuldner nicht etwa wieder aufgab, sondern mit 6 Anne c. 22 (1706) überarbeitete und sich das Rechtsinstitut dauerhaft als Bestandteil des englischen *bankruptcy law* etablieren konnte.

---

maximal aber 200 Pfund; bei einer Quote von 62,5 % betrug der Selbstbehalt rund 7,8 % der Masse, maximal aber 250 Pfund; und bei einer Quote von 75% betrug der Selbstbehalt 10 %, maximal aber 300 Pfund.

411 5 Geo. II. c. 30 (1732), § 9. Dabei stand der Restschuldbefreiung der einvernehmliche Schuldenerlass durch die Gläubiger oder die Schuldbefreiung nach einen insolvency law gleich.

412 *An act to make perpetual an act passed in the fifth year of the reign of his late majesty King George the Second, intituled, An act to prevent the committing of frauds by bankrupts,* 37 Geo. III. c. 124 (1797).

413 *Hoppit*, The Economic History Review 39 (1986), 39 ff.

VI. Exkurs: Parallele Institutionalisierung der insolvency laws

Schließlich ist für einen vollständigen Blick auf das englische Insolvenzrecht bis in das 19. Jahrhundert noch auf die *insolvency laws* als parallele Entwicklungslinie zum *bankruptcy law* hinzuweisen. Diese zweite insolvenzrechtliche Entwicklungslinie des englischen Rechts wird insbesondere für die *bankruptcy discharge* des US-amerikanischen Rechts Bedeutung erlangen. Die *insolvency laws* knüpften an die Praxis der Schuldhaft im *common law* an. Ihre Geschichte begann im 17. Jahrhundert und endete mit der Zusammenführung von *insolvency* und *bankruptcy laws* 1861. Während das *bankruptcy law* ein Sonderinsolvenzrecht für Kaufleute war,[414] galten die *insolvency laws* als das Insolvenzrecht für jedermann und sogar als englische Form der *cessio bonorum*.[415]

1. Schuldhaft als primäres Vollstreckungsmittel des common law

Im hier maßgeblichen Zeitraum vom 16. und bis weit in das 19. Jahrhundert hinein war die Schuldhaft im *common law* das primäre und exzessiv eingesetzte Mittel zur Durchsetzung von Zahlungsansprüchen. Die Inhaftierung eines Schuldners konnte bereits im Prozessstadium vor seiner Verurteilung, dem sogenannten *mesne process*, kostengünstig und fast voraussetzungslos ohne Prüfung in der Sache erreicht werden.[416] Schließlich war die Schuldhaft nach einer

---

414 Dazu oben B. II. 1. d) bb).

415 Vgl. *obiter dictum* in *ex parte Burton* (1744), 1 Atk. 255, 256; 26 E.R. 163, 164: „Suppose by our law under the insolvent acts, the debtor delivers up his all, as the statute requires, which is the *cessio bonorum* of the *Romans*, and the justices of the peace discharge his person (…).“ (Kursivdruck im Original).

416 Die *Common-law*-Gerichte arbeiteten hier mit kreativen und teilweise komplexen Fiktionen, um es Gläubigern zu ermöglichen, (angebliche) Schuldner zu inhaftieren. Zur *bill of Middlesex* und dem *judicial writs of latitat* des Court of King's Bench siehe *Baker*, English Legal History, S. 48 ff., 57 f., 586; zum *writ of capias ad respondendum* des *Court of Common Pleas* siehe *Baker*, English Legal History, S. 52 ff., 57 f., 71 f., 586; zum *writ of quominus* und *supoena* des *Court of the Exchequer* siehe *Baker*, English Legal History, S. 54 ff., 57 f., 586 f. Eine Vereinheitlichung dieser Inhaftierungsregime in einen *writ of capias* erfolgte mit 2 & 3 Gul. IV. c. 39 (1832), § 4, sched. 4. Die willkürliche Inhaftierungspraxis im *mesne process* wurde durch den sogenannten *Judgments Act 1838*, 1 & 2 Vict. c. 110, abgeschafft.

Verurteilung zur Zahlung im Prozessstadium des sogenannten *final process* als echtes Vollstreckungsmittel über den *writ of capias ad satisfaciendum* möglich.[417]

Defoe merkte in seiner in den 1720er-Jahren als Reisebericht veröffentlichten *Tour Thro' the Whole Island of Great Britain* an, dass es in London und der näheren Umgebung allein wohl so viele öffentliche und privat geführte Gefängnisse gegeben habe wie in allen anderen europäischen Hauptstädten zusammen:[418]

> „There are in London, and the far extended bounds (...) notwithstanding we are a nation of liberty, more publick and private prisons, and houses of confinement, than any other city in Europe, perhaps as many as in all the capital cities of Europe put together (...)."

In Zusammenhang mit dem Bankrottverfahren wurde bereits darauf eingegangen, dass Schuldner die Inhaftierung gezielt nutzten, um ihr Vermögen zu schützen.[419] Für vermögende Schuldner war die Schuldhaft nicht unbedingt eine Last. Die Gefängnisordnungen ließen für Schuldhäftlinge gegen Bezahlung beispielsweise Ausgänge zu (*Day Rules*).[420] Die vermögenden Insassen mussten sich nicht einmal zeitweise innerhalb der Gefängnismauern aufhalten, sondern konnten Wohnungen in den Bezirken im Umkreis des Gefängnisses beziehen und in einer Art offenem Vollzugs weitgehend frei leben.[421] Allein für das *King's Bench Prison* soll im 18. Jahrhundert bis zu ein Drittel der inhaftierten Schuldner in solchen vorgelagerten Bezirken gelebt haben, die als *„the Rules"* bezeichnet wurden.[422] Es gibt Berichte, nach denen sich solche Schuldner über ihre Gläubiger geradezu lustig machten.[423]

---

417 Auch das kontinentaleuropäische Recht kannte die Schuldhaft. Sie war jedoch ein grundsätzlich subsidiäres Vollstreckungsmittel oder diente als Personalarrest nach summarischer Anspruchsprüfung dem vorläufigen Rechtsschutz. Die Vermögensexekution war nach kontinentaleuropäischem *ius commune* grundsätzlich vorrangig und erfolgte meist in einer vorgegebenen Vollstreckungsreihenfolge (*gradus executionis*), dazu *Baur/Sürner/Bruns*, Zwangsvollstreckungsrecht, Rn. 3.17; *Seyfarts*, Teutscher Reichs-Proceß, S. 677 f.

418 *Defoe*, Tour of Great Britain, Bd. 1, S. 353; dazu *Hertzler*, Reform of Imprisonment for Debt, S. 15.

419 Dazu oben B. II. 1. d) cc) und 3. b) aa).

420 *Duffy*, Bankruptcy and Insolvency, S. 73; *Innes*, King's Bench Prison, S. 256.

421 *Duffy*, Am. J. L. Hist. 24 (1980), 283, 285; *Innes*, King's Bench Prison, S. 256.

422 *Innes*, King's Bench Prison, S. 256. *Duffy*, Bankruptcy and Insolvency, S. 74 f. berichtet u. a. von dem Extremfall des William Combes, der – allerdings entgegen den Gefängnisregeln – von 1803 bis 1808 trotz seiner offiziellen Inhaftierung als Verleger der Zeitung *Times* arbeitete.

423 Vgl. *Jones*, English Bankruptcy, S. 14: „Some of these supposedly imprisoned debtors had met their creditors ‚and looked them in the face, and laughed at, and jeered them

Das Schicksal wirklich verarmter Schuldner sah jedoch anders aus. Nach einer Inhaftierung bot das *common law* keinerlei Mechanismen zum weiteren Umgang mit der Insolvenz eines Schuldners. Mittellose Schuldner waren darauf angewiesen, dass sie sich mit ihren Gläubigern einigten oder Dritte sie auslösten. Wenn sich niemand ihres Schicksals annahm, mussten sie im Zweifel den Rest ihres Lebens in Schuldhaft verbringen und im schlimmsten Fall verhungern. 1551 formulierte der *Court of Common Pleas:*[424]

> „For if one be in Execution he ought to live of his own, and neither the Plaintiff nor the Sheriff is bound to give him Meat or Drink (…); and if he has no Goods, he shall live of the Charity of others, and if others will give him nothing, let him die in the Name of God (…), for his Presumption and ill behaviour brought him to that Imprisonment."

Holdsworth sprach von einer mittelalterlichen Praxis, die bereits für die wirtschaftlichen Verhältnisse des 16. Jahrhunderts vollkommen unpassend war.[425]

Mit dieser Praxis der Schuldhaft korrespondierte ein sehr beschränktes Instrumentarium zur Vermögensexekution. Die Zwangsvollstreckung in bewegliches Vermögen war im *common law* zwar grundsätzlich möglich, aber auf bestimmte Vermögensgegenstände beschränkt. Die Vollstreckung in Forderungen und Wertpapiere wie Schuldscheine, Banknoten oder Beteiligungen an Handelsunternehmungen war im *common law* mangels passendem *writ* überhaupt nicht möglich.[426] In Grundstücke konnte nur im Wege der Zwangsverwaltung vollstreckt werden.[427]

(…).'" Lord Ellenborough, der im 19 Jahrhundert erst Mitglied des Parlaments war, habe sich laut *Duffy*, Bankruptcy and Insolvency, S. 74 f. gegen eine Ausweitung dieser *Rules* ausgesprochen, da sie sich „seines Wissens ohnehin schon bis zu den *East Indies* erstreckten." (Übersetzung des Verfassers).

424 *Dive v. Manningham* (1551) Plowden 60, 68. Ganz ähnlich *Manby v. Scott* (1663) 1 Mod 124, 132; 86 Eng. Rep. 781, 786.

425 *Holdsworth*, History of the Laws of England, Bd. 8, S. 233, Fn. 1.

426 Die Pfändung von Wertpapieren zur Vollstreckung von Zahlungstiteln wurde erst durch den *Judgments Act 1838*, 1 & 2 Vict. c. 62 (1838), § 12 ermöglicht, die Forderungspfändung durch den *Common Law Procedure Act 1854*, 17 & 18 Vict. c. 125 (1854), §§ 60 ff.

427 *Baker*, English Legal History, S. 74; siehe zum dafür genutzten *writ of levari facias* und zum *writ of elegit* die Zusammfassung bei *Waddilove*, Ky. L.J. 107 (2019), 425, 435 ff.

2. Kommissionen zur Hilfe mittelloser Schuldhäftlinge

Gegen Ende des 16. Jahrhunderts waren für einen kurzen Zeitraum durch den *Privy Council* eingesetzte Kommissionen zur Hilfe verarmter Schuldhäftlinge tätig. Diese Kommissionen luden Schuldhäftlinge und deren Gläubiger vor, förderten Vergleichsverhandlungen und drängten auf die Beendigung der Inhaftierung oder gar Teilschuldenerlasse.[428] Die erste dieser Kommissionen richtete der *Privy Council* 1576 unter Elizabeth I. für die Schuldhäftlinge des *Court of Queen's Bench* ein.[429] Aktiv waren diese Kommissionen zur Hilfe verarmter Schuldhäftlinge allerdings nur bis 1590.[430] Unter König James I. wurden sie zu Beginn des 17. Jahrhunderts vollständig abgeschafft,[431] wodurch verarmte Schuldhäftlinge wieder auf die Nachsicht ihrer Gläubiger oder die Wohltätigkeit Dritter angewiesen waren.[432] Die Arbeit der Kommissionen zur Hilfe armer Schuldner setzte *Cohen* zufolge einen Maßstab von Schuldnerfreundlichkeit voraus, der erst Jahrhunderte später wieder erreicht werden sollte.[433]

3. Erlass von insolvency laws im 17. Jahrhundert

Im 17. Jahrhundert begann das Parlament, sich mit dem Schicksal verarmter Schuldhäftlinge auseinanderzusetzen. Erste Gesetzesinitiativen scheiterten jedoch in den Jahren 1606 und 1641.[434] In der Zeit des Interregnums, kurz nach der Hinrichtung König Charles I., erließ das Parlament 1649 den *Act for discharging Poor Prisoners unable to satisfie their Creditors*.[435] Dieses Gesetz war auf alle zur Zeit seines Erlasses wegen einer Zahlungsklage inhaftierten Schuldner unabhängig von der prozessualen Grundlage ihrer Inhaftierung anwendbar. Das Gesetz erlaubte es dem inhaftierten Schuldner, bei dem Gericht, welches seine Inhaftierung verfügt hatte, einen Offenbarungseid zu leisten. Der Gläubiger, der die Inhaftierung veranlasst hatte, erhielt dann in einem von diesem Gericht anzuberaumenden Termin die Möglichkeit, darzulegen und zu beweisen, dass

428 *Cohen*, J. Legal Hist. 1982, 153, 157 f.
429 *Dawson*, Mich. L. Rev. 48 (1950), 393, 415.
430 *Cohen*, J. Legal Hist. 1982, 153, 158.
431 *Dawson*, Mich. L. Rev. 48 (1950), 393, 415.
432 Dazu *Hertzler*, Reform of Imprisonment for Debt, S. 19 f.
433 *Cohen*, J. Legal Hist. 1982, 153, 158: „The commission [for poor prisoners] represented the most lenient policy towards the insolvent debtor for several centuries to come."
434 *Hertzler*, Reform of Imprisonment for Debt, S. 36.
435 Acts & Ords. Interregnum, S. 240 f.; vgl. zu diesem Gesetz *Cohen*, J. Legal Hist. 1982, 153, 158.

der Offenbarungseid seines Schuldners falsch war. Konnte der Gläubiger dies nicht nachweisen, musste der Schuldner aus der Haft entlassen werden. Er durfte wegen derselben Schuld auch nicht erneut in Haft genommen werden. Mit seinem beweglichen Vermögen haftete er jedoch nach wie vor. Dem Gläubiger war es ausdrücklich gestattet, nach der Freilassung des Schuldners in bestehendes und neu erworbenes Vermögen zu vollstrecken. Dafür galten die Grundsätze der Vollstreckung des *common law*.

Ein weiteres Gesetz nach dem Muster des *Act for discharging Poor Prisoners unable to satisfie their Creditors* von 1649 wurde 1670 erlassen.[436] Es sah im Gegensatz zum Gesetz von 1649 vor, dass der Schuldner trotz Abgabe eines vollständigen und wahrheitsgemäßen Offenbarungseids in Schuldhaft verbleiben musste, wenn sein Gläubiger darauf bestand und wöchentlich für die Kosten der Inhaftierung aufkam.

Zwischen 1670 und 1811 wurde eine Vielzahl solcher *insolvency laws* erlassen, *Duffy* zählt insgesamt 31.[437] Diese *insolvency laws* erkannten die Figur und das Schicksal des ehrlichen, aber glücklosen Schuldners ausdrücklich an. Dies kommt etwa in der Präambel des Gesetzes 11 Geo. I. c. 21 (1724) zum Ausdruck:[438]

> „Whereas many persons, by losses and other misfortunes, are rendered uncapable of paying their whole debts; and though they are willing to make the utmost satisfaction they can, are nevertheless detained in prison by their creditors; and whereas such unhappy Debtors have always been deemed the proper Object of Public Compassion, and by several Acts of Parliament have been discharged (…)."

Die Insolvenzgesetze waren offenbar an die *cessio bonorum* angelehnt. Sie ermöglichten es aber dem insolventen Schuldner gerade nicht, seine Inhaftierung zu verhindern, sondern setzen die Schuldhaft im Gegenteil voraus.[439] Obwohl die Problematik der sinnlosen Inhaftierung ehrlicher, aber glückloser

---

436 22 & 23 Car. II. c. 20 (1670 & 1671).

437 *Duffy*, Bankruptcy and Insolvency, S. 77.

438 Zitiert nach *Duffy*, Bankruptcy and Insolvency, S. 76 f.

439 *Forster*, Vom Schandstein zum Konkursverfahren, S. 13, hat eine ab Mitte des 15. Jahrhunderts im spanischen Recht entstandene Variante der *cessio bonorum* als „paradoxe Kombination" beschrieben, weil die *cessio bonorum* ihrem Wesen nach die Inhaftierung des Schuldners gerade verhindern solle. Vgl. zu einer Diskussion einer ähnlichen Interpretation von Digestenfragmenten *Wlassak*, in: Paulys Real-Encyclopädie, Bd. 3, Sp. 1998 f. In Paulys Real-Encyclopädie, Bd. 3, Sp. 1997, setzt sich *Wlassak* mit der Frage auseinander, ob die *cession bonorum* nach römischen Quellen auch noch nach Inhaftierung des Schuldners erklärt werden konnte und bezweifelt dies.

Schuldner anerkannt wurde, wurden solche *insolvency laws* eher als punktuelle Lösungen für die permanente Überlastung der Schuldgefängnisse angesehen.[440] Zum Erlass von solchen *insolvency laws* kam es beispielsweise auch dann, wenn größerer Bedarf an Soldaten und Seeleuten bestand, etwa im Zuge des Siebenjährigen Krieges.[441]

Der Beginn der Institutionalisierung von Insolvenzverfahren für Schuldhäftlinge lässt sich erst ab dem 18. Jahrhundert nach Schaffung der *bankruptcy discharge* beobachten.

4. Insolvenzverfahren nach 2 Geo. II. c. 22 (1729)

Das erste dieser Insolvenzverfahren wurde mit einem Gesetz aus dem Jahr 1729 eingeführt; das Gesetz war zunächst auf eine Geltungsdauer von fünf Jahren befristet,[442] wurde jedoch mehrfach verlängert.[443] Das Verfahren erlaubte es Schuldnern, die wegen Schulden von höchstens 100 Pfund inhaftiert waren,[444] über die Aufgabe ihres gesamten noch vorhandenen Vermögens (mit wenigen Ausnahmen) zugunsten der Befriedigung der Gläubiger ihre Freilassung aus der Schuldhaft zu erreichen.[445] Dies erforderte, dass der Schuldner einen entsprechenden Antrag mit einem Vermögensverzeichnis bei dem Gericht einreichte, welches seine Inhaftierung veranlasst hatte. Vor diesem Gericht musste der Schuldner zudem einen Offenbarungseid schwören. Das Vermögensverzeichnis wurde den Gläubigern bekannt gemacht. Die Gläubiger konnten sich in einer Gerichtsverhandlung zum Antrag auf Freilassung und zum Vermögensverzeichnis äußern und erhielten dabei Gelegenheit, dem Vermögensverzeichnis zu widersprechen und dessen Fehlerhaftigkeit nachzuweisen.[446] Gelangte das Gericht zu der Überzeugung, der Schuldner verdiene die Entlassung aus der Schuldhaft, wurde das im Vermögensverzeichnis aufgeführte Vermögen auf einen Verwalter (*assignee*) übertragen, der es zugunsten der Gläubiger verwerten durfte. Der Schuldner wurde aus der Haft entlassen, soweit nicht ein oder

---

440 *Duffy*, Bankruptcy and Insolvency, S. 77 ff.
441 *Duffy*, Bankruptcy and Insolvency, S. 77.
442 2 Geo. II. c. 22 (1729), § 14.
443 *Duffy*, Bankruptcy and Insolvency, S. 76.
444 Im Laufe des 18. Jahrhunderts wurde diese Höchstsumme bis auf 300 Pfund erhöht, *Duffy*, Bankruptcy and Insolvency, S. 76.
445 2 Geo. II. c. 22 (1729), § 8.
446 2 Geo. II. c. 22 (1729), § 8.

mehrere Gläubiger auf die Inhaftierung bestanden und für die wöchentlichen Kosten der Inhaftierung aufkamen.[447]

Auch dieses Gesetz sah ausdrücklich ein Nachforderungsrecht vor, wobei lediglich die erneute Inhaftierung ausgeschlossen wurde.[448] Unrichtige Angaben im Vermögensverzeichnis konnten als Meineid bestraft werden.[449]

5. Insolvenzverfahren nach dem Lord's Act, 32 Geo. II. c. 28 (1759)

Im Jahr 1759 wurde das Gesetz 32 Geo. II. c. 28 (1759), der sogenannte „*Lord's Act*",[450] erlassen. Mit dem *Lord's Act* wurde für im *final process* inhaftierte Schuldner eine unbefristete gesetzliche Grundlage für ein Insolvenzverfahren nach dem Vorbild des Gesetzes 2 Geo. II. c. 22 (1729) geschaffen. Eine Neuerung des *Lord's Act* gegenüber dem Gesetz von 1729 war, dass nun auch die Gläubiger den inhaftierten Schuldner zur Einleitung des Insolvenzverfahrens zwingen konnten, um ihrerseits zu verhindern, dass dieser möglicherweise vorhandenes Vermögen nicht zu ihrer Befriedigung nutzte, sondern anderweitig verwendete.[451] Hier entstand insoweit ein Gleichlauf mit der Bankrotthandlung der Inhaftierung wegen Schulden. Wie im Bankrottverfahren für Kaufleute sollte nun auch über die *insolvency laws* verhindert werden, dass Schuldner ihr Vermögen vor dem Zugriff der Gläubiger durch die Schuldhaft schützten.

6. An Act for the Relief of insolvent Debtors in England, 53 Geo. III. c. 102 (1813)

Das Ende der ab dem 17. Jahrhundert erlassenen temporären Insolvenzgesetze markiert schließlich der Erlass des *Act for the Relief of insolvent Debtors in England* von 1813.[452] Das Gesetz sah die Einrichtung eines dauerhaften *Court for the Relief*

---

447 2 Geo. II. c. 22 (1729), § 9.

448 2 Geo. II. c. 22 (1729), § 10.

449 2 Geo. II. c. 22 (1729), § 11.

450 Die Bezeichnung „*Lord's Act*" erhielt das Gesetz, weil der Initiativvorschlag aus dem *House of Lords* stammte, vgl. *Duffy*, Bankruptcy and Insolvency, S. 62. Zu diesem Gesetz insgesamt auch *Duffy*, Bankruptcy and Insolvency, S. 75 f. und *Cohen*, J. Legal Hist. 1982, 153, 158 f. Die wesentlichen Regelungen zum Verfahren sind in § 13 enthalten. Interessant ist zudem, dass der „*Lords Act*" in der Präambel einen ausdrücklichen Bezug auf das Gesetz 22 & 23 Car. II. c. 20 (1670) enthält.

451 32 Geo. II. c. 28 (1759), § 16; *Cohen*, J. Legal Hist. 1982, 153, 159.

452 53 Geo. III. c. 102 (1813); dazu *Duffy*, Bankruptcy and Insolvency, S. 87 f.

of Insolvent Debtors vor, an dem zunächst allerdings nur ein Richter tätig war.[453] An dieses Gericht konnten inhaftierte Schuldner nach drei Monaten in Schuldhaft – unabhängig von der prozessualen Grundlage ihrer Inhaftierung – einen Antrag auf Haftverschonung stellen können, der ein Vermögensverzeichnis und einen Offenbarungseid beinhalten musste.[454] Gegen Aufgabe seines Vermögens (mit wenigen Ausnahmen wie Kleidung und Arbeitsgeräten bis zu einem Wert von 20 Pfund) erhielt der Schuldner Haftverschonung,[455] sofern nicht ein Gläubiger betrügerisches Verhalten des Schuldners nachweisen konnte.[456] Das Vermögen wurde an die Gläubiger verteilt und der Neuerwerb des Schuldners für haftbar erklärt.[457]

---

453 53 Geo. III. c. 102 (1813), § 1. Zur Weiterentwicklung des Systems vgl. *Duffy*, Bankruptcy and Insolvency, S. 91 ff.

454 53 Geo. III. c. 102 (1813), § 1.

455 53 Geo. III. c. 102 (1813), §§ 10, 29.

456 53 Geo. III. c. 102 (1813), § 7.

457 53 Geo. III. c. 102 (1813), § 10.

C. Verwertungsmodell der bankruptcy discharge (straight discharge)

Die Weiterentwicklung der *bankruptcy discharge* von ihrem Ausgangsmodell zum reinen Verwertungsmodell, der *straight discharge*, erfolgte im US-amerikanischen Bundesrecht des 19. Jahrhunderts. Sie stellt das Ergebnis beständig einwirkender historischer Umstände dar. Dabei lassen sich zwei entscheidende historische Wegmarken identifizieren: der kurzlebige *US Bankruptcy Act 1841* und der *US Bankruptcy Act 1898*.

Die *straight discharge* der Bankrottgesetze von 1841 und 1898 unterschied sich gegenüber dem Ausgangsmodell insbesondere durch die folgenden Punkte. Die *straight discharge* konnte erstens vom Insolvenzschuldner selbst beantragt werden. In der angloamerikanischen Terminologie wird dies als die Einführung des freiwilligen Bankrottverfahrens (*voluntary bankruptcy*) beschrieben.[458] Der Schuldner musste dazu zweitens kein Kaufmann sein. Die *straight discharge* wurde drittens unabhängig vom Willen der Gläubiger gewährt. Es gab viertens wenige Versagungsgründe, die zudem schwere Verfehlungen des Schuldners voraussetzten. Die *straight discharge* funktionierte fünftens über einen Widerspruchsmechanismus. Das heißt, es gab eine Redlichkeitsvermutung für den beantragenden Schuldner, die von Gläubigern widerlegt werden musste.

I. Rezeption englischer Bankrott- und Insolvenzgesetze in Kolonien, Einzelstaaten und US-Verfassung

Die Entwicklung eines eigenständigen US-amerikanischen Insolvenzrechts bis hin zur *straight discharge* begann mit der Rezeption und Modifikation englischer Bankrott- und Insolvenzgesetze in den Kolonien, den Einzelstaaten und der Verfassung.

1. Insolvenzrecht in den Kolonien und Einfluss des Mutterlandes

Die Gründungsdokumente der Kolonien, die ihren verfassungsrechtlichen Status und ihr Verhältnis zum Mutterland regelten, waren von der Krone

---

458 *Tabb*, U. Ill. L. Rev. 2007, 9, 12.

gewährte *Royal Charters*. Diese erlaubten den Kolonien, ihr Zivil-, Zivilprozess- und Insolvenzrecht entsprechend den Bedürfnissen und Gegebenheiten vor Ort grundsätzlich selbst auszugestalten.[459] Sie enthielten allerdings ausnahmslos einen Passus, demzufolge das Recht und die Gesetze der Kolonien nicht im Widerspruch zu Recht und Gesetz im Mutterland stehen durften und nach dessen Maßstäben akzeptabel sein mussten.[460]

Die englischen Bankrottgesetze galten in den Kolonien nicht. Im Laufe des 18. Jahrhunderts wurde mehrfach bestätigt, dass sie in ihrer Geltung auf England beschränkt waren.[461] So entschied beispielsweise *Lord Mansfield* 1762 im Fall *Rickards v. Hudson*:[462] „(…) [T]he bankrupt laws bind not Ireland or the plantations or foreign countrys (…)."

Für die Rechtsaufsicht über die Kolonien waren im Laufe der Zeit unterschiedliche Gremien der englischen Krone zuständig, ab 1669 prüften die *Lords of Trade and Plantations* (kurz das *Board of Trade*), ob ein Legislativakt der Kolonien aus Sicht des Mutterlandes akzeptabel war oder von der Krone untersagt werden sollte.[463] Die Politik des Mutterlandes gegenüber den Kolonien war im späten 17. Jahrhundert zunächst locker. In der Geschichtsschreibung wird dies als Epoche der „heilsamen Vernachlässigung" (*salutory neglect*) beschrieben.[464] Im 18. Jahrhundert nahmen die politische Einflussnahme und die Aufsicht jedoch zu und es kam zu Konflikten, die letztlich zum Unabhängigkeitskrieg führten. Nahezu alle nordamerikanischen Kolonien wurden im Zuge dieser Entwicklung von weitgehend selbstverwalteten *chartered colonies* in den Status sogenannter

---

459 Die einzige Ausnahme findet sich in der *Royal Charter* für Pennsylvania von 1648, in der sich die Krone ihr letztinstanzliches Entscheidungsrecht ausdrücklich vorbehielt, siehe *Stoebuck*, Wm. & Mary L. Rev. 10 (1968), 393, 397 f. Die Gewährung einer *Royal Charter* an sich bedeutete allerdings bereits, dass die durch *Charter* geschaffene Körperschaft – schon aufgrund der Prärogativrechte der Krone – immer der Jurisdiktion des Mutterlandes unterlag.

460 Eine Liste der *Royal Charters* der Kolonien und den darin verwendeten Formulierungen findet sich bei *Brown*, British Statutes in American Law, S. 4 f., Fn. 8; vgl. zu den *Royal Charters* zudem *Stoebuck*, Wm. & Mary L. Rev. 10 (1968), 393, 396 f.

461 Es konnten aber bewegliche Vermögensgegenstände eines in den Kolonien ansässigen Bankrotteurs, die sich in den Kolonien befanden, zur Masse eines in England betriebenen Bankrottverfahrens gezogen werden, vgl. insgesamt *Smith*, Appeals from the American Plantations, S. 490 ff. m. w. N.

462 Zitiert nach *Smith*, Appeals from the American Plantations, S. 491, Fn. 99.

463 Zum Verfahren dieser Rechtsaufsicht ausführlich *Russel*, American Colonial Legislation, S. 44 ff.

464 *Mauch/Ortlepp/Heideking*, Geschichte der USA, S. 33.

royal colonies umgewandelt. Faktisch wurden sie zu Lehen der Krone, die einem sehr viel direkteren Einfluss aus dem Mutterland unterlagen.[465] Für das Thema dieser Arbeit bedeutend ist der Umgang des Mutterlandes mit insolvenzrechtlichen Gesetzen der Kolonien. Die Rechtsaufsicht hatte direkte Auswirkungen auf die dortige Ausgestaltung des Insolvenzrechts.

Anders als zunächst zu erwarten wurden Bankrottgesetze, die sich eng an das englische Vorbild hielten, mit großer Wahrscheinlichkeit von der Rechtsaufsicht des Mutterlandes nicht gebilligt. Das größte Hindernis der Genehmigung von Insolvenz- und Bankrottgesetzen der Kolonien war aus englischer Sicht die strukturelle Benachteiligung englischer Gläubiger gegenüber ortsansässigen Gläubigern. Anschaulich wird dies am Beispiel des 1758 nach dem Siebenjährigen Krieg in Massachusetts erlassenen *Act for providing remedy for bankrupts and their creditors*.[466] Dieses koloniale Bankrottgesetz war in vielen Punkten eng an das in England geltende *bankruptcy law* angelehnt. Die *Discharge*-Regelung war allerdings großzügiger. Das Gesetz von Massachusetts erlaubte Kaufleuten auch einen Eigenantrag (§ 1) und verlangte für die Gewährung der *discharge* (§ 33) nur die Zustimmung einer einfachen Kopf- und Summenmehrheit der Gläubiger, denen jeweils Forderungen in Höhe von mindesten 10 Pfund zustanden (§ 37).[467] Auf Empfehlung des *Board of Trade* lehnte die Krone das Gesetz ab.[468] Das *Board of Trade* argumentierte mit der Benachteiligung englischer Gläubiger gegenüber ortsansässigen Gläubigern, nicht mit der großzügigeren *discharge*:[469]

> „(…) it appears to us, upon consideration of the whole matter, that a Bankrupt Law, though it be just and equitable in it's Abstract principle, has always been found in its execution to afford such opportunities for fraudulent practices that even in this Country, where, in most causes, the whole number of Creditors are resident on the spot, it may well be doubted, whether the fair Trader does not receive more detriment than benefit from such Law. But if a like Law should take place in a Colony, where (as we are inform'd) not above one tenth of the Creditors are resident, and where that small proportion of the whole, both in money & value, might (as under the present Act they

---

465 *Mauch/Ortlepp/Heideking*, Geschichte der USA, S. 33.

466 The Acts and Resolves, Public and Private, of the Province of Massachusetts Bay, Bd. 4, S. 29 ff.

467 The Acts and Resolves, Public and Private, of the Province of Massachusetts Bay, Bd. 4, S. 29, 38 f.

468 *Coleman*, Debtors and Creditors, S. 46; *Russel*, Review of American Colonial Legislation, S. 125 f.

469 The Acts and Resolves, Public and Private, of the Province of Massachusetts Bay, Bd. 4, S. 44.

> might) upon a Commission being issued, get possession of the Bankrupts Effects, and proceed to make a dividend, before the Merchants in England who make the other nine tenths of the Bankrupts Creditors could ever be informed of such Bankruptcy, it is easy to forsee that such a Law can be beneficial to the very small part of the Creditors resident in the Colony only and that the nine tenths of them who reside here would be exposed to frauds and difficulties of every sort and might be greatly injured in their properties."

Nachdem das Gesetz von der Krone abgelehnt worden war, regelte der Gesetzgeber in Massachusetts 1760, dass begonnene Verfahren zu Ende durchzuführen waren und die *discharge* sowie noch auszustellende Konformitätszertifikate ihre Wirkung behalten sollten.[470] Laut *Coleman* erhielten unter dem Gesetz immerhin 45 Bankrotteure eine *discharge*.[471]

Als weiteres Beispiel kann der 1762 in Virginia erlassene *Act for relief of insolvent debtors, for the effectual discovery and more equal distribution of their estates* angeführt werden.[472] Nach diesem Gesetz konnte ein Schuldner ein Verzeichnis seines Vermögens und seiner Gläubiger erstellen, dieses Verzeichnis an mindestens zwei seiner Gläubiger übergeben und vor einem lokalen Gericht in einem Offenbarungseid die Vollständigkeit dieses Vermögens- und Gläubigerverzeichnisses, seine Insolvenz und Redlichkeit beschwören, wobei falsche Angaben als Kapitalverbrechen mit dem Tod bestraft werden sollten.[473] Die Gläubiger, die das Verzeichnis erhielten, sollten die Sicherung der Insolvenzmasse vornehmen und eine erste Gläubigerversammlung organisieren, in der ein oder mehrere *assignee(s)* als Insolvenzverwalter gewählt werden sollten.[474] Am Ende des Verfahrens konnte der Schuldner ein von den *assignees* ausgestelltes und gerichtlich bestätigtes Konformitätszertifikat mit restschuldbefreiender Wirkung erhalten.[475] Eine Zustimmung der Gläubiger zur Restschuldbefreiung war nicht notwendig. Auch dieses Gesetz scheiterte am Widerspruch des Mutterlandes.[476]

---

470 *An Act for finishing such commissions as have begun to be acted upon, and have not been finished, during the continuance in force of the act providing remedy for bankrupts and their creditors*, § 4, The Acts and Resolves, Public and Private, of the Province of Massachusetts Bay, Bd. 4, S. 403, 404.

471 *Coleman*, Debtors and Creditors, S. 46.

472 *Hening*, Statutes at Large (Virginia), Bd. 7, S. 549.

473 *Hening*, Statutes at Large (Virginia), Bd. 7, S. 549 f.

474 *Hening*, Statutes at Large (Virginia), Bd. 7, S. 549, 550 ff.

475 *Hening*, Statutes at Large (Virginia), Bd. 7, S. 549, 561 f.

476 *Coleman*, Debtors and Creditors, S. 196 f.; *Russel*, American Colonial Legislation, S. 125.

Großzügiger als in Bezug auf solche allgemeinen Bankrott- und Insolvenzgesetze war das *Board of Trade* im Hinblick auf Gesetze, die sich inhaltlich und terminologisch enger an die englischen *insolvency laws* anlehnten.[477] Wichtige Kriterien, die sich zugunsten einer Genehmigung solcher Insolvenzgesetze auswirkten, waren laut *Russel* die Kontrolle der Gläubigermehrheit über etwaige Stundungs- oder Erlassvergleiche, eine nur rückwirkende Geltung, Mechanismen, die Gläubiger vor Missbrauch oder Betrug schützten, und vor allem jegliche Vermeidung einer faktischen Benachteiligung englischer Gläubiger, etwa durch eine kurze Verfahrensdauer.[478]

2. Beispiel New York

In New York wurden bis 1755 ausschließlich rückwirkende oder befristete Insolvenzgesetze erlassen, die sich stark an den englischen *insolvency laws* orientierten, indem sie einem inhaftierten Schuldner gegen Aufgabe seines Vermögens und Leistung eines Offenbarungseids die Entlassung aus der Schuldhaft und Haftverschonung für die Zukunft gewährten.[479]

Im Jahr 1755 wurde dann ein zunächst auf 18 Monate befristetes Insolvenzgesetz erlassen, das insolventen Schuldhäftlingen gegen Aufgabe ihres Vermögens bei Zustimmung einer Summenmehrheit von drei Viertel der Gläubiger eine Restschuldbefreiung gewährte:[480]

> „AND be it further Enacted (…) That every such DEBTOR or Debtors giving up his her or their Estate as Aforesaid and Conforming in all things as in and by this Act directed Shall be discharged from all Debts owing by him her or them at the time of the assignment made (…).“

Dieses Gesetz wurde im Zusammenhang mit dem Versuch des Gesetzgebers erlassen, für einen Einzelfall einen Zwangsvergleich durchzusetzen.[481] Wie in England zu Beginn des 18. Jahrhunderts wird auch hier der Einsatz der

---

477 *Russel*, American Colonial Legislation, S. 126 f.

478 *Russel*, American Colonial Legislation, S. 126 f.

479 *Coleman*, Debtors and Creditors, S. 106 ff.

480 *An Act to enable the Creditors of Insolvent Debtors who are willing to give up their Effects to dispose of the Same for the benefit of the Creditors and to release the Said Debtors from Imprisonment* (die *discharge* wurde im Titel nicht erwähnt), The Colonial Laws of New York, Bd. 3, ch. 980, S. 1099, die zitierte Passage zur Restschuldbefreiung findet sich auf S. 1104. Zu diesem Gesetz *Coleman*, Debtors and Creditors, S. 109; *Mann*, Republic of Debtors, S. 55.

481 *Coleman*, Debtors and Creditors, S. 109 mit Fn. 7.

Restschuldbefreiung zur Überwindung eines unbillig vonseiten der Gläubiger versagten Vergleichs bzw. als Substitut für ein fehlendes allgemeines Zwangsvergleichsrecht erkennbar. Über eine Reihe von Folgegesetzen galt die 1755 begründete Systematik zunächst bis 1770.[482] Dann entfiel die Möglichkeit zur *discharge* in den New Yorker Insolvenzgesetzen wieder und das New Yorker Recht gewährte nur noch Haftverschonung.[483] Eine Entschuldung fand entsprechend der bevorzugten Politik der englischen Rechtsaufsicht ausschließlich über personalisierte Einzelfallgesetze statt.[484]

1771 unternahm New York den Versuch, die Restschuldbefreiung auf verstecktem Wege wieder zu ermöglichen. Erlassen wurde ein Gesetz, welches klarstellte, dass Insolvenzgläubiger nicht in den Neuerwerb von Insolvenzschuldnern vollstrecken durften, die unter dem Insolvenzgesetz von 1770 Haftverschonung genossen. Die Gewährung der Haftverschonung nach dem Insolvenzgesetz von 1770 sollte damit praktisch auch die Gewährung einer Restschuldbefreiung umfassen:[485]

> „(…) AND BE IT ENACTED (…) That nothing in that Act ['for the Relief of Insolvent Debtors within the Colony of New York with respect to the Imprisonment of their Persons'] shall be construed to impower any Creditor or Creditors of such Prisoner or Prisoners so discharged (…) to take out new Executions against Lands, Tenements, Heriditaments, Goods or Chattels (…) such Prisoner or Prisoners shall or may acquire after his her or their Discharge (…)."

Dieser Versuch der mittelbaren Einführung einer Restschuldbefreiung wurde vom *Board of Trade* nicht akzeptiert und das Gesetz scheiterte.[486]

Der Unabhängigkeitskrieg von 1775 bis 1783 führte vielerorts zu wirtschaftlichen Schwierigkeiten. Auch in New York gerieten mehr und mehr Schuldner in die Insolvenz.[487] *Coleman* weist darauf hin, dass um die Zeit der Revolution, zu der sich die Kolonien auch von den englischen Restriktionen im Hinblick auf ihre Gesetzgebungsbefugnisse befreiten, mehr Gesetze zur Restschuldbefreiung als in der gesamten Phase der Kolonialzeit zuvor erlassen wurden.[488]

---

482 *Coleman*, Debtors and Creditors, S. 109 ff.; *Mann*, Republic of Debtors, S. 60.

483 *Act for the Relief of Insolvent Debtors within the Colony of New York with respect to the Imprisonment of their Persons*, The Colonial Laws of New York, Bd. 5, ch. 1463, S. 120 ff.

484 *Coleman*, Debtors and Creditors, S. 112 ff.

485 The Colonial Laws of New York, Bd. 5, ch. 1480, S. 195 f.

486 *Coleman*, Debtors and Creditors, S. 113.

487 *Coleman*, Debtors and Creditors, S. 114 f., 123.

488 *Coleman*, Debtors and Creditors, S. 272.

Im Jahr 1784 erließ New York ein Insolvenzgesetz, nach dem Schuldner, die im April 1784 wegen Schulden inhaftiert waren, gegen Aufgabe ihres Vermögens Haftverschonung und eine Restschuldbefreiung erhielten.[489] Eine Zustimmung der Gläubiger war dazu nicht erforderlich. Die Anwendbarkeit dieses Gesetzes wurde schließlich auf insolvente Schuldner ausgedehnt, die im November 1784 inhaftiert waren.[490] Das Gesetz wurde des Weiteren auf eine Reihe namentlich genannter Schuldner für anwendbar erklärt, die nicht inhaftiert waren. Die Restschuldbefreiung dieser namentlich genannten Schuldner setzte allerdings die Zustimmung einer Summenmehrheit von zwei Drittel der Gläubiger voraus,[491] was praktisch der Regelung eines Zwangsvergleichs entspricht.

1786 wurde ein Insolvenzgesetz erlassen, das eine Restschuldbefreiung ermöglichte, wenn ein insolventer Schuldner, der nicht inhaftiert sein musste,[492] zusammen mit einer Summenmehrheit von drei Viertel seiner Gläubiger einen entsprechenden Antrag stellte.[493] Das Gesetz sollte ausweislich der Präambel verhindern, dass einzelne Gläubiger einen Schuldenerlass verhindern konnten, zu dem die Mehrheit der Gläubiger gegen Aufgabe des Schuldnervermögens bereit war:[494]

> „Wheras insolvent debtors, who in order to obtain a general discharge, are willing to deliver up all their effects to their creditors, are often prevented from doing it by a few of them, to the great prejudice of the rest, and to the injury of trade; therefore, Be it enacted (…).“

Dieses Gesetz wurde zwar 1788 wieder aufgehoben,[495] jedoch unmittelbar durch den sehr viel detaillierteren *Act giving relief in cases of insolvency* ersetzt.[496] Das Prinzip des Vorgängers, mit Zustimmung einer Summenmehrheit der Gläubiger von drei Viertel eine Restschuldbefreiung beantragen und erhalten zu können, blieb bestehen.[497] Die Präambel glich inhaltlich dem Gesetz von 1786, nannte

489 Vgl. *Schreiber*, DePaul Buss. Comm. L.J. 2 (2003), 165, 169.

490 Act of November 24, 1784, ch. 14, 2 Laws of the State of New York (1886), 27.

491 Act of November 24, 1784, ch. 14, 2 Laws of the State of New York (1886), 27, 29.

492 War der Schuldner inhaftiert, kam er zusätzlich frei, siehe Act of April 13, 2 Laws of the State of New York (1886), 242, 243.

493 Act of April 13, 1786, ch. 34, 2 Laws of the State of New York (1886), 242, 246.

494 Act of April 13, 1786, ch. 34, 2 Laws of the State of New York (1886), 242.

495 Act of February 8, 1788, ch. 29, 2 Laws of the State of New York (1886), 639.

496 Act of March 21, 1788, ch. 92, 2 Laws of the State of New York (1886), 823; *Coleman*, Debtors and Creditors, S. 123.

497 Act of March 21, 1788, ch. 92, 2 Laws of the State of New York (1886), 823, 826.

jedoch ausdrücklich den ehrlichen, aber glücklosen Insolvenzschuldner als Adressaten:[498]

> „Whereas many of the creditors of unfortunate, but honest insolvent debtors, incline to give such debtors a general discharge, on the delivery of their effects, but are prevented in their humane intentions, by some of the creditors, to the injury of the rest, and to the prejudice of trade; for remedy whereof, Be it enacted (…)."

Auch nach 1788 behielt New York das Dreiviertelprinzip zunächst bei. 1801 wurde das Gesetz von 1788 überarbeitet, wobei das Dreiviertelprinzip aber beibehalten wurde (das Insolvenzgesetz von 1788, auch i. d. F. von 1801, wurde daher auch als „*Three-Fourth-Act*" bezeichnet).[499] Von 1811 bis 1813 wurde auf eine Gläubigerzustimmung ganz verzichtet, 1813 wurde ein Zweidrittelprinzip eingeführt.[500] Das Gesetz von 1813 wurde daher auch „*Two-Thirds-Act*" genannt.[501] Dieses Prinzip galt in New York schließlich bis Ende des 19. Jahrhunderts.

3. Beispiel South Carolina

Als zweites Beispiel zur Untersuchung der frühen US-amerikanischen Rezeption englischer Bankrott- und Insolvenzgesetze soll das Recht von South Carolina als eine der südlichen Kolonien dienen. In den Gesetzen von South Carolina wird deutlich, dass Entschuldungsmechanismen in den Kolonien flexibel genutzt wurden, um mit den individuellen Herausforderungen vor Ort umzugehen. Die Kolonie South Carolina regelte 1721, dass sich ein inhaftierter, insolventer Schuldner, dessen Gläubiger mindestens 40 Schilling einklagten und der kein Handwerk beherrschte, um diese Schuld abzuarbeiten, durch einen Offenbarungseid vor einem Richter von der eingeklagten Forderung (und von den von ihm zu tragenden Gerichtskosten) befreien konnte.[502] Diese Regelung war ausdrücklich gegen die leichtfertige Vergabe von Krediten an Siedler gerichtet, die letztlich dazu führe, dass die Moral der Siedler verdorben werde, die Siedler sich überschulden und schließlich aus Angst vor Personalexekution aus der Kolonie fliehen würden, wodurch ihre Arbeitskraft der Kolonie nicht mehr zur Verfügung stehe:[503]

---

498 Act of March 21, 1788, ch. 92, 2 Laws of the State of New York (1886), 823.

499 Vgl. die Anmerkung bei 1813 Laws of the State of New York, Bd. 1, S. 460.

500 Act of April 12, 1813, ch. 98, 1813 Laws of the State of New York, Bd. 1, S. 460.

501 *Coleman*, Debtors and Creditors, S. 123.

502 *An Act for establishing County and Precinct Courts*, § 31, *McCord*, The Statutes at Large of South Carolina, Bd. 7, No. 473, S. 166, 174.

503 *McCord*, Statutes at Large of South Carolina, Bd. 7, No. 473, S. 166, 174.

„And *whereas*, by reason of the credit usually given in this Province, divers careless persons spent their time in punch-houses, &c., instead of betaking themselves to labor, and also run themselves in debt in country stores much beyond what they are able to pay, and then make their escape to North Carolina, and other parts of America, for fear of arrest and lying in prison, whereby the persons so trusting are greatly defrauded, idleness greatly encouraged, and the country deprived of the benefit of the labor of such persons, and of their service in the war against the public enemy; to the intent therefore that persons may be more cautious in giving such credit for the future, and to prevent the desertion of such poorer sort of people, which is so great a prejudice to this Province; *Be it therefor enacted* (…)."

Besonders deutlich und mit zusätzlicher Betonung der Notwendigkeit, die Grenzen der Kolonie gegen Franzosen, Spanier und Indianerstämme verteidigen zu können, kam dies nochmals in einem 1723 erlassenen *Act for the relief of Poor Debtors* gleichen Inhalts zum Ausdruck:[504]

„WHEREAS, the strength and welfare of all countries (under God) consists in the number of its free inhabitants, especially in this Province, which is a frontier, and lies more exposed to the incursions of the French and Spaniards, and their numerous Indians, than any other of his Majesty's Colonies: And whereas many of the white men in this Province are daily deserting this Settlement upon account of their debts, not beeing able to satisfy their creditors, which if not timely prevented will be of the utmost ill consequence, by rendering of us less capable of withstanding of our foreign and domestic enemies; for the preventing of so great an evil, we therefore pray your most sacred majesty that it may be enacted, (…)."

South Carolina sah sich in einer Situation, in der es sich nicht erlauben konnte, dass Arbeitskräfte und Soldaten durch die Flucht vor der Inhaftierung durch Gläubiger aus der Kolonie flohen.

Im Laufe des 18. Jahrhunderts ging South Carolina weiterhin flexibel mit Entschuldungsmechanismen im Insolvenzrecht um. Ab 1744 konnten Schuldhäftlinge gegen Vermögensaufgabe eine volle Restschuldbefreiung erhalten.[505] Ab 1745 konnten Gläubiger im Insolvenzverfahren über das Vermögen eines inhaftierten Insolvenzschuldners ablehnen, bei der Vermögensverteilung berücksichtigt zu werden. Dem Schuldner wurde dann eine Restschuldbefreiung erteilt, die aber gegenüber den Gläubigern, die an der Verteilung des Schuldnervermögens nicht teilnahmen, nicht wirksam war.[506] 1751 gab South Carolina dieses „*Opt-out*-System" allerdings wieder auf, setzte zur Erteilung einer Restschuldbefreiung

504 *McCord*, Statutes at Large of South Carolina, Bd. 3, No. 459, S. 173.
505 *McCord*, Statutes at Large of South Carolina, Bd. 3, No. 717, S. 640 ff., §§ 1 f.
506 *McCord*, Statutes at Large of South Carolina, Bd. 3, No. 734, S. 662 f., § 1.

aber nun die Zustimmung einer Dreiviertelmehrheit der Gläubiger nach Summe und Köpfen und eine Befriedigungsquote von mindestens 50 % voraus.[507] 1759 kehrte South Carolina dann wiederum zum „*Opt-out*-System" von 1745 zurück.[508] Gläubigern, die sich gegen die Teilnahme an der Vermögensliquidation entschieden, stand es frei, frühestens nach zwölf Monaten in etwaigen Neuerwerb des Schuldners zu vollstrecken.[509] Dieses System blieb über die Unabhängigkeit hinaus in Kraft.[510]

4. US-Verfassung

In die Verfassung der Vereinigten Staaten wurden zwei für die Entwicklung des US-amerikanischen Insolvenzrechts wichtige Klauseln aufgenommen: Art. 1 § 8 cl. 4, die sogenannte *bankruptcy clause*, und Art. 1 § 10 cl. 1, die sogenannte *contract clause*.

a) Bankruptcy clause

Die *bankruptcy clause* ermächtigte den Kongress der Vereinigten Staaten, einheitliche Bankrottgesetze zu erlassen:

> „The Congress shall have Power (...) To establish (...) uniform Laws on the subject of Bankruptcies throughout the United States (...)."

Die Regelung wurde auf Vorschlag von Abgeordneten aus South Carolina am 3. September 1787 in den Entwurf der Verfassung für die Vereinigten Staaten aufgenommen.[511]

Dementsprechend wurde die *bankruptcy clause* auf dem Verfassungskonvent im Jahr 1787 offenbar nicht ernsthaft infrage gestellt. Erwähnung findet stets nur eine Gegenstimme, die vom Abgeordneten Roger Sherman aus Connecticut stammte. Dieser befürchtete, es könne zur Androhung der Todesstrafe gegenüber Bankrotteuren kommen, wie es in England zu dieser Zeit noch der Fall war.[512] Ein solcher „Missbrauch" der Gesetzgebungskompetenz wurde jedoch

---

507 *McCord*, Statutes at Large of South Carolina, Bd. 3, No. 785, S. 731 f., § 2.

508 *McCord*, Statutes at Large of South Carolina, Bd. 4, No. 882, S. 86 ff., § 1.

509 *McCord*, Statutes at Large of South Carolina, Bd. 4, No. 882, S. 88 f., § 2.

510 *Coleman*, Debtors and Creditors, S. 184.

511 *Olmstead*, Harv. L. Rev. 15 (1902), 829, 831 merkt an, dass diese Abgeordneten wohl aufgrund ihrer juristischen Ausbildung in einem der *Inns of Court* in Temple in London mit dem englischen Recht des Bankrottverfahrens vertraut waren.

512 Dazu oben B. IV. 1. b).

für unwahrscheinlich gehalten.[513] Die Gegenstimme des Abgeordneten Roger Sherman wird teils auch darauf zurückgeführt, dass Connecticut einen Konflikt zwischen dem damals bestehenden eigenen Bankrottgesetz mit einem Bankrottgesetz auf Bundesebene vermeiden wollte.[514]

Vor der Ratifizierung des Verfassungsentwurfs im Staat New York wurde dort noch über einen Zusatz diskutiert, der die Gesetzgebungskompetenz der *bankruptcy clause* ausdrücklich auf den Erlass von Bankrottgesetzen als Sonderrecht für Kaufleute beschränken und den Einzelstaaten explizit erlauben sollte, weiterhin allgemeine Insolvenzgesetze zu erlassen.[515] Dies erklärt sich vor dem Hintergrund, dass New York das eigene Insolvenzrecht nicht in Bankrottgesetzen mit einem auf Kaufleute beschränkten Anwendungsbereich, sondern in Insolvenzgesetzen regelte.[516] Auch der Staat New York ratifizierte die Verfassung jedoch ohne einen solchen Zusatz.

Madison hat die Notwendigkeit eines nationalen Bankrottgesetzes nach englischem Vorbild und einer entsprechenden Gesetzgebungskompetenz des Bundes in den *Federalist Papers* 1788 vor dem Hintergrund der föderalen Staatsarchitektur der Vereinigten Staaten als wirtschafts- und handelsrechtliche Selbstverständlichkeit dargestellt:[517]

> „The power of establishing uniform laws of bankruptcy is so intimately connected with the regulation of commerce, and will prevent so many frauds where the parties or their property may lie or be removed into different States, that the expediency of it seems not likely to be drawn into question."

Inhaltlich stand die *bankruptcy clause* in engem Zusammenhang mit Art. 1 § 8 cl. 3, der sogenannten *commerce clause*, die dem Kongress generalklauselartig die Gesetzgebungskompetenz für die wirtschafts- bzw. handelsrechtliche Regelung des Außenhandels, des interstaatlichen Handels und des Handels mit Indianerstämmen zuwies. Kurioserweise wurde die *bankruptcy clause* aber nicht dort, sondern in derselben Klausel wie das Staatsangehörigkeitsrecht geregelt.[518]

---

513 *Frimet*, Comm. L.J. 96 (1991), 160, 164.

514 *Frimet*, Comm. L.J. 96 (1991), 160, 164.

515 *Warren*, Bankruptcy in United States History, S. 7 f.

516 Dazu oben C. I. 2.

517 *Madison*, The Federalist, 42, zitiert nach *Goldman*, The Federalist Papers, S. 213.

518 *Lubben*, Case W. L. Rev. 64 (2013), 319, 322.

b) *Contract clause*

Neben der *bankruptcy clause* hatte die *contract clause*, Art. 1 § 10 cl. 1 der Verfassung, entscheidenden Einfluss auf die US-amerikanische Gesetzgebung auf dem Gebiet des Insolvenzrechts. Die *contract clause* verbot den Mitgliedsstaaten der Union, Gesetze zu erlassen, die vertraglich begründete Schuldverhältnisse beeinträchtigten:

> „No State shall (…) pass any (…) Law impairing the Obligation of Contracts (…).“

Die Aufnahme dieser Klausel sollte verhindern, dass die Einzelstaaten durch rückwirkende Gesetze in bestehende Vertragsbeziehungen eingriffen. Die *contract clause* wurde als Reaktion auf die teils großzügige Gewährung von Restschuldbefreiungen in Form von rückwirkenden Einzelfallgesetzen (*private relief*)[519] und dem Erlass allgemeiner Stundungsgesetze (*stay-laws*)[520] in der Gesetzgebungspraxis der Einzelstaaten nach der Unabhängigkeitserklärung interpretiert.[521] Diese Praxis der Einzelstaaten untergrub das Vertrauen in die Rechtssicherheit und schadete der Wirtschaft sowie der Kreditvergabe.[522]

Auf dem Kongress zur Ausarbeitung der Verfassung scheiterte ein Antrag, ein solches Verbot zum Eingriff in vertragliche Verpflichtungen auch für die Ebene des Bundesgesetzgebers aufzunehmen.[523] Interessant ist in dieser Hinsicht, dass

---

519 *Levine*, Loy. L.A. L. Rev. 12 (1979), 927, 928.

520 Die Einzelstaaten erließen jedoch auch im 19. Jahrhundert noch *stay-laws*, wenn wirtschaftliche Krisenzeiten es erforderten, vgl. dazu insgesamt *Warren*, Bankruptcy in United States History, S. 146 ff.

521 *Madison* schrieb in den Federalist Papers (The Federalist, 44, zitiert nach *Goldman*, The Federalist Papers, S. 223): „Our own experience has taught us, nevertheless, that additional fences against these dangers ought not to be omitted. Very properly, therefore, have the convention added this constitutional bulwark in favor of personal security and private rights (…).“ Vgl. dazu auch die Ausführungen des Chief Justice *Marshall* im Fall *Odgen v. Saunders*, 25 U.S. (12 Wheat.) 213, 354 f. (1827): „The power of changing the relative situation of debtor and creditor, of interfering with contracts, (…) had been used to such an excess by the State legislatures, as to break in upon the ordinary intercourse of society, and destroy all confidence between man and man. The mischief had become so great, so alarming, as not only to impair commercial intercourse, and threaten the existence of credit, but to sap the morals of the people, and destroy the sanctity of private faith. To guard against the continuance of the evil (…) was one of the important benefits expected from a reform of the government.“ Vgl. dazu: *Levine*, Loy. L.A. L. Rev. 12 (1979), 927, 928 f.

522 *Levine*, Loy. L.A. L. Rev. 12 (1979), 927, 928.

523 *Warren*, Bankruptcy in United States History, S. 5 f.

die Verfassung der Konföderierten Staaten vom 11. März 1861 ein derartiges Rückwirkungsverbot im Zusammenhang mit der Gesetzgebungskompetenz zum Erlass von Bankrottgesetzen vorsah:[524]

> „The Congress shall have power (...) to establish (...) uniform laws on the subject of bankruptcies, throughout the Confederate States; but no law of Congress shall discharge any debt contracted before the passage of the same."

Die *bankruptcy clause* und die *contract clause* führten zu einer Reihe verfassungsrechtlicher Fragen mit Implikationen für das Insolvenzrecht und die Restschuldbefreiung auf einzel- und bundesstaatlicher Ebene, auf die in der folgenden Darstellung der Entwicklung des US-amerikanischen Insolvenzrechts im 19. Jahrhundert eingegangen wird.

II. US Bankruptcy Act 1800

Im Bundesrecht der Vereinigten Staaten begann die Geschichte des *bankruptcy law* und der *bankruptcy discharge* mit dem *US Bankruptcy Act 1800.* Inhaltlich handelte es sich bei diesem Gesetz im Wesentlichen um eine Kopie des Ende des 18. Jahrhunderts geltenden englischen Bankrottverfahrens. Die bundesrechtliche *bankruptcy discharge* entsprach dem englischen Ausgangsmodell der *bankruptcy discharge.* Die Geschichte des Erlasses des *US Bankruptcy Act 1800* wurde bereits von zwei wichtigen Einflüssen geprägt, die sich durch die gesamte Geschichte der US-amerikanischen Bankrottgesetze bis Ende des 19. Jahrhunderts zogen: den politischen Grundlagenstreit zwischen den Interessen der Nord- und Südstaaten und den möglichen Einsatz der Bankrottgesetze als rückwirkende bundesrechtliche Krisenintervention, die die Einzelstaaten aufgrund der *contract clause* in dieser Form nicht leisten konnten.

1. Nationale Bankrottgesetze und politischer Grundlagenstreit

Die Frage des Erlasses und der Ausgestaltung nationaler Bankrottgesetze wurde von Beginn an zu einem der Bereiche, in denen politische Grundsatzfragen zwischen den zunächst dominierenden *Federalists* und den *Jeffersonian-Democrats* (oder *Anti-Federalists*) um die föderale Machtbalance zwischen den Einzelstaaten und der Zentralgewalt und die wirtschaftliche Ausrichtung der jungen Vereinigten Staaten diskutiert wurden. Während die in den Nordstaaten starken *Federalists* eine starke Zentralgewalt und eine Ausrichtung der Vereinigten Staaten

524 Zitiert nach *Warren*, Bankruptcy in United States History, S. 6.

als Wirtschafts- und Handelsnation favorisierten, strebten die in den Südstaaten starken *Jeffersonian-Democrats* eine lose Union mit weitgehend eigenständigen, starken Einzelstaaten an. Wirtschaftspolitisch standen sie für das Modell einer von der Agrarwirtschaft geprägten Republik, die der Plantagenwirtschaft der Südstaaten entsprach. Dieser politische Grundlagenstreit hatte die Diskussion um die Ratifikation der Verfassung von Beginn an bestimmt.[525]

Bereits der erste Kongress der Vereinigten Staaten von 1789 richtete einen Ausschuss zur Ausarbeitung eines nationalen Bankrottgesetzes ein.[526] Obwohl dieser Ausschuss empfahl, das Thema der Bankrottgesetzgebung zunächst zu vertagen, und darauf hinwies, dass zum aktuellen Zeitpunkt die Insolvenz- und Bankrottgesetze der Einzelstaaten ausreichend seien,[527] kam es immer wieder zu Anträgen und Vorlagen für ein nationales Bankrottgesetz.[528]

Von den *Federalists* wurde ein nationales Bankrottgesetz als wichtiger Baustein der politischen und wirtschaftlichen Einigung der jungen Nation angesehen. Ein nationales Bankrottgesetz bedeutete Rechtsvereinheitlichung und Rechtssicherheit für den interstaatlichen Handel. Ein Zitat zu einem aus den 1790er-Jahren stammenden Entwurf eines Bankrottgesetzes aus einer Rede von *James A. Bayards*, der *Federalist* und Abgeordneter im Repräsentantenhaus für Delaware war, illustriert diese politische Agenda:[529]

> „This [national bankruptcy] law (…) would also have an effect to unite and nationalize the United States and its permanent operation will cement together the different parts of the Union and connect more closely the Nation with the Federal Government."

Für die *Federalists* in den nördlichen Bundesstaaten war ein nationales Bankrottgesetz zudem ein Mittel, um die Ursachen und Auswirkungen von überzogenen und unredlichen Spekulationen und Wirtschaftskrisen in den Griff zu bekommen. Dieser Ansatz kommt im folgenden rhetorisch zugespitzten Kommentar des Abgeordneten des Repräsentantenhauses, *Harrison Gray Otis* aus Massachusetts, zu einem Gesetzesentwurf von 1797 zum Ausdruck:[530]

---

525 *Mauch/Ortlepp/Heideking*, Geschichte der USA, S. 74 ff.

526 *Warren*, Bankruptcy in United States History, S. 10.

527 *Warren*, Bankruptcy in United States History, S. 10; *Noel*, History of the Bankruptcy Law, S. 125.

528 *Frimet*, Comm. L.J. 96 (1991), 160, 166; *Warren*, Bankruptcy in United States History, S. 12 f.

529 *Warren*, Bankruptcy in United States History, S. 18.

530 Zitiert nach *Warren*, Bankruptcy in United States History, S. 17.

„Misfortune, enterprise, speculation and a spirit of overtrading have involved thousands in ruin (...). Men fail for millions and though these great leviathans of speculation, after sunk in the ocean for a time, may rise again and revel on the surface, yet the widows and orphans, the fair merchants, indostrious tradesmen, and credulous friends, who are involved in the same whirpool, rise no more. To prevent these mischiefs, we should give to creditors a control over the property of their debtors, so as to stop the fraudulent in their careers, and we should rescue the honest and unfortunate insolvent from the opression of a vindicative creditor."

Ein Bankrottgesetz disziplinierte nach dieser Ansicht betrügerische Schuldner, indem es den Gläubigern die Kontrolle über das Schuldnervermögen gab. Gleichzeitig befreite es redliche Schuldner – die hier als Opfer leichtfertiger und skrupelloser Spekulanten dargestellt wurden – von den Auswirkungen wirtschaftlicher Unglücksfälle.

Aus Sicht der *Jeffersonian-Democrats*[531] bedeutete ein nationales Bankrottgesetz eine Stärkung des Justizapparats des Bundes und eine Verlagerung von Kompetenzen zulasten der Einzelstaaten, der sie grundsätzlich ablehnend gegenüberstanden.[532] Ein nationales Bankrottgesetz wurde zudem von den Plantagenbesitzern und der Pflanzeraristokratie des Südens, insbesondere in Virginia, abgelehnt, weil die Plantagenbesitzer ihr Land vor der Beschlagnahme und Vollstreckung im Bankrottverfahren schützen wollten. Das Recht von Virginia ließ die Vollstreckung in Grundstücke ähnlich wie das englische Recht grundsätzlich nicht zu. Bankrottgesetze wurden als zentralstaatlicher Eingriff in das auf einzelstaatlicher Ebene geregelte Grundstücks- und Zwangsvollstreckungsrecht gesehen.[533] Vor diesem Hintergrund kritisierte *Thomas Jefferson*, der selbst Plantagen in Virginia besaß, den Entwurf eines nationalen Bankrottgesetzes, über den 1792 debattiert wurde:[534]

„A bankrupt bill is brought in, in such form as to render almost all the landholders of this State liable to be declared bankrupts. It assumes a right of seizing and selling lands. Hitherto, we had imagined the General Government could not meddle with the title to lands."

531 Die damals auch als *Republicans* bezeichnet wurden. Siehe zur Entwicklung des Parteiensystems im Überblick *Mauch/Ortlepp/Heideking*, Geschichte der USA, S. 131.

532 *Friedman*, History of American Law, S. 199.

533 *Warren*, Bankruptcy in United States History, S. 16.

534 Zitiert nach *Warren*, Bankruptcy in United States History, S. 16.

Ähnlich wie bereits der englische Adel im 16. Jahrhundert versuchte nun die Pflanzeraristokratie der amerikanischen Südstaaten, ihren Landbesitz und den daraus generierten Wohlstand vor den Bankrottgesetzen zu schützen.[535]

In diesem politischen Spannungsfeld kam im Jahr 1800 das erste nationale Bankrottgesetz auf Bundesebene zustande. Getragen wurde das Gesetz allerdings nur von einer knappen Mehrheit der im Kongress dominierenden *Federalists*. Im Repräsentantenhaus wurde es mit nur einer Stimme Mehrheit (49 zu 48) und im Senat mit 16 zu 12 Stimmen beschlossen.[536] Ein Antrag, das Gesetz so auszugestalten, dass Landwirte und einige andere Berufsgruppen nicht in dessen Anwendungsbereich fielen, wurde noch kurz vor Erlass des Gesetzes im Senat abgelehnt.[537]

2. Zusammenhang mit Wirtschaftskrisen in den 1790er-Jahren

Neben dem politischen Grundlagenstreit um die Ausgestaltung des Föderalismus und die wirtschaftliche Ausrichtung der Vereinigten Staaten, der die Frage des Erlasses und der Ausgestaltung eines nationalen Bankrottgesetzes von Beginn an beeinflusste, wurde bereits beim *US Bankruptcy Act 1800* ein zweiter Zusammenhang erkennbar, der sich durch die gesamte Geschichte der US-amerikanischen Bankrottgesetze des 19. Jahrhunderts zog: der Zusammenhang mit vorausgehenden Wirtschaftskrisen. Bereits das erste der Bankrottgesetze erscheint – zumindest auch – als eine kurzfristige zentralstaatliche Intervention zur Lösung einer wirtschaftlichen Krise. Zumindest war das Gesetz ohne diesen Aspekt offenbar nicht mehrheitsfähig.

In den 1790er-Jahren platzten zwei Spekulationsblasen, was zu einer Wirtschaftskrise und zu zahlreichen Insolvenzen von Grundstücksspekulanten und Unternehmern führte.[538] Eine Konfrontation mit Frankreich im Jahr 1799 führte zudem zum sogenannten „Quasikrieg" der Vereinigten Staaten gegen Frankreich. Dabei kam es zu kleineren Seegefechten und amerikanische Handelsschiffe wurden von Franzosen aufgebracht, gekapert und konfisziert.[539] Dadurch erlitten amerikanische Kaufleute zusätzliche Verluste, was die Waagschale in

535 Dazu oben B. II. 1. d) bb).
536 *Warren*, Bankruptcy in United States History, S. 19.
537 *Noel*, A History of the Bankruptcy Law, S. 129.
538 *Frimet*, Comm. L.J. 96 (1991), 160, 166 f.; *Warren*, Bankruptcy in United States History, S. 10 f., 12 f.
539 *Mauch/Ortlepp/Heideking*, Geschichte der USA, S. 83 f.

der politischen Auseinandersetzung zugunsten des Vorhabens eines nationalen Bankrottgesetzes neigte.[540]

Der Charakter des Gesetzes als Reaktion auf eine Wirtschaftskrise wird zudem dadurch belegt, dass im Repräsentantenhaus ein Antrag scheiterte, der die Anwendbarkeit des Gesetzes und damit der *discharge* ausdrücklich auf nach seinem Erlass entstandene Schulden beschränken sollte.[541] Das Projekt eines nationalen Bankrottgesetzes wurde so von Beginn an eng mit der Überwindung einer Wirtschaftskrise verknüpft. Von den Schuldnern wurde der Erlass des Gesetzes schließlich auch entsprechend als Chance zur Entschuldung aufgefasst und teils gefeiert.[542]

3. Inhalt des Bankruptcy Act 1800

Während sich die Insolvenz- und Bankrottgesetze der Einzelstaaten in vielen Punkten von englischen Vorbildern unterschieden, orientierte sich der *Act to establish a uniform System of Bankruptcy throughout the United States* vom 4. April 1800[543] in Aufbau und Inhalt fast eins zu eins am Bankrottverfahren, wie es sich im 18. Jahrhundert in England etabliert hatte.[544] Die bestehenden Insolvenzgesetze der Einzelstaaten erkannte das Bankrottgesetz in Anlehnung an den englischen Dualismus von *bankruptcy* und *insolvency laws* an: Es enthielt eine Regelung, nach der es dem Insolvenzrecht der Einzelstaaten nur dann vorgehen sollte, wenn ein Schuldner klar vom Anwendungsbereich des Bankrottgesetzes erfasst wurde.[545]

Die Administration des Bankrottverfahrens lag in den Händen von Bankrottkommissionen, die von Bundesrichtern an den *District Courts* zu benennen waren. Wie im englischen Verfahren hatten die Bankrottkommissionen weitreichende Befugnisse, wobei allerdings einige wenige Kompetenzen zu intensiveren Eingriffen in die Rechte des Schuldners bei den Bundesrichtern

540 *Frimet*, Comm. L.J. 96 (1991), 160, 168 f.; *Warren*, Bankruptcy in United States History, S. 18 f.

541 *Warren*, Bankruptcy in United States History, S. 19.

542 Vgl. *Mann*, Republic of Debtors, S. 1 f.

543 Act of April 4, 1800, 2 Stat. 19.

544 *Tabb*, Am. Bankr. L.J. 65 (1991), 325, 345 merkt an, dass dies auch der damals vorherrschenden Interpretation der *bankruptcy clause* entsprach.

545 Act of April 4, 1800, § 61, 2 Stat. 19, 36. Maryland erließ aufgrund dieser Regelung sogar ein eigenes Gesetz als Alternative für insolvente Schuldner, vgl. *Lubben*, Case W. L. Rev. 64 (2013), 319, 346.

verblieben.[546] Entsprechend dem englischen Vorbild konnte ein Bankrottverfahren nur auf Antrag eines Gläubigers oder mehrerer Gläubiger eröffnet werden, wenn der Schuldner Kaufmann im Sinne des Bankrottgesetzes war und mindestens eine der im Gesetz ausdrücklich genannten Bankrotthandlungen verwirklicht hatte.[547] Zu den Bankrotthandlungen gehörten wie im englischen Recht auch Varianten der rein objektiv qualifizierten Nichtzahlung, etwa die Inhaftierung des Schuldners im Rahmen der Personalexekution über mindestens zwei Monate oder die Nichtzahlung trotz Arretierung von Vermögensgegenständen zur Sicherung der Ansprüche eines Gläubigers.[548] Beantragte ein Gläubiger ein Bankrottverfahren, musste er Forderungen von mindestens 1.000 Dollar gegen den Schuldner geltend machen, zwei Gläubiger mussten gemeinsam mindestens 1.500 Dollar, mehr als zwei Gläubiger mindestens 2.000 Dollar einfordern.[549]

Eine *bankruptcy discharge* konnte der Schuldner wie nach dem englischen Vorbild über die Ausstellung und Bewilligung eines Konformitätszertifikats erhalten. Dieses wurde von der Bankrottkommission ausgestellt und von einem Bundesrichter bestätigt, wenn der Schuldner sich im Verfahren gesetzeskonform und kooperativ verhalten hatte, das heißt, wenn er insbesondere seine Vermögensverhältnisse vollständig, freiwillig und wahrheitsgemäß offengelegt hatte.[550] Die Bankrottkommission hatte insoweit einen Ermessensspielraum. Bei einer unsachgemäßen oder gar willkürlichen Versagung des Zertifikats kam es jedoch auf die Bestätigung durch den zuständigen Bundesrichter an.[551] Zu versagen war das Konformitätszertifikat, wenn ein Gläubiger beweisen konnte, dass der Schuldner zur Reduzierung der Quote echter Gläubiger fiktive Forderungen vorgetäuscht oder im Jahr vor der Bankrotterklärung bestimmte Summen durch Glücksspiel oder Wetten verloren hatte.[552]

---

546 Act of April 4, 1800, § 20, ch. 19, 2 Stat. 19, 27 enthält etwa die Ermächtigung zum Aufbrechen von Türen und sonstigen privaten Verstecken.

547 Act of April 4, 1800, § 1, 2 Stat. 19 ff.

548 Act of April 4, 1800, § 1, 2 Stat. 19, 21. Anders als im englischen *common law* war der Vermögensarrest in Form des *pre judgment attachement* im US-amerikanischen Recht anerkannt und weit verbreitet, wurde allerdings nicht aus dem *common law* hergeleitet, sondern auf Gesetze gestützt, die es in fast allen Einzelstaaten gab, siehe zu den Anpassungen des Zwangsvollstreckungsrechts in der Kolonialzeit *Riesenfeld*, Mich. L. Rev. 71 (1973), 691 ff.; zum dinglichen Arrest, *Millar*, Civil Procedure of the Trial Court, S. 485 ff.

549 Act of April 4, 1800, § 2, ch. 19, 2 Stat. 19, 21.

550 Act of April 4, 1800, § 34, ch. 19, 2 Stat. 19, 30 f.

551 *Cooper*, American Bankrupt Law, S. 345 f.

552 Act of April 4, 1800, § 37, ch. 19, 2 Stat. 19, 32 f.

Die *bankruptcy discharge* umfasste dabei alle fälligen Schulden, die im Verfahren angemeldet wurden oder deren Anmeldung nach den Regeln des Gesetzes möglich gewesen wäre.[553] Ausgenommen waren nur Forderungen der Vereinigten Staaten und der Einzelstaaten.[554]

Wie im englischen Recht war eine *bankruptcy discharge* nur mit Zustimmung einer doppelt qualifizierten Gläubigermehrheit möglich. Zwei Drittel der Gläubiger mussten das Konformitätszertifikat unterschreiben. Zusammen mussten die Forderungen der zustimmenden Gläubiger zudem mindestens zwei Drittel der Summe aller im Bankrottverfahren gegen den Bankrotteur geltend gemachten Forderungen repräsentieren. Berücksichtigt wurden allerdings nur die Unterschriften von Gläubigern, deren jeweilige Forderungen mindestens 50 Dollar betrugen.[555]

Prozessual musste der entschuldete Bankrotteur seine *bankruptcy discharge* in Folgeprozessen als Einrede (*affirmative defense*) selbst geltend machen, wobei die Vorlage des Konformitätszertifikats beweisrechtlich eine widerlegbare Vermutung (*prima facie evidence*) zugunsten der Restschuldbefreiung begründete.[556]

Sollte der Schuldner ein zweites Bankrottverfahren durchlaufen, konnte er wie im englischen Recht ab 1732 eine *bankruptcy discharge* nur noch dann erlangen, wenn bei der anschließenden Verteilung seines Vermögens eine Befriedigungsquote von 75 % erzielt wurde. Andernfalls konnte er zwar ein Konformitätszertifikat erhalten, dieses hatte jedoch keine restschuldbefreiende Wirkung, sondern schützte den Bankrotteur nur vor der Personalexekution.[557]

Zudem enthielt das Bankrottgesetz von 1800 im Hinblick auf die Höhe des Selbstbehalts, der dem Schuldner belassen werden musste, eine gestaffelte Regelung. Je höher die im Verfahren erzielte Quote war, desto höher war auch der Selbstbehalt.[558]

---

553 Act of April 4, 1800, § 34, ch. 19, 2 Stat. 19, 30 f.

554 Act of April 4, 1800, § 62, ch. 19, 2 Stat. 19, 36.

555 Act of April 4, 1800, § 36, ch. 19, 2 Stat. 19, 31.

556 Act of April 4, 1800, § 34, ch. 19, 2 Stat. 19, 30 f.

557 Act of April 4, 1800, § 57, ch. 19, 2 Stat. 19, 35. Zum englischen Recht siehe 5 Geo. II. c. 30 (1732), §§ 7 f.

558 Act of April 4, 1800, §§ 34 und 35, ch. 19, 2 Stat. 19, 30 f. und 31: Bei einer Quote von unter 50 % stand die Höhe im Ermessen der Bankrottkommission, sie durfte 3 % des Gesamtvermögens, höchstens aber einen Wert von 300 Dollar nicht überschreiten, bei einer Quote von über 50 % wurden dem Schuldner 5 % des Gesamtvermögens, höchstens jedoch 500 Dollar belassen, bei einer Quote über 75 % wurden dem Schuldner 10 % des Gesamtvermögens, höchstens jedoch 800 Dollar belassen.

Anders als unter den englischen Bankrottgesetzen des 18. Jahrhunderts musste der unkooperative Schuldner unter dem Bankrottgesetz von 1800 nicht mehr befürchten, als Kapitalverbrecher mit dem Tod bestraft zu werden. Legte der Schuldner jedoch spätestens in seiner Anhörung vor der Bankrottkommission unter Eid seine Vermögensverhältnisse nicht vollumfänglich und wahrheitsgemäß offen, drohte ihm als betrügerischer Bankrotteur (*fraudulent bankrupt*) eine Gefängnisstrafe zwischen zwei und zehn Jahren.[559]

4 Aufhebung

Das Bankrottgesetz von 1800 sollte nach fünf Jahren automatisch außer Kraft treten,[560] wurde per Gesetz aber bereits 1803 vorzeitig aufgehoben.[561] Nach der Wahl im Jahr 1800 war es zum ersten Machtwechsel in den Vereinigten Staaten gekommen. Die *Federalists* verloren mit *John Adams* die Präsidentschaftswahlen. 1801 wurde *Thomas Jefferson* zum Präsidenten der Vereinigten Staaten.[562] Der inzwischen ebenfalls von den *Jeffersonian-Democrats* dominierte Kongress tolerierte das Bankrottgesetz der *Federalists* nicht mehr bis zu dessen vorgesehenem Auslaufen.

Das Bankrottgesetz von 1800 galt bei vielen als bloße Maßnahme zur Überwindung einer Krise, das seinen Zweck nun erfüllt hatte.[563] Zudem entstand ein allgemeiner Eindruck, dass die *bankruptcy discharge* durch wohlhabende Schuldner und Spekulanten missbraucht wurde, die sich von Freunden oder wohlgesinnten Gläubigern zu Bankrotteuren erklären ließen, um eine *bankruptcy discharge* zu erhalten und sogleich wieder neue fragwürdige und spekulative Geschäfte zu machen.[564]

559 Act of April 4, 1800, § 21, ch. 19, 2 Stat. 19, 27.

560 Act of April 4, 1800, § 64, ch. 19, 2 Stat. 19, 36.

561 Act of December 19, 1803, ch. 6, 2 Stat. 248.

562 *Mauch/Ortlepp/Heideking*, Geschichte der USA, S. 84 ff.

563 *Noel*, History of the Bankruptcy Law, S. 131 (mit einem Zitat aus *Schouler*, History of the United States, Bd. 1, S. 468): „‚(…) a mere sponge for enabling the debtors to wipe out at their creditors' cost what they owed them.' (…) The law had been passed to relieve a crisis and had served its purpose."

564 Vgl. *Frimet*, Comm. L.J. 96 (1991), 160, 170; sowie *Warren*, Bankruptcy in United States History, S. 19 f., 20 aus der Debatte um diesen Punkt: „We saw men rich today, bankrupt tomorrow, and next day in full business and great style, while the poor farmer or manufacturer who had been ruined by their extravagance must suffer the penalties of the law in a jail." Sowie: „Evils infinitely greater have been inflicted in inconsiderate and fraudulent debtors taking refuge in the provisions of the bankruptcy

Darüber hinaus bestanden weitere vielfältige Gründe für die Unzufriedenheit mit dem Gesetz. Die zuständigen Bundesgerichte waren im bereits großen Staatsgebiet über weite Distanzen verteilt, was lange Anreisen erforderlich machte. Die erzielten Quoten waren niedrig, weil viele Schuldner, gegen die vollstreckt wurde, bereits vermögenslos waren und in Schuldgefängnissen einsaßen.[565] Letzteres führte dazu, dass das Gesetz auch in den Augen zahlreicher Gläubiger keinen großen Wert hatte.[566]

Das Bankrottgesetz von 1800 wurde zudem als für die wirtschaftlichen Verhältnisse der Vereinigten Staaten unpassend angesehen, weil es das englische System kopierte, ohne Rücksicht auf die Erfordernisse vor Ort und die Erfahrungen der Einzelstaaten auf dem Gebiet des Insolvenzrechts zu nehmen.[567]

III. US Bankruptcy Act 1841

1. Gesetzesinitiativen und Diskussion um das freiwillige Bankrottverfahren bis 1827

Mit dem Präsidenten *Thomas Jefferson* und den Mehrheiten der (demokratischen) *Republicans*[568] im Kongress regierten zu Beginn des 19. Jahrhunderts die traditionellen Gegner der Idee eines Bankrottgesetzes auf Bundesebene. In die Zeit des frühen 19. Jahrhunderts fiel zudem die sogenannte *Era of Good Feeling*, eine Phase, in der die Wirtschaft der Vereinigten Staaten prosperierte.[569] Erst mit

---

law than from all the inhumanity exercised by merciless creditors over unfortunate debtors."

565 Vgl. *Countryman*, Comm. L.J. 81 (1976), 226, 228.

566 Vgl. *Frimet*, Comm. L.J. 96 (1991), 160, 171.

567 *Lubben*, Case W. L. Rev. 64 (2013), 319, 345: „In short, this statute ignored the ways in which American insolvency law had already drifted away from English practice in the decades before the American Revolution." *Coleman*, Debtors and Creditors, S. 274: „(...) [T]he bankruptcy law of 1800 had to be abandoned because the English bankruptcy style it embodied raised a storm of protest." Ähnlich *Noel*, History of the Bankruptcy Law, S. 132. Nur die Rechtslage in Pennsylvania entsprach für einige Zeit dem „reinen" englischen Modell, welches zwischen dem unfreiwilligen Bankrottverfahren für Kaufleute mit der Möglichkeit der *bankruptcy discharge* und den freiwilligen *insolvency laws* für jedermann mit der Möglichkeit zur Haftverschonung unterschied, *Frimet*, Comm. L.J. 96 (1991), 160, 165; *Warren*, Bankruptcy in United States History, S. 6.

568 Siehe zur Entwicklung des Parteiensystems im Überblick *Mauch/Ortlepp/Heideking*, Geschichte der USA, S. 131.

569 *Mauch/Ortlepp/Heideking*, Geschichte der USA, S. 98.

dem Ende der *Era of Good Feeling* durch eine Wirtschaftskrise im Jahr 1819 und eine folgende Rezession[570] wurden die Diskussionen um ein Bankrottgesetz auf Bundesebene wieder konkreter.

Vor diesem Hintergrund wurde 1820 der nächste umfangreiche Entwurf für ein neues Bankrottgesetz in den Senat eingebracht.[571] In diesen Entwurf wurde auf Antrag des Senators *Nicholas Van Dyke* aus Delaware eine Regelung aufgenommen, die es jedem inhaftierten Schuldner unabhängig davon, ob er Kaufmann war oder nicht, erlauben sollte, einen Antrag auf Eröffnung eines Bankrottverfahrens zu stellen, um von der Möglichkeit zur *bankruptcy discharge* Gebrauch machen zu können.[572] Dieser Vorschlag markierte den Beginn einer Debatte, die zwei Jahrzehnte und damit bis zum Erlass des Bankrottgesetzes von 1841 dauerte.[573] *Warren* schrieb in seiner Geschichte des US-amerikanischen *bankruptcy law* mit Blick auf diesen Vorschlag:[574]

> „Now, for the first time in the history of the world, legislation was proposed to benefit debtors at large, instead of merely to enable creditors to reach the property of merchants and traders."

Die Generalisierung in dieser Aussage in zeitlicher und inhaltlicher Sicht ist übertrieben. In den Vereinigten Staaten verfolgte unter anderem New York seit der späten Kolonialzeit mit seinen Insolvenzgesetzen ein solches Konzept, zeitweise sogar ohne das Erfordernis der Zustimmung einer Gläubigermehrheit.[575] Neu war aber der Versuch, eine solche Systematik als *bankruptcy law*[576] gestützt auf die Gesetzgebungskompetenz der *bankruptcy clause* der Verfassung zu ermöglichen. Der Vorschlag stellt insoweit jedenfalls einen Bruch mit dem historisch gewachsenen Dualismus des englischen Insolvenzrechts dar. Dieses unterschied zwischen den *insolvency laws*, die auf inhaftierte Schuldner anwendbar waren,

---

570 *Mauch/Ortlepp/Heideking*, Geschichte der USA, S. 102 f.

571 *Warren*, Bankruptcy in United States History, S. 26.

572 *Frimet*, Comm. L.J. 96 (1991), 160, 172; *Warren*, Bankruptcy in United States History, S. 27.

573 *McCoid*, Bankr. Dev. J. 5 (1988), 361, 373 ff. schreibt u. a.: „Van Dyke's voluntary bankruptcy amendment was apparently a bombshell and aroused immediate opposition."

574 *Warren*, Bankruptcy in United States History, S. 27.

575 Dazu oben C. I. 2. Siehe zudem die Restschuldbefreiung nach Art. 107 der Hamburger Falliten-Ordnung vom 31. August 1753, dazu oben Fn. 20.

576 Siehe aber The Acts and Resolves, Public and Private, of the Province of Massachusetts Bay, Bd. 4, S. 29 und oben C. I. 1. zu einem Bankrottgesetz der Kolonie Massachusetts, das einen Schuldnerantrag für jedermann zuließ.

aber keine Entschuldung ermöglichten, und dem *bankruptcy law*, das über die *bankruptcy discharge* zu einer Entschuldung führen konnte, aber zwingend einen Gläubigerantrag und die Kaufmannseigenschaft des Schuldners voraussetzte.

Sieht man Bankrottgesetze aber losgelöst von diesen historisch gewachsenen dogmatischen Voraussetzungen als Maßnahmen der Krisenintervention und Entschuldung, erscheint der Schuldnerantrag als ein logischer Schritt. Hinzu kommt, dass in den US-amerikanischen Kolonien und Einzelstaaten auch *insolvency laws* in der Rechtsfolge neben der in England üblichen Haftverschonung durchaus ebenfalls Entschuldungsmechanismen vorsahen. Diese Kombination dogmatischer Bausteine war in den Vereinigten Staaten somit bereits lange bekannt. Die Forderung nach einem freiwilligen Bankrottverfahren stützte sich zudem auf das Argument, dass ein offiziell ausschließlich als Rechtsbehelf für die Gläubiger konzipiertes Bankrottverfahren ohnehin durch kollusive Absprachen von Schuldnern mit ihnen wohlgesonnenen Gläubigern zu einem „quasifreiwilligen" Bankrottverfahren mutiere.[577] Dieses Problem des „konzertierten Bankrotts" bestand auch in England, wo der Gesetzgeber 1825 mit der Legalisierung dieses Vorgehens reagierte.

Van Dykes Vorschlag eines freiwilligen Bankrottverfahrens führte jedoch zunächst dazu, dass die Gesetzesinitiative als Ganzes abgelehnt wurde. Viele Abgeordnete der Südstaaten lehnten ein Bankrottgesetz auf Bundesebene nach wie vor kategorisch ab, zahlreiche Abgeordnete der Nordstaaten hielten den freiwilligen Schuldnerantrag und den Verzicht auf die Kaufmannseigenschaft als Eröffnungsvoraussetzung in verfassungsrechtlicher Hinsicht für zu gewagt.[578] Befürchtet wurde, dass die Bundesgerichte und der *Supreme Court* diese Abweichungen von den charakteristischen dogmatischen Voraussetzungen des englischen *bankruptcy law* als Überdehnung der Kompetenzzuweisung der *bankruptcy clause* ansehen könnten. Auch zwei weitere Gesetzesinitiativen scheiterten 1822 und 1824 an dem Versuch, einen Schuldnerantrag für jedermann in das Bankrottverfahren zu integrieren.[579]

Leichten Rückenwind erhielt das Konzept eines freiwilligen Bankrottverfahrens durch ein neues englisches Bankrottgesetz von 1825, das erstmals ein

577 *Warren*, Bankruptcy in United States History, S. 34.

578 *Warren*, Bankruptcy in United States History, S. 27.

579 Zum Entwurf von 1822 *Warren*, Bankruptcy in United States History, S. 28. Anders als im Entwurf von 1820 sollte die *bankruptcy discharge* nach diesem Entwurf von der Zustimmung einer Gläubigermehrheit abhängen. Zum Entwurf von 1824 *Frimet*, Comm. L.J. 96 (1991), 160, 173 f.

zumindest mittelbares Antragsrecht für den Schuldner zuließ und somit ein „quasifreiwilliges" Bankrottverfahren schuf:[580] Der Schuldner, der allerdings nach wie vor Kaufmann sein musste, konnte im zuständigen Sekretariat des *Lord Chancellor* über eine schriftliche und von einem Anwalt bestätigte Erklärung seine Zahlungsunfähigkeit anzeigen. Daraufhin wurde eine entsprechende Annonce in der *London Gazette* veröffentlicht. Die Erklärung des Schuldners war daraufhin als *act of bankruptcy* zu werten.[581] Das eigentliche Antragsrecht verblieb zwar allein bei den Gläubigern, das Gesetz von 1825 bestimmte jedoch ausdrücklich, dass ein zwischen dem Schuldner und einem Gläubiger abgesprochenes Vorgehen zur Eröffnung eines Bankrottverfahrens über eine solche Schuldnererklärung zulässig war.[582] Zuvor war dagegen grundsätzlich jede Absprache zur Eröffnung eines Bankrottverfahrens zwischen dem Schuldner und einem Gläubiger als konzertierter Bankrott (*concerted bankruptcy*) von Gerichten als kollusives Verhalten gewertet und ein daraufhin eröffnetes Bankrottverfahren für unwirksam erklärt worden.[583] Über den 1825 geschaffenen Umweg konnte nun auch auf Initiative des Schuldners legal ein Bankrottverfahren eröffnet werden. Weitere sechs Jahre später wurden konzertierte Verfahrenseröffnungen vom englischen Gesetzgeber generell legalisiert.[584]

Die Änderungen im englischen Bankrottverfahren seit 1825 hatten auch Auswirkungen auf die Debatten in den Vereinigten Staaten. Nach den gescheiterten

---

580 *Tabb*, Am. Bankr. L.J. 65 (1991), 325, 354 spricht von einem „quasi-voluntary scheme".

581 6 Geo. IV. c. 16 (1825), § 6: „(…) [I]f any such Trader shall file in the Office of the Lord Chancellor's Secretary of Bankrupts a Decleration in Writing, signed by such Trader, and attested by an Attorney or Solicitor, that he is insolvent or unable to meet his Engagements, the said Secretary of Bankrupts or his Deputy shall sign a Memorandum that such Decleration hath been filed, which Memorandum shall be Authority for the Printer of the *London Gazette* to insert an Advertisement of such Decleration therein; and every such Decleration shall, after such Advertisement inserted as aforesaid, be an Act of Bankruptcy committed by such Trader at the Time when such Decleration was filed (…)."

582 6 Geo. IV. c. 16 (1825), § 7: „(…) [N]o Commission under which the Adjudication shall be grounded on the Act of Bankruptcy, being the filing of such Decleration, shall be deemed invalid by reason of such Decleration having been concerted or agreed upon between the Bankrupt and any Creditor or other Person."

583 Dazu ausführlich *Deacon*, Law and Practice of Bankruptcy, S. 82 f.

584 1 & 2 Gul. IV. c. 56 (1831), § 42: „(…) [F]rom and after the passing of this Act no Commission of Bankrupt shall be superseded, nor any Fiat annulled, nor any Adjudication reversed, by reason only that the Commission, Fiat or Adjudication has been concerted by and between the Petitioning Creditor (…) and the Bankrupt (…)."

Versuchen der frühen 1820er-Jahre, Schuldnern über einen freiwilligen Antrag auf Eröffnung eines Bankrottverfahrens den Weg zur *bankruptcy discharge* zu ermöglichen, wurden im Kongress 1825 und 1826 Gesetzesentwürfe diskutiert, die sich an das 1825 im englischen Recht geschaffene quasifreiwillige Bankrottverfahren anlehnten.[585]

Anders als im englischen Bankrottgesetz von 1825 sollte das quasifreiwillige Bankrottverfahren allerdings nicht auf Kaufleute beschränkt bleiben.[586] Gegner eines nationalen Bankrottgesetzes aus den Südstaaten hatten stets kritisiert, dass nur die Kaufleute (das heißt in ihren Augen die Kapitalisten und Spekulanten) des Nordens, nicht aber die Plantagenbesitzer und Landwirte des Südens von der *bankruptcy discharge* profitieren würden. Die Ausweitung des Anwendungsbereichs der Bankrottgesetze auf Nichtkaufleute sollte diesem Argument entgegenwirken.[587] Die Opposition des agrarisch geprägten Südens – und einer stetig zunehmenden Zahl ebenfalls agrarisch geprägter neuer Staaten und Territorien im Westen des Landes[588] – hielt jedoch an.

Die Möglichkeit zur *bankruptcy discharge* im freiwilligen Bankrottverfahren wog in den Augen der Pflanzer und Landwirte die Gefahr des Verlusts ihres Landes durch die Vollstreckung eines Gläubigers im Bankrottverfahren nicht auf. Anders als ein Spekulant, Händler oder Kaufmann, der nach einer *bankruptcy discharge* befreit von der Last alter Schulden sein Geschäft finanziell neu aufbauen konnte, verlor der Landwirt mit dem Zwangsverkauf seiner Grundstücke dauerhaft die Grundlage, eigenständig Erträge erwirtschaften zu können. Eine *bankruptcy discharge* war in dieser Situation aus Sicht der Betroffenen weniger wert als der Schutz des bewirtschafteten Landes. Am klarsten kam dieser Widerspruch nach wie vor in der Opposition aus Virginia zum Ausdruck, einem Staat, in dem wegen ungesicherter Geldschulden keine Zwangsversteigerung von

---

585 *Warren*, Bankruptcy in United States History, S. 39 f.

586 *Warren*, Bankruptcy in United States History, S. 39 f.

587 *Frimet*, Comm. L.J. 96 (1991), 160, 167; *Warren*, Bankruptcy in United States History, S. 33 f., 40. Die prinzipielle Öffnung des freiwilligen Bankrottverfahrens für Nichtkaufleute hatte bereits in den frühen 1820er-Jahren nicht ausgereicht, um im Süden genug politische Unterstützung zur Umsetzung eines neuen, nationalen Bankrottgesetzes zu generieren.

588 In der Zeit zwischen dem Erlass des ersten Bankrottgesetzes von 1800 und dem zweiten Bankrottgesetz von 1841 wuchs die Zahl der Einzelstaaten der Union von 16 auf 26 an, insbesondere durch die Expansion nach Westen.

Grundstücken möglich war.[589] Die Gegner nationaler Bankrottgesetze sahen die Regelung des Insolvenzrechts durch die Einzelstaaten, die die wirtschaftlichen Verhältnisse vor Ort berücksichtigten, als vorzugswürdig an.[590]

Großzügige Entschuldungsregelungen wurden zudem auf einer moralischen Ebene kritisiert. *James Buchanan*, Abgeordneter aus Pennsylvania, argumentierte, solche Entschuldungsmechanismen würden die Gefahr bergen, die ehrliche und hart arbeitende Landbevölkerung dauerhaft zu korrumpieren:[591]

> „Leave the agricultural interest pure and uncorrupted, and they will forever form the basis on which the Constitution and liberties of your country may safely repose. Do not (…) teach them to think lightly of the solemn obligation of contracts. (…) Such a provision would spread a moral taint through society, which would corrupt it to its very core. (…) An act may expire in three years by its own limitation – yet its pernicious influence may last for ages."

An diesem US-spezifischen Widerstand scheiterten schließlich weitere Gesetzesinitiativen im Jahr 1827, die wie die Gesetzesinitiativen von 1825 und 1826 an das englische Konzept des quasifreiwilligen Bankrottverfahrens angelehnt waren.[592]

2. Dekade von 1827 bis 1837

a) Einsetzen wirtschaftlicher Erholung

Nach 1827 begann eine Dekade, in der die Argumente der Gegner nationaler Bankrottgesetze durch die tatsächliche wirtschaftliche Entwicklung gestärkt wurden. In den späteren 1820er-Jahren setzte eine Phase der wirtschaftlichen Erholung ein, die nächste Wirtschaftskrise brach erst 1837 aus.[593] Ein Tätigwerden des Kongresses auf dem Gebiet des Insolvenzrechts zur Krisenintervention und zur Entschuldung erschien vor diesem Hintergrund wohl nicht vordringlich.

---

589 *Warren*, Bankruptcy in United States History, S. 32 zitiert den Abgeordneten *Samuel Smith* aus Maryland: „The secret of Virginia opposition is, they are not willing to subject their land to be sold for payment of just debts."

590 *Warren*, Bankruptcy in United States History, S. 21. Vgl. für ein Beispiel dieser Argumentation *ders.*, ebd., S. 36.

591 Zitiert bei *Warren*, Bankruptcy in United States History, S. 31.

592 *Warren*, Bankruptcy in United States History, S. 40 ff.

593 Dazu unten C. III. 3.

b) *Abschaffung der Schuldhaft verbesserte die Situation der Schuldner*

Seit den 1820er-Jahren hatte sich zudem die rechtliche Situation der Schuldner durch die allmähliche Abschaffung der Schuldhaft verbessert.[594] Als erster Einzelstaat verzichtete Kentucky im Jahr 1821 auf die Schuldhaft, New York folgte im Jahr 1831, weitere Einzelstaaten schlossen sich nach und nach an.[595] 1839 schaffte auch der Bund die Inhaftierung von Schuldnern durch Bundesgerichte ab, soweit auch der Einzelstaat, in dem das Bundesgericht lag, die Schuldhaft abgeschafft hatte.[596]

c) *Herstellung von Rechtssicherheit für Insolvenzgesetze der Einzelstaaten durch den Supreme Court (Ogden v. Saunders)*

Aus der *bankruptcy clause* der US-Verfassung ergab sich nicht nur für den Kongress, sondern bis weit in die 1820er-Jahre auch für die Einzelstaaten eine gewisse Unsicherheit im Hinblick auf ihre insolvenzrechtlichen Gesetzgebungskompetenzen und die Verfassungsmäßigkeit bestehender Insolvenz- und Bankrottgesetze. Insbesondere war nicht klar, ob die *bankruptcy clause* dem Kongress eine ausschließliche oder konkurrierende Gesetzgebungskompetenz *„on the subject of Bankruptcies"* zuwies. Die Annahme einer ausschließlichen Gesetzgebungskompetenz hätte zur Folge gehabt, dass einzelstaatliche Gesetze verfassungswidrig gewesen wären. Dies hätte zu der Folgefrage geführt, was genau unter der Formulierung *„on the subject of Bankruptcies"* zu verstehen war, wie also ein in die ausschließliche Gesetzgebungskompetenz des US-Kongresses fallendes Bankrottgesetz von einem möglicherweise noch von der Gesetzgebungskompetenz der Einzelstaaten gedecktem Insolvenzgesetz abzugrenzen war.

Der *US Bankruptcy Act 1800* war offenbar von einer konkurrierenden Gesetzgebungskompetenz ausgegangen, die ein Nebeneinander von bundesgesetzlichen Bankrottgesetzen und einzelstaatlichen Insolvenzgesetzen zuließ. Das Gesetz enthielt eine kollisionsrechtliche Klausel, nach der es dem Recht der

---

594 *Warren*, Bankruptcy in United States History, S. 52.

595 Zwischen Außerkraftsetzung des Bankrottgesetzes von 1800 im Jahr 1803 und dem Erlass des Bankrottgesetzes von 1841 wuchs die Zahl der Einzelstaaten von 17 auf 26. Im Ergebnis schrieben 41 Einzelstaaten die Abschaffung der Schuldhaft in ihrer Verfassung fest, vgl. die Auflistung bei *Hampson*, Harv. L. Rev. 129 (2016), 1024, 1035, Fn. 95. Die übrigen neun Einzelstaaten regelten die Abschaffung der Schuldhaft auf einfach-gesetzlicher Ebene, vgl. dazu *Hampson*, Harv. L. Rev. 129 (2016), 1024, 1035 f., Fn. 96 und 97.

596 *Warren*, Bankruptcy in United States History, S. 52.

Einzelstaaten nur dann vorgehen sollte, wenn ein Schuldner klar in den Anwendungsbereich des Bankrottgesetzes fiel.[597] Ob diese Regelung allerdings auch vor dem *Supreme Court* gehalten hätte, ist unklar geblieben, denn die Frage der Verfassungsmäßigkeit des Bankrottgesetzes von 1800 musste der *Supreme Court* nie entscheiden.

Nach Aufhebung des Bankrottgesetzes von 1800 gingen immerhin Bundesgerichte für den Bezirk Pennsylvania und South Carolina von einer ausschließlichen Gesetzgebungskompetenz des US-Kongresses aus und erklärten deshalb 1814 und 1816 die Insolvenzgesetze von Pennsylvania[598] und South Carolina für verfassungswidrig.[599] Das New Yorker Bundesgericht nahm dagegen eine konkurrierende Gesetzgebungskompetenz an und hielt 1817 das New Yorker Insolvenzgesetz von 1811 (das eine Restschuldbefreiung auf Antrag des insolventen Schuldners ohne Gläubigerzustimmung ermöglichte) für verfassungsgemäß.[600]

Zusätzliche Unsicherheit ergab sich zudem aus den zwei 1819 ergangenen Entscheidungen des *Supreme Court* in Sachen *Sturges v. Crowninshield* und *McMillan v. McNeal.*

In *Sturges v. Crowninshield* setzte sich der *Supreme Court* mit der Verfassungsmäßigkeit des New Yorker Insolvenzgesetzes von 1811 auseinander. Dabei entschied er eigentlich bereits recht klar, dass er die *bankruptcy clause* als Regelung einer konkurrierenden Gesetzgebungskompetenz verstand:[601]

> „Without entering further into the delicate inquiry respecting the precise limitations which the several grants of power to Congress contained in the Constitution may impose on the state legislatures than is necessary for the decision of the question before the Court, it is sufficient to say that until the power to pass uniform laws on the subject of bankruptcies be exercised by Congress, the states are not forbidden to pass a bankrupt law (…)."

Das New Yorker Insolvenzgesetz von 1811 erklärte der *Supreme Court* aber für den entschiedenen Fall dennoch für verfassungswidrig, weil es auf Schulden Anwendung finden sollte, die vor Erlass des Gesetzes begründet worden waren, und insoweit gegen die *contract clause* verstoße.[602] Nun wurde befürchtet, dass der *Supreme Court*, wenn er einen entsprechenden Fall vorgelegt bekäme, ein

---

597 Act of April 4, 1800, § 61, 2 Stat. 19, 36.

598 *Golden v. Prince*, 10 F. Cas. 542 (C.C.D. Pa. 1814).

599 *Gill v. Jacobs*, 10 F. Cas. 373, 375 (C.C.D.S.C. 1816).

600 *Adams v. Storey*, 1 F. Cas. 141, 143 f. (C.C.D.N.Y. 1817).

601 *Sturges v. Crowninshield*, 17 U.S. (4 Wheat.) 122, 196 (1819).

602 *Sturges v. Crowninshield*, 17 U.S. (4 Wheat.) 122, 197 ff. (1819).

Insolvenzgesetz auch wegen Verstoßes gegen die *contract clause* für verfassungswidrig erklären könnte, weil es einen Insolvenzschuldner von nach Erlass des Gesetzes begründeten Schulden befreien sollte.[603]

In *McMillan v. McNeal* entschied der *Supreme Court*, dass eine Restschuldbefreiung nach dem Insolvenzgesetz des Staates Louisiana von 1808 und eine *bankruptcy discharge* nach englischem Recht keine Wirkung auf eine in South Carolina begründete Forderung hätten.[604] Die sehr kurze Begründung verwies auf *Sturges v. Crowninshield* und stütze sich im Übrigen auf die kollisionsrechtliche Begründung, dass eine im Ausland gewährte Entschuldung in den Vereinigten Staaten keine Wirkung habe.[605] *McMillan v. McNeal* enthält zudem die Aussage, dass es im Ergebnis keinen Unterschied mache, ob das jeweilige Gesetz zur Restschuldbefreiung vor oder nach Begründung der Schuld erlassen worden sei. Hieraus scheinen einige den Schluss gezogen zu haben, dass der *Supreme Court* die Unwirksamkeit eines einzelstaatlichen Insolvenzgesetzes eben doch aus der fehlenden Gesetzgebungskompetenz der Einzelstaaten herleiten könnte, wenn es in einem zukünftigen Fall auf diese Frage ankäme.[606]

Mit dem Fall *Ogden v. Saunders* hatte der *Supreme Court* 1827 schließlich Gelegenheit, die beschriebenen Unsicherheiten in einer ausführlichen Grundsatzentscheidung im Sinne einer konkurrierenden Gesetzgebungskompetenz zu entscheiden.[607] Mit der inhaltlichen Auslegung der Gesetzgebungskompetenz *„on the subject of Bankruptcies"*, das heißt der Abgrenzung von *bankruptcy* und *insolvency laws*, musste der *Supreme Court* sich in *Ogden v. Saunders* allerdings nicht auseinandersetzen, weil der US-Kongress zu dieser Zeit von seiner Gesetzgebungskompetenz keinen Gebrauch gemacht hatte und sich daher keine inhaltlichen Konkurrenzfragen stellten. In *Ogden v. Saunders* bestätigte der *Supreme Court* 1827 zudem den bereits in *Sturges v. Crowninshield* aufgestellten Grundsatz, dass die rückwirkende Restschuldbefreiung eines Einzelstaates

---

603 *Warren*, Bankruptcy in United States History, S. 50.

604 *McMillan v. McNeal* 17 U.S. (4 Wheat.) 209 (1819).

605 *McMillan v. McNeal,* 17 U.S. (4 Wheat.) 209 (1819).

606 Vgl. zur unklaren Interpretation der Entscheidungen auch *Coleman*, Debtors and Creditors, S. 32 f.; *Lubben*, Case W. L. Rev. 64 (2013), 319, 354; *Warren*, Bankruptcy in United States History, S. 24.

607 *Odgen v. Saunders*, 25 U.S. (12 Wheat.) 213 (1827): „The Power of Congress to ‚establish uniform laws on the subject of Bankruptcies throughout the United States.' does not exclude the right of the States to legislate on the same subject, except when the power is actually exercised by Congress, and the State Laws conflict with those of Congress."

gegen die *contract clause* verstoße und einen verfassungswidrigen Eingriff in vertraglich begründete Schuldverhältnisse begründe.[608] Die durch einen Einzelstaat geregelte Restschuldbefreiung durfte demnach nur solche Forderungen einbeziehen, die nach Erlass des jeweiligen Bankrott- oder Insolvenzgesetzes begründet worden waren. Eine Rückwirkung war auf Ebene der Einzelstaaten verfassungsrechtlich ausgeschlossen. In *Ogden v. Saunders* bestätigte der *Supreme Court* zudem den bereits in *McMillan v. McNeal* aufgestellten kollisionsrechtlichen Grundsatz,[609] dass eine durch einen Einzelstaat gewährte Restschuldbefreiung nur im Hinblick auf in diesem Staat begründete Forderungen wirken könne.[610]

Diese Grundsatzentscheidung im Fall *Ogden v. Saunders* bot den Einzelstaaten nun Rechtssicherheit im Hinblick auf ihre insolvenzrechtlichen Gesetzgebungskompetenzen. Trotz der ebenfalls in *Ogden v. Saunders* bestätigten verfassungsrechtlichen Restriktionen einzelstaatlicher Regelungen zur Restschuldbefreiung im Hinblick auf Rückwirkung und Anwendbarkeit auf außerhalb des jeweiligen Einzelstaates begründete Forderungen führte die Entscheidung zur Stärkung des Lagers der Gegner nationaler Bankrottgesetze.[611]

3. Wirtschaftskrise von 1837 und Gesetzesinitiative von 1840

Seit 1837 litten die Vereinigten Staaten erneut unter einer schweren Wirtschaftskrise,[612] die durch das Platzen von Spekulationsblasen in nahezu jeder Art von Vermögenswerten, insbesondere Grundstücken, Unternehmensbeteiligungen und Rohstoffen, ausgelöst worden war.[613] Die Krise von 1837 kehrte 1839

---

608 *Odgen v. Saunders*, 25 U.S. (12 Wheat.) 213 (1827): „A bankrupt or insolvent law of any State, which discharges both the person of the debtor, and his future acquisitions of property, is not ‚a law impairing the obligation of contracts', so far as respects debts contracted subsequent to the passage of such law."

609 *McMillan v. McNeal* 17 U.S. (4 Wheat.) 209 (1819).

610 *Odgen v. Saunders*, 25 U.S. (12 Wheat.) 213 (1827): „But a certificate of discharge, under such a law, cannot be pleaded in bar of action brought by a citizen of another State, in the Courts of the United States, or of any other State than that where the discharge was obtained." Dies wurde allerdings mehr auf allgemeine Grenzen der einzelstaatlichen Gesetzgebungskompetenz als auf eine konkrete Regel der Verfassung gestützt, vgl. dazu *Lubben*, Case W. L. Rev. 64 (2013), 319, 357 ff.

611 *Tabb*, Am. Bankr. L.J. 65 (1991), 325, 348 f.; *Warren*, Bankruptcy in United States History, S. 51.

612 *Warren*, Bankruptcy in United States History, S. 52 ff.

613 Im Zuge des sogenannten „*Michigan fever*" wurden beispielsweise vollkommen unerschlossene Grundstücke um die großen Seen teurer verkauft als Grundstücke in den wichtigen urbanen Wirtschafts- und Handelszentren New York und Philadelphia.

zurück.[614] 1837 folgte eine fünfjährige Depressionsphase.[615] Ab 1840 wurde im Kongress deshalb wieder über einen Gesetzesentwurf für ein Bankrottverfahren auf nationaler Ebene diskutiert, der – wie das klassische englische Vorbild des 18. Jahrhunderts – einen Gläubigerantrag gegen Kaufleute und – wie die gescheiterten US-Entwürfe der 1820er-Jahre – einen Schuldnerantrag für jedermann vorsah.[616]

Der Entwurf lehnte sich eng an das Insolvenzgesetz von Massachusetts von 1838 an und wird in seiner inhaltlichen Ausgestaltung maßgeblich *Supreme Court Justice Joseph Story* und dem Politiker *Daniel Webster* zugeschrieben.[617] Diese hatten bereits die Gesetzesinitiativen der frühen 1820er-Jahre unterstützt. Beide werden zudem einer Gruppe von Befürwortern von Bankrottgesetzen zugeordnet, die *Balleisen* als *commercial moralists* beschrieben hat.[618] Die *commercial moralists* sahen sich laut *Balleisen* als eine Art „selbst ernannte Wächter der kaufmännischen Moral".[619] Über ein nationales Bankrottgesetz wollten die *commercial moralists* das Ideal eines ehrbaren Kaufmanns fördern. Ihr Bild von einem ehrbaren Kaufmann beruhte dabei wesentlich auf *Defoes* Ausführung in dessen 1726 erschienenem Werk *The Complete English Tradesman*, auch wenn sie sich als amerikanische Patrioten in aller Regel nicht ausdrücklich auf den Engländer *Defoe* beriefen.[620]

Nach den Vorstellungen der *commercial moralists* sollten Schuldner durch ein Bankrottgesetz angehalten werden, ihre Handelsbücher im Auge zu behalten, um bereits bei ersten Anzeichen von finanziellen Schwierigkeiten den Kontakt zu ihren Gläubigern zu suchen und, wenn nötig, eine Gläubigerversammlung einzuberufen.[621] Gewährten die Gläubiger keine Zahlungsaufschübe, sollte der

---

Warren, Bankruptcy in United States History, S. 53 f. zitiert dazu aus einer Geschichte der Stadt Chicago von 1895: „The people chased every bubble that floated on the speculative atmosphere. The more absurd the project, the more madly was it pursued. The Government land office in the city was besieged from morning till night with eager speculators." Vgl. auch *Roberts*, America's First Great Depression, S. 32 ff.

614 *Warren*, Bankruptcy in United States History, S. 60.

615 *Mauch/Ortlepp/Heideking*, Geschichte der USA, S. 128.

616 *Warren*, Bankruptcy in United States History, S. 60.

617 *Warren*, Bankruptcy in United States History, S. 70. Vgl. zu *Story* und *Webster* auch *McCoid*, Bankr. Dev. J. 5 (1988), 361, 381 ff.

618 *Balleisen*, Navigating Failure, S. 70 f., 103.

619 *Balleisen*, Navigating Failure, S. 70.

620 *Balleisen*, Navigating Failure, S. 70 f.

621 Vgl. *Balleisen*, Navigating Failure, S. 70.

Schuldner sich nicht mehr als auf eigene Rechnung handelnder Kaufmann, sondern als Treuhänder seiner Gläubiger betrachten.[622] Dabei sollte er alles daransetzen, diese gleichmäßig, das heißt quotal entsprechend der Höhe ihrer Forderungen, zu befriedigen, und durfte im Gegenzug von ehrbaren Gläubigern einen Teilerlass erwarten.[623] Die inhaltliche Verbundenheit zu *Defoes* Ideen wird hier besonders deutlich. Auch *Defoe* hatte den ehrbaren Kaufmann in Zahlungsschwierigkeiten im *Complete English Tradesman* dazu angehalten, möglichst früh eine vergleichsweise Einigung mit seinen Gläubigern zu suchen:[624]

> „Break then in time, young tradesman! If you see you are going down, and that the hazard of going on is doubtful; you will certainly be receiv'd by your creditors with compassion, and with a generous treatment; and whatever happens, you will be able to begin the world again with the title of an honest man; even the same creditors will embark with you again, and be more forward to give you credit than before."

Auf der anderen Seite sollte sich nach den Vorstellungen der *commercial moralists* betrügerisches Verhalten für den Schuldner nicht lohnen. Ein Bankrottgesetz sollte in den Augen der *commercial moralists* daher Regeln vorsehen, nach denen die betrügerischen Transaktionen eines unehrlichen Schuldners zulasten seiner Gläubiger für wirkungslos erklärt werden. Gleichzeitig sollte der Schuldner aber vor unverhältnismäßig hart vorgehenden Gläubigern geschützt werden. Der ehrliche Schuldner sollte zudem durch eine Restschuldbefreiung die Chance bekommen, weiter am Wirtschaftsleben teilzunehmen.[625] Die Entschuldung sollte auch vermeiden, dass Gläubiger allzu leichtfertig risikoreiche Kredite vergeben, ohne sich über die finanziellen Verhältnisse ihres Schuldners im Klaren zu sein. Der Schuldner sollte durch die Aussicht, mit einer Restschuldbefreiung belohnt zu werden, zu anständigem und ehrlichem Verhalten angehalten werden. Dazu gehörte insbesondere, dass keine Gläubiger bevorzugt behandelt werden sollten.[626] Bei dieser Programmatik verwundert nicht, dass die Restschuldbefreiung des maßgeblich von *Story* und *Webster* geprägten Gesetzentwurfs von 1840 große Ähnlichkeit mit dem von *Defoe* in seinem *Essay Upon Projects* bereits 1697 entwickelten Konzept einer *discharge* durch Anrufung des *Court of Inquiry* aufwies.[627]

---

622 Vgl. *Balleisen*, Navigating Failure, S. 70.

623 Vgl. *Balleisen*, Navigating Failure, S. 70.

624 *Defoe*, Complete English Tradesman, Bd. 1, S. 86.

625 Vgl. *Balleisen*, Navigating Failure, S. 103.

626 Vgl. *Balleisen*, Navigating Failure, S. 103 f.

627 Dazu oben B. III. 1. b) cc).

Story hatte seinen argumentativen Beitrag für die Durchsetzung eines solchen freiwilligen, nicht auf Kaufleute beschränkten *bankruptcy law* bereits 1833 in seinen *Commentaries on the Constitution of the United States* geleistet.[628] Die vom *Supreme Court* noch nicht entschiedene Frage der inhaltlichen Auslegung der *bankruptcy clause* im Hinblick auf den Umfang der konkurrierenden Gesetzgebungskompetenz wurde im Rahmen der Diskussion von freiwilligen Bankrottverfahren für jedermann aus Sicht des Bundesgesetzgebers relevant. *Story* hatte hierzu im genannten Kommentar von 1833 die Ansicht vertreten, dass die Gesetzgebungskompetenz der *bankruptcy clause* alle Gesetze zur Regelung der Rechtsbeziehungen zwischen einem zahlungsunfähigen Schuldner und seinen Gläubigern umfasse. Die terminologische Unterscheidung zwischen *bankruptcy* und *insolvency* im englischen Rechtssystem basiere auf historischen Zufällen, nicht auf sachlichen Gründen:[629]

> „What laws are to be deemed bankrupt laws within the meaning of the constitution has been a matter of much forensic discussion and argument. Attempts have been made to distinguish between bankrupt laws and insolvent laws. For example, it has been said that laws which merely liberate the person of the debtor are insolvent laws, and those which discharge the contract are bankrupt laws. (…) Again, it has been said that insolvent laws act on imprisoned debtors only at their own instance, and bankrupt laws only at the instance of creditors. But, however true this may have been in past times, as the actual course of English legislation, it is not true, and never was true, as a distinction in colonial legislation. In England, it was an accident in the system, and not a material ground to discriminate, who were to be deemed in a legal sense insolvents or bankrupts. And if an act of Congress should be passed which should authorize a commission of bankruptcy to issue at the instance of the debtor, no court would on this account be warranted in saying that the act was unconstitutional and the commission a nullity."

Story nahm zudem auf die Geschichte des englischen *bankruptcy law* als Rechtsnormimport aus dem römisch-kontinentalen Insolvenzrecht Bezug.[630] Dabei verwies er ausdrücklich auf die *cessio bonorum*, die Teil des römisch-kontinentalen

628 *Story*, Commentaries on the Constitution, Bd. 3, § 1106; *Weisman*, Comm. L.J. 46 (1941), 4, 6 bezeichnet diese Kommentierung als „Story's most important contribution to the history of bankruptcy legislation" (dabei scheint der Verweis auf § 1111 statt § 1106 ein Versehen zu sein oder sich auf eine andere Auflage von *Storys* Kommentar zu beziehen).

629 *Story*, Commentaries on the Constitution, Bd. 3, § 1106, S. 10 f. Zur ausdrücklichen Beschränkung der englischen Bankrottgesetze auf Kaufleute, die erst im zweiten englischen Bankrottgesetz von 1571 aufgenommen wurde, siehe oben B. II. 1. d) bb).

630 *Story*, Commentaries on the Constitution, Bd. 3, § 1107, S. 11 f.

Insolvenzrechts sei und von Schuldnern freiwillig und unabhängig von ihrer Kaufmannseigenschaft in Anspruch genommen werden könne, allerdings nur Schutz vor Inhaftierung und keine Restschuldbefreiung biete.[631] *Storys* Meinung als Richter am *Supreme Court* zur Auslegung der *bankruptcy clause* hatte Gewicht. Dies betrifft insbesondere die Aussage aus der oben zitierten Passage, kein Gericht sei berechtigt, ein Bankrottgesetz des Kongresses für verfassungswidrig oder eine Bankrottkommission für nichtig zu erklären, weil das Bankrottgesetz die freiwillige Verfahrenseröffnung durch den Schuldner zulasse, ob dieser Kaufmann sei oder nicht.[632]

In den Diskussionen um den Gesetzesentwurf von 1840 gab es in Anbetracht der andauernden wirtschaftlichen Krise und vor dem Hintergrund des politischen Widerstands aus den südlichen und westlichen Einzelstaaten gegen unfreiwillige Bankrottverfahren auch Fürsprecher, die noch einen Schritt weiter als *Story* und die *commercial moralists* gingen und ein rein freiwilliges nationales *bankruptcy law* forderten. Ein Vertreter dieser Ansicht war *Henry Clay*. Seiner Ansicht nach gab es kein Bedürfnis, den bestehenden Zwangsvollstreckungsmechanismen der Einzelstaaten über ein nationales Bankrottgesetz noch einen zusätzlichen bundesrechtlichen (Gesamt-) Vollstreckungsrechtsbehelf an die Seite zu stellen. *Clay* war der Meinung, dass dies durch die Auswirkungen der wirtschaftlichen Krise bereits geschwächte Schuldner im Gegenteil in noch größere Schwierigkeiten gebracht habe:[633]

> „There is (…) no necessity for Federal legislation on behalf of the creditors. (…) [It] is not called for by the voice of the people (…). (…) [The creditor] has his remedy for collection of debts, cheaper and more summary, in the State laws. (…) A compulsary [bankruptcy] law might bring to ruin many now on the brink who otherwise will recover."

Tatsächlich wurde die unfreiwillige Variante des Bankrottverfahrens zeitweise aus dem Entwurf gestrichen, sodass ein rein freiwilliges Bankrottverfahren

631 *Story*, Commentaries on the Constitution, Bd. 3, § 1108, S. 12 f. *Story* schrieb die *cessio bonorum* dort allerdings fälschlicherweise Kaiser Justinian zu: „To the glory of Christianity let it be said that the law of cession (*cessio bonorum*) was introduced by the Christian emperors of Rome, (…) for as the emperor (Justinian) justly observed, *inhumanum erat spoliatum fortunis suis in solidum damnari* (…)." (Kursivdruck im Original).

632 *Story*, Commentaries on the Constitution, Bd. 3, § 1106, S. 11.

633 *Warren*, Bankruptcy in United States History, S. 63.

ernsthaft zur Debatte stand.[634] Der Charakter des Gesetzesentwurfs zur Entschuldung als Krisenintervention durch Restschuldbefreiung hätte kaum deutlicher zutage treten können. Gleichzeitig kritisierte *Clay* allerdings die im Gesetzesentwurf vorgesehene Befristung auf zwei Jahre. Er wollte zwar ein rein freiwilliges Bankrottverfahren auf Bundesebene, dies solle aber mehr sein als ein „bloßer Schwamm", der durch eine rückwirkende Entschuldung nur die Folgen der letzten Wirtschaftskrise aufsauge.[635] *Clays* Antrag auf Streichung der Befristung hatte allerdings keinen Erfolg.[636]

Die Konzeption des rein freiwilligen Bankrottverfahrens wurde allerdings auch scharf als „for the exclusive benefit of the bankrupt", „general jubilee for debtors", „insolvent law in its inception" oder „novel, untried experiment" und, abgesehen von den Zweifeln an seiner Verfassungsmäßigkeit, als „temptation to every debtor to push his speculation to the brink of rashness and recklessness" und „admirably calculated in favor of dishonest debtors and rogues" kritisiert.[637] *Warren* zitiert den Abgeordneten *Thomas H. Benton* aus Missouri, der den Gesetzesentwurf als reine Entschuldungsmaßnahme und verkapptes *insolvency law*, nur getarnt als Bankrottverfahren, kritisierte:[638]

> „(…) merely for the abolition of existing debts under the mock name of a system of bankruptcy – a mere insolvent law at the will of the debtor (…)."

Benton kritisierte insbesondere die negativen Auswirkungen auf die wirtschaftliche Redlichkeit der Bevölkerung, die ein solches Insolvenzgesetz zur Folge hätte:[639]

> „It will teach the rising generation a facile way to get rid of their obligations after squandering the money and property which they had obtained on the faith of paying for it."

Daniel Webster setzte sich im Sinne der *commercial moralists* grundsätzlich für ein Bankrottgesetz mit Gläubiger- und Schuldnerantrag ein. In Anbetracht der wirtschaftlichen Krisen und der verfassungsrechtlichen Restriktionen der

---

634 *Frimet*, Comm. L.J. 96 (1991), 160, 177; *Warren*, Bankruptcy in United States History, S. 60.

635 Zitiert nach *Warren*, Bankruptcy in United States History, S. 63.

636 *Warren*, Bankruptcy in United States History, S. 63.

637 Zitate stammen von *Garret D. Wall*, einem Abgeordneten aus New Jersey, der einen Gegenvorschlag mit freiwilliger und unfreiwilliger Alternative einbrachte. Zitiert nach *Warren*, Bankruptcy in United States History, S. 60 f.

638 *Warren*, Bankruptcy in United States History, S. 62.

639 *Warren*, Bankruptcy in United States History, S. 62.

Gesetzgebungskompetenz der Einzelstaaten im Hinblick auf rückwirkende Entschuldungsmechanismen hatte jedoch auch für ihn eine unmittelbare Hilfsmaßnahme für insolvente Schuldner Priorität:[640]

> „I am free to confess my leading object to be to relieve those who are at present bankrupt, hopeless bankrupts, and who cannot be discharged or set free but by a bankrupt act passed by Congress (…)."

Im Senat kritisierte *Webster* die Gegner des Vorhabens eines Bankrottgesetzes mit dem vorrangigen Ziel der rückwirkenden Entschuldung:[641]

> „The States then cannot pass effectually bankrupt laws; that is, effectual for the discharge of the debtor... The States would pass bankrupt laws but cannot; we can but will not (…)."

Das unfreiwillige Verfahren wurde allerdings doch wieder in den Entwurf aufgenommen.[642] *Clay* beantragte daraufhin erneut, das unfreiwillige Verfahren aus dem Entwurf zu streichen, hatte jedoch keinen Erfolg.[643] In der Endfassung, die mit knapper Mehrheit vom Senat gebilligt wurde, enthielt der Gesetzentwurf somit eine freiwillige und eine unfreiwillige Verfahrensalternative.[644] Gegner nationaler Bankrottgesetze kritisierten die Rückkehr zu einem Entwurf mit einem freiwilligen und einem unfreiwilligen Verfahren:[645]

> „[The] most singular compromise ever presented in legislative history. It is no more or less than that the voluntary bankrupt is to be allowed to escape from his creditors upon condition that creditors may be allowed to oppress a particular class of debtors (…)."

Der Gesetzentwurf durchlief in der 1840 endenden Legislaturperiode allerdings nicht mehr das vollständige Gesetzgebungsverfahren.[646] Auch diese Gesetzesinitiative schien daher zu scheitern.

---

640 *Warren*, Bankruptcy in United States History, S. 67.
641 Zitiert nach *Weisman*, Comm. L.J. 46 (1941), 4, 7.
642 *Frimet*, Comm. L.J. 96 (1991), 160, 177.
643 *Warren*, Bankruptcy in United States History, S. 64.
644 *Warren*, Bankruptcy in United States History, S. 68.
645 *Warren*, Bankruptcy in United States History, S. 69 zitiert den Abgeordneten *Alexander O. Anderson* aus Tennessee
646 *Warren*, Bankruptcy in United States History, S. 69.

4. Wiederaufnahme der Gesetzesinitiative 1841

Schätzungen zufolge waren aufgrund der Wirtschaftskrisen seit 1837 bis zu 400.000 Personen insolvent und hofften auf eine Möglichkeit zur Restschuldbefreiung.[647] Die *Whigs*, die als politische Nachfolger der *Federalists* betrachtet werden können,[648] machten es zu einem ihrer Wahlkampfversprechen, die Schuldner, die unter den Wirtschaftskrisen und der Depression der vergangenen Jahre gelitten hatten, über ein neues nationales Bankrottgesetz von den Folgen einer aus ihren Augen verfehlten Wirtschaftspolitik der *Democrats* zu befreien.[649]

1840 gewannen die *Whigs* die Präsidentschaftswahlen. Der Präsidentschaftskandidat der *Whigs*, *William Henry Harrison*, verstarb jedoch bereits einen Monat nach seiner Amtseinführung 1841.[650] Der als Vizepräsident nachrückende *John Tyler* setzte sich zeitnah für die Verwirklichung des Wahlversprechens ein und übermittelte dem Repräsentantenhaus ein Memorandum, in dem 3.000 New Yorker Bürger ein nationales Bankrottgesetz forderten.[651] Flankiert wurde dieses Memorandum von Forderungen der Einzelstaaten Maine, Massachusetts, New York, Louisiana, Mississippi und Michigan, die ein rückwirkendes Entschuldungsgesetz aus verfassungsrechtlichen Gründen nicht selbst erlassen konnten.[652] *Tyler* mahnte den Kongress, auf diese Forderungen einzugehen:[653]

> „The distress incident to the derangements of some years past has visited large numbers of our fellow citizens with hopeless insolvency, whose energies both mental and physical, by reason of the load of debt pressing upon them, are lost to the country. Whether Congress shall deem it proper to enter upon consideration of the subject at its present extraordinary session it will doubtless wisely determine."

So kam es dazu, dass der Entwurf von 1840, über den das Repräsentantenhaus in der vorherigen Legislaturperiode nicht mehr entschieden hatte, 1841 erneut

---

647 *Frimet*, Comm. L.J. 96 (1991), 160, 177 f.; *Warren*, Bankruptcy in United States History, S. 69.

648 Einen Überblick über die Genese des Parteiensystems der Vereinigten Staaten bis Mitte des 19. Jahrhunderts bieten *Mauch/Ortlepp/Heideking*, Geschichte der USA, S. 128 ff.

649 *Balleisen*, Navigating Failure, S. 102, 104; *Warren*, Bankruptcy in United States History, S. 69.

650 *Mauch/Ortlepp/Heideking*, Geschichte der USA, S. 130.

651 *Warren*, Bankruptcy in United States History, S. 69 f.

652 *Warren*, Bankruptcy in United States History, S. 70.

653 *Warren*, Bankruptcy in United States History, S. 70.

aufgegriffen wurde.[654] Der Entwurf drohte jedoch zu scheitern. Der Grund war eine Diskussion um die von den *Democrats* geforderte Öffnung des unfreiwilligen Bankrottverfahrens für Gesellschaften mit eigener Rechtspersönlichkeit, insbesondere für Banken.[655] Nach einer bei den *Democrats* insbesondere durch den Abgeordneten *Benton* repräsentierten Ansicht sollten auch *Corporations* und Banken über die Bankrottgesetze zerschlagen und ihr Vermögen liquidiert werden können.[656] Erst an zweiter Stelle der kritischen Themen rangierte der Streit um den Schuldnerantrag, der für das Wahlversprechen der *Whigs* von zentraler Bedeutung war.[657]

Die notwendige Mehrheit für den Gesetzesentwurf im Repräsentantenhaus wurde schließlich durch einen offensichtlich am Tag bzw. am Vorabend der Abstimmung ausgehandelten politischen Stimmentausch gesichert.[658] Dabei „erkauften" sich die *Whigs* die notwendigen Stimmen für den Erlass des Bankrottgesetzes von Abgeordneten aus westlichen Einzelstaaten, die das Bankrottgesetz zuvor abgelehnt hatten, indem sie ihrerseits der sogenannten *Land Distribution Bill* zustimmten,[659] die von den westlichen Staaten gefordert wurde.[660]

---

654 Zunächst allerdings im Senat, *Frimet*, Comm. L.J. 96 (1991), 160, 178; *Olmstead*, Harv. L. Rev. 15 (1902), 829, 838 f.; *Warren*, Bankruptcy in United States History, S. 70.

655 *Frimet*, Comm. L.J. 96 (1991), 160, 178; *Warren*, Bankruptcy in United States History, S. 70 f.

656 *Warren*, Bankruptcy in United States History, S. 64 f.

657 *Frimet*, Comm. L.J. 96 (1991), 160, 178.

658 *Warren*, Bankruptcy in United States History, S. 76 f. beschreibt den Vorgang als „[O]ne of the most skillfull and remarkable pieces of political maneuvering in our legislative history, and perhaps one of the clearest cases of political logrolling (…)."

659 Der *Act to appropriate the proceeds of the sales of the public lands, and to grant preemption rights*, ch. 16, 5 Stat. 453, räumte Siedlern auf Regierungsland ein Vorkaufsrecht an bis zu 65 Hektar zu einem äußerst niedrigen Kaufpreis ein. Die westlichen Staaten, in deren Territorium das verkaufte Regierungsland belegen war, erhielten danach eine Beteiligung an den Einnahmen aus diesem Verkauf.

660 *Warren*, Bankruptcy in United States History, S. 78 zitiert den Abgeordneten *John B. Weller* aus Ohio: „The [bankruptcy] bill had been laid on the table [das heißt, die Ablehnung des gesamten Gesetzesvorschlags wurde beantragt], where everyone supposed it was destined to sleep the sleep of death. (…) The Whig members where entertained that evening at a certain board where the champagne flowed pretty freely, and where rumor said an agreement was made to reconsider the next morning. The next day the motion was reconsidered – the majority having determined, when the wine flowed freely the night before, to change their determination. It was found necessary to the passage of another bill – the Land Distribution Bill. (…) The whole legislation of the extra session was accomplished by contract." *Warren*, Bankruptcy in United

5. Inhalt des Bankruptcy Act 1841 – straight discharge

Nach 38 Jahren ohne Bankrottgesetz auf Bundesebene verabschiedete der US-Kongress den *Act to establish a uniform System of Bankruptcy throughout the United States* vom 19. August 1841.[661] Dieses Gesetz sah ausdrücklich ein Antragsrecht für den Schuldner unabhängig davon vor, ob er Kaufmann war oder nicht. Mit dem Antrag musste der Schuldner nur seine Zahlungsunfähigkeit beeiden.[662]

Neben diesem freiwilligen Bankrottverfahren bestand ein Antragsrecht für Gläubiger. Der Gläubigerantrag setzte im Gegensatz zum freiwilligen Bankrottverfahren voraus, dass der Schuldner Kaufmann war, Schulden von mindestens 2.000 Dollar angehäuft hatte, der oder die beantragenden Gläubiger (zusammengenommen) Forderungen von mindestens 500 Dollar geltend machten und der Schuldner eine der gesetzlich geregelten Bankrotthandlungen verwirklicht hatte.[663] Die Liste der Bankrotthandlungen enthielt dabei nur aktiv und vorsätzlich gläubigerschädigende Verhaltensweisen. Die bloße Nichtzahlung wurde nicht als Bankrotthandlung gewertet, dies galt auch dann, wenn der Schuldner inhaftiert war. Der Schuldner hatte zudem das Recht, sich gegen den Antrag und die Anschuldigungen seiner Gläubiger in einem Gerichtsverfahren unter Beteiligung einer Jury zu verteidigen.[664]

Für die *bankruptcy discharge* sah das Bankrottgesetz von 1841 eine Widerspruchslösung vor. Der Schuldner erhielt ein Konformitätszertifikat und eine *bankruptcy discharge* auf Antrag, frühestens jedoch 90 Tage nach Verfahrenseröffnung, wenn er sich in jeglicher Hinsicht regelkonform verhalten hatte.[665]

States History, S. 78 f. zitiert den Abgeordneten *William R. King* aus Alabama: „(…) the Distribution Bill is the price for the Bankrupt Law (…). I have never seen legislation so openly and shamefully disgraced by a system of bargain and sale."

661 Act of Aug. 19, 1841, ch. 9, 5 Stat. 440.

662 Act of Aug. 19, 1841, § 1, ch. 9, 5 Stat. 440, 441: „(…) All persons whatsoever, (…) who shall by petition, setting forth to the best of his knowledge and belief, a list of his or their creditors, (…) and the amount due to each, together with an accurate inventory of his or their property, rights, and credits, (…) verified by oath, (…) apply to the proper court, as hereinafter mentioned, for the benefit of this act, and therein declare themselves to be unable to meet their debts and engagements, shall be deemed bankrupts within the purview of this act, and may be so declared accordingly by a decree of such court (…)."

663 Act of Aug. 19, 1841, § 1, ch. 9, 5 Stat. 440, 441 f.

664 Act of Aug. 19, 1841, § 1, ch. 9, 5 Stat. 440, 442.

665 Act of Aug. 19, 1841, § 4, ch. 9, 5 Stat. 440, 443.

Auch hier kam es vor allen Dingen auf die freiwillige und vollständige Offenlegung der Vermögensverhältnisse an. Hierzu musste der Schuldner nach bestem Wissen und Gewissen eine Aufstellung seiner Vermögensverhältnisse und seiner Gläubiger verfassen und einreichen.[666]

Ein Zustimmungserfordernis der Gläubiger zur Ausstellung des Konformitätszertifikats gab es nicht. Das Konformitätszertifikat wurde dem Schuldner auf Antrag vom Gericht ausgestellt.[667]

Verhindern konnte die Restschuldbefreiung allerdings ein schriftlicher Widerspruch einer einfachen Mehrheit der Gläubiger, wenn diese gleichzeitig eine einfache Mehrheit der Forderungen gegen den Schuldner repräsentierten. Gegen den Widerspruch der Gläubiger konnte sich der Schuldner in einem Gerichtsverfahren vor einer Jury zur Wehr setzen oder direkt vor dem jeweiligen *Circuit Court* in Berufung gehen.[668] Stellte sich dabei heraus, dass der Schuldner seine Vermögensverhältnisse vollständig offengelegt und auch sonst alle Vorschriften des Bankrottgesetzes von 1841 eingehalten hatte, wurde die *bankruptcy discharge* trotz Widerspruch der Gläubiger erteilt.[669]

Die Erteilung der *bankruptcy discharge* musste in einer Tageszeitung öffentlich angezeigt werden. In den folgenden 70 Tagen durfte niemand Gründe vorgebracht haben, die gegen die Erteilung der *bankruptcy discharge* sprachen.[670] Solche Gründe waren Betrug, Unterschlagung von Vermögen, ungerechtfertigte Bevorzugung einzelner Gläubiger, Verstöße gegen gesetzliche Verfahrensregeln oder gegen Anordnungen der zuständigen Richter im Bankrottverfahren, Geltendmachung fiktiver Forderungen, Übertragung von Vermögen auf Treuhänder zum Nachteil der Gläubiger sowie bei einem Kaufmann als Schuldner eine inkorrekte oder unzureichende Buchführung.[671] Lag ein Versagungsgrund vor, musste der Schuldner sich erneut einer Anhörung unterziehen, in der die Vorwürfe untersucht wurden. Machte er dann immer noch keine ehrliche Aussage, konnte er wegen Meineids nach den allgemeinen Gesetzen bestraft werden.[672] Keine Rolle spielte hingegen, warum der Schuldner in finanzielle Schwierigkeiten

666 Act of Aug. 19, 1841, § 4, ch. 9, 5 Stat. 440, 443.
667 Act of Aug. 19, 1841, § 4, ch. 9, 5 Stat. 440, 443.
668 Act of Aug. 19, 1841, § 4, ch. 9, 5 Stat. 440, 443 f.
669 Act of Aug. 19, 1841, § 4, ch. 9, 5 Stat. 440, 443 f. Man kann von diesem Verständnis der Widerspruchslösung ausgehen, auch wenn *Tabb*, Am. Bankr. L.J. 65 (1991), 325, 352 auf den insoweit nicht ganz klaren Wortlaut des Gesetzes hinweist.
670 Act of Aug. 19, 1841, § 4, ch. 9, 5 Stat. 440, 443.
671 Act of Aug. 19, 1841, § 4, ch. 9, 5 Stat. 440, 443 f.
672 Act of Aug. 19, 1841, § 4, ch. 9, 5 Stat. 440, 444.

geraten war. Hatte der Schuldner in den beiden Monaten vor Beantragung des Bankrottverfahrens einen Gläubiger durch eine Zahlung bevorzugt (*preference*), hing die Erteilung des Konformitätszertifikats von der Zustimmung der Mehrheit der nicht bevorzugten Gläubiger ab.[673] Ausgenommen von der Restschuldbefreiung waren Schulden, die der Schuldner in einer Funktion als Treuhänder begründet hatte,[674] und – als ungeschriebene Ausnahme in der Gerichtspraxis angenommen –, wie bereits unter dem Bankrottgesetz von 1800, Forderungen der Vereinigten Staaten und Einzelstaaten.[675] Die Restschuldbefreiung musste wie nach dem englischen Vorbild und dem Bankrottgesetz von 1800 als prozessuale Einrede durch den Schuldner geltend gemacht werden.[676]

Der grundsätzliche Verzicht auf ein Zustimmungserfordernis der Gläubiger zur *bankruptcy discharge* lässt sich einerseits auf das Wahlversprechen der *Whigs* zum Erlass eines nationalen Bankrottgesetzes als Entschuldungsmaßnahme zurückführen. Es kann aber andererseits auch mit Blick auf die Entwicklung in England begründet werden. Dort wurde die Gläubigerkontrolle über die Restschuldbefreiung kritisiert, weil sie nach der Beobachtung einer Kommission dazu führte, dass Bankrotteure Vermögen im Verfahren nicht zugunsten aller Gläubiger offenlegten, sondern es vielmehr nutzten, um die Zustimmung einzelner Gläubiger zur *bankruptcy discharge* zu erkaufen.[677] Diese Begründung mit Bezugnahme auf England lässt sich auch in den Debatten des Senats im US-amerikanischen Kongress nachweisen.[678]

Falls der Schuldner ein zweites Bankrottverfahren durchlief, konnte er eine Restschuldbefreiung wie bereits nach dem Bankrottgesetz von 1800 nur erlangen, wenn bei der anschließenden Verteilung seines Vermögens eine Befriedigungsquote von 75 % erzielt wurde.[679]

6. Verfassungsmäßigkeit der straight discharge

Die *straight discharge* enthielt mit dem Schuldnerantrag und dessen Ausdehnung auf Nichtkaufleute dogmatische Elemente, die das englische *bankruptcy law* der

---

673 Act of Aug. 19, 1841, § 2, ch. 9, 5 Stat. 440, 442.
674 Act of Aug. 19, 1841, § 1, ch. 9, 5 Stat. 440, 441.
675 *Tabb*, Am. Bankr. L.J. 65 (1991), 325, 352.
676 Act of Aug. 19, 1841, § 4, ch. 9, 5 Stat. 440, 444.
677 *Countryman*, Comm. L.J. 81 (1976), 226, 228 f.
678 Congr. Globe, 26th Congr., 2nd Sess. (1841), S. 143 f. Vgl. dazu *Countryman*, Comm. L.J. 81 (1976), 226, 229.
679 Act of Aug. 19, 1841, § 12, ch. 9, 5 Stat. 440, 447.

Zeit (noch) nicht vorsah. Daher stellte sich die verfassungsrechtliche Frage, ob diese Elemente von der Gesetzgebungskompetenz des Kongresses *„on the subject of Bankruptcies"* gedeckt waren.

Der *Supreme Court* erhielt keine Gelegenheit, sich zur Verfassungsmäßigkeit der *straight discharge* des Bankrottgesetzes von 1841 zu äußern. Die Regelung der *straight discharge* basierte jedoch wie oben dargelegt auf einem Gesetzesentwurf, an dem der *Supreme Court*-Richter *Story* maßgeblich beteiligt war. Zudem hatte *Story* in seinem Kommentar zur US-Verfassung bereits 1833 zum Umfang der Gesetzgebungskompetenz des Bundes Stellung genommen. Seiner Ansicht nach war ein freiwilliges Bankrottverfahren ohne Beschränkung auf Kaufleute von der *bankruptcy clause* umfasst.[680]

Einige erstinstanzliche Bundesgerichte hielten die *straight discharge* zwar für verfassungswidrig, die zweitinstanzlichen *Circuit Courts* folgten jedoch *Storys* verfassungsrechtlicher Ansicht.[681] Der *Circuit Court* für den Bezirk Missouri beispielsweise interpretierte *„the subject of Bankruptcies"* als das Recht der Verteilung des Vermögens eines Schuldners unter den Gläubigern und der Restschuldbefreiung des Schuldners, wobei die nähere Ausgestaltung im Ermessen des Gesetzgebers liege:[682]

> „(…) it extends to all cases where the law causes to be distributed the property of the debtor among his creditors; this is its least limit. Its greatest is a discharge of the debtor from his contracts. And all intermediate legislation, affecting substance and form, but tending to further the great end of the subject – distribution and discharge – are in the competency and discretion of congress. With the policy of a law, letting in all classes, others as Well as traders, and permitting the bankrupt to come in voluntarily, and be discharged without the consent of his creditors, the courts have no concern; it belongs to the law makers."

Erst 1902 erhielt der *Supreme Court* im Zusammenhang mit dem Bankrottgesetz von 1898 Gelegenheit, zur Auslegung der *bankruptcy clause* Stellung zu nehmen, und schloss sich nun der Kommentierung von *Story* und entsprechenden Entscheidungen der Untergerichte zur Verfassungsmäßigkeit des allgemeinen und freiwilligen Bankrottverfahrens wie dem soeben zitierten *Circuit Court* für den Bezirk Missouri an.[683] Der *Supreme Court* folgerte:[684]

---

680 *Story*, Commentaries on the Constitution, Bd. 3, § 1106, S. 10 f.; dazu oben C. III. 3.
681 *Lubben*, Case W. L. Rev. 64 (2013), 319, 362 m. w. N.
682 *In re Klein*, 14 F. Cas. 716, 718 (C.C.D. Mo. 1843), 1 How. 42 U.S. 277, note (1843).
683 *Hanover National Bank v. Moyses*, 186 U.S. 181, 185 ff. (1902).
684 *Hanover National Bank v. Moyses*, 186 U.S. 181, 187 (1902).

„The conclusion that an act of Congress establishing a uniform system of bankruptcy throughout the United States is constitutional, although providing that others than traders may be adjudged bankrupts, and that this may be done on voluntary petitions, is really not open to discussion."

7. Aufhebung

Das Bankrottgesetz von 1841 trat am 1. Februar 1842 in Kraft, wurde aber bereits zum 3. März 1843 nach gerade 13 Monaten Gültigkeit aufgehoben.[685]

Als Entschuldungsmaßnahme, wie sie von den *Whigs* im Wahlkampf versprochen wurde, scheint das Bankrottgesetz von 1841 durchaus ein Erfolg gewesen zu sein.[686] *Warren* geht in seiner Untersuchung des Bankrottgesetzes von 1841 davon aus, dass von insgesamt etwa 33.700 Bankrotteuren mindestens 32.000 eine Restschuldbefreiung unter dem Bankrottgesetz von 1841 erhielten. Dabei standen Schulden in Höhe von insgesamt 440 Millionen Dollar Vermögenswerten im Wert von etwa 44 Millionen Dollar gegenüber, was nach Abzug von Verfahrenskosten im Durchschnitt Befriedigungsquoten von etwas unter 10 % entsprach.[687]

IV. US Bankruptcy Act 1867

1. Vorgeschichte zum Bankrottgesetz von 1867

Nach Aufhebung des *US Bankruptcy Act 1841* dauerte es bis 1857, bis im Zusammenhang mit einer erneuten Wirtschaftskrise ein neues nationales Bankrottgesetz diskutiert wurde.[688] Im Kongress konnte man sich jedoch nicht auf einen mehrheitsfähigen Entwurf einigen. Umstrittene Punkte waren dabei wie schon 1840 die Anwendbarkeit des unfreiwilligen Bankrottverfahrens auf Banken, wobei teils sogar ein ausschließlich auf Banken anwendbares unfreiwilliges Bankrottgesetz gefordert wurde, und die Notwendigkeit, Schuldnern über ein freiwilliges Bankrottverfahren erneut den Weg zu einer *bankruptcy discharge* zu eröffnen.[689]

---

685 Act of March 3, 1843, ch. 132, 5 Stat. 614.

686 So auch *Friedman*, History of American Law, S. 252; *Frimet*, Comm. L.J. 96 (1991) 160, 180.

687 *Warren*, Bankruptcy in United States History, S. 81; ganz ähnliche Zahlen nennt *Noel*, History of the Bankruptcy Law, S. 143 f.

688 *Frimet*, Comm. L.J. 96 (1991), 160, 180 f.; *Warren*, Bankruptcy in United States History, S. 95 f.

689 *Warren*, Bankruptcy in United States History, S. 95 ff.

1861 führten die Sezession der Südstaaten und der Ausbruch des Bürgerkriegs zu weiteren Insolvenzen im Norden, unter anderem, weil die Schuldner aus dem Süden ihre Schulden bei Nordstaatlern als gegenstandslos ansahen und Kredite nicht mehr bedienten.[690] Trotz dieser wirtschaftlichen Schwierigkeiten in den Nordstaaten scheiterten während der Zeit des Bürgerkriegs drei Gesetzesentwürfe (1862, 1863 und 1864).[691] Dabei spielte die traditionelle Ablehnung von Bankrottgesetzen durch die Südstaaten aufgrund der Sezession im Kongress zwar keine Rolle. Durch die vorangeschrittene Westausdehnung hatte inzwischen jedoch der ebenfalls agrarisch geprägte Westen ein erhebliches politisches Gewicht im US-Kongress. Auch von dort gab es gewichtige Vorbehalte. Im Westen war man der Ansicht, nationale Bankrottgesetze würden vor allem schädliches Spekulantentum anheizen.[692]

Für den Westen wurde jedoch zusätzlich eine Frage entscheidend, die bis dahin noch keine Rolle gespielt hatte. Es ging um die Berücksichtigung der Vollstreckungsschutzvorschriften der Einzelstaaten (*state exemptions*), die bestimmte Vermögenswerte wie etwa das Wohngrundstück des Schuldners (*homestead exemption*) von der Zwangsvollstreckung ausnahmen. Nach 1840 – noch unter dem Einfluss der Wirtschaftskrisen und Depression der späten 1830er-Jahre – hatten viele Einzelstaaten begonnen, solche Vollstreckungsschutzvorschriften zu erlassen.[693] Die westlichen Staaten waren nun nicht bereit, ein nationales Bankrottgesetz zu akzeptieren, das ihre lokalen Vollstreckungsschutzvorschriften unberücksichtigt ließ.[694]

Erst 1866 – nach Ende des Bürgerkriegs – wurde der zuletzt 1864 gescheiterte Entwurf eines nationalen Bankrottgesetzes erneut diskutiert.[695] Die Wirtschaftskrise der späten 1850er-Jahre und die Folgen des Bürgerkriegs führten nach wie vor zu Insolvenzen im Norden, weil die südlichen Schuldner ausgefallen waren und Vermögenswerte in dieser Situation massiven Wertschwankungen unterlagen. Vor diesem Hintergrund spielte der Gedanke der Krisenhilfe wieder eine entscheidende Rolle:[696]

---

690 *Frimet*, Comm. L.J. 96 (1991), 160, 181; *Warren*, Bankruptcy in United States History, S. 97 f.

691 *Warren*, Bankruptcy in United States History, S. 98, 101 ff.

692 *Warren*, Bankruptcy in United States History, S. 102.

693 *Warren*, Bankruptcy in United States History, S. 100. Zur Geschichte der *homestead exemptions* ab 1840 siehe *Goodman*, J. Am. Hist. 80 (1993), 470.

694 *Warren*, Bankruptcy in United States History, S. 100.

695 *Warren*, Bankruptcy in United States History, S. 103.

696 So der Abgeordnete *William M. Stewart* aus Nevada, zitiert nach *Warren*, Bankruptcy in United States History, S. 105.

> „Throughout the North, values have changed so rapidly in the last six years, men's property has fluctuated to such an extend that there is a large number of persons who are insolvent, with large indebtedness hanging over them, which is merely the result of the fluctuation in prices and which no human foresight could have guarded against. It is highly important that they should be relieved."

Neben Entschuldungsmaßnahmen bestand im Norden aber auch ein Bedürfnis, über Staatengrenzen hinweg in den besiegten Süden hinein vollstrecken zu können. Das unfreiwillige Verfahren, das nun erstmals unabhängig von der Kaufmannseigenschaft des Schuldners anwendbar sein sollte, wurde daher von den Gläubigern im Norden gefordert. Die Anwendbarkeit auf Nichtkaufleute wurde allerdings auch von den westlichen Staaten kritisiert. Der Abgeordnete *Dalbert E. Paine* aus Wisconsin brachte diese Kritik anschaulich zum Ausdruck:[697]

> „It is peculiary offensive, to the free and easy but honest and true man of the West whom it will squeeze into the straight jacket so befitting the madmen of Wall Street. The farmers and mechanics of the West will rise against it. The State laws can do everything for debtor and creditor except to discharge the debtor from prior debts. No new National collection law is needed."

Die ehemaligen Sezessionsstaaten versuchten, ihre Schuldner zudem über einzelstaatliche Gesetzgebung vor den Gläubigern des Nordens zu schützen. So erließen die Südstaaten etwa Zwangsstundungs- und Vollstreckungsschutzgesetze, die sie – in Widerspruch zur *contract clause* der Verfassung – auch für rückwirkend auf bestehende Verpflichtungen anwendbar erklärten.[698] Die Nordstaaten lehnten auch aus diesem Grund die Berücksichtigung einzelstaatlicher Vollstreckungsschutzvorschriften ab. Dabei wurde ein neues verfassungsrechtliches Argument vorgebracht: Die Berücksichtigung einzelstaatlicher Vollstreckungsschutzvorschriften sei verfassungswidrig, denn das Bankrottgesetz gelte bei Berücksichtigung einzelstaatlicher Regelungen nicht mehr einheitlich (*uniform*) im gesamten Staatsgebiet der Vereinigten Staaten, wie es die *bankruptcy clause* fordere.[699] Diese Interessenlagen führten zu den teils komplexen Regelungen des Bankrottgesetzes von 1867.

---

697 Zitiert nach *Warren*, Bankruptcy in United States History, S. 104.

698 *Warren*, Bankruptcy in United States History, S. 106.

699 Vgl. *Warren*, Bankruptcy in United States History, S. 106.

2. Inhalt des Bankruptcy Act 1867

Nach erneuten 23 Jahren ohne Bankrottgesetz auf Bundesebene verabschiedete der US-Kongress den *Act to establish a uniform System of Bankruptcy throughout the United States* vom 2. März 1867.[700] Dieses Gesetz sah sowohl einen Schuldnerantrag[701] als auch einen Gläubigerantrag zur Eröffnung eines Bankrottverfahrens vor.[702] Beide Verfahrensvarianten waren erstmals nicht mehr davon abhängig, ob der Schuldner Kaufmann war. Die Insolvenzforderungen des Schuldners mussten mindestens 300 Dollar betragen.[703] Dies war signifikant weniger als die noch vom Bankrottgesetz von 1841 geforderten 2.000 Dollar.[704] Die Eröffnung eines unfreiwilligen Verfahrens setzte zudem eine Bankrotthandlung des Schuldners und eine Mindestforderungshöhe der beantragenden Gläubiger von insgesamt 250 Dollar voraus.[705]

Eine *bankruptcy discharge* erhielt der Schuldner, wenn er sich vollumfänglich gesetzeskonform und kooperativ verhalten hatte.[706] Das Bankrottgesetz von 1867 enthielt jedoch eine lange und detaillierte Liste von Gründen, die zur Versagung einer *bankruptcy discharge* führten oder, sofern eine *bankruptcy discharge* bereits erteilt wurde, deren Unwirksamkeit zur Folge hatten.[707]

Auf Antrag des Schuldners, der in einem bestimmten Zeitraum zu stellen war, stellte das Gericht ein Konformitätszertifikat aus, welches der Schuldner bei Geltendmachung der *bankruptcy discharge* in Folgeprozessen zum Beweis seiner Restschuldbefreiung nutzen konnte.[708]

700 Act of March 2, 1867, ch. 176, 14 Stat. 517.

701 Act of March 2, 1867, § 11, ch. 176, 14 Stat. 517, 521: „(…) [I]f any person (…) owing debts provable under this act exceeding the amount of three houndred dollars, shall apply by petition, (…) his inability to pay all his debts in full, his willingness to surrender all his estate and effects for the benefit of his creditors and his desire to obtain the benefit of this act, (…) the filing of such petition shall be an act of bankruptcy, and such petitioner shall be adjudged a bankrupt (…).“

702 Act of March 2, 1867, § 39, ch. 176, 14 Stat. 517, 536.

703 Act of March 2, 1867, §§ 11, 39, ch. 176, 14 Stat. 517, 521, 536.

704 Act of Aug. 19, 1841, § 1, ch. 9, 5 Stat. 440, 441 f.

705 Act of March 2, 1867, § 39, ch. 176, 14 Stat. 517, 536.

706 Act of March 2, 1867, § 29, ch. 176, 14 Stat. 517, 531 f. konkretisiert die Verhaltensweisen, die zur Versagung der Restschuldbefreiung führten.

707 Act of March 2, 1867, § 29, ch. 176, 14 Stat. 517, 531 f.; vgl. zu dieser Liste und ihren Problemen *Tabb*, Am. Bankr. L.J. 65 (1991), 325, 358 f.

708 Act of March 2, 1867, §§ 29, 32 und 34, ch. 176, 14 Stat. 517, 531–534.

Schulden, die aus Betrug und Unterschlagung resultierten, waren nicht von der *bankruptcy discharge* umfasst.[709] Die *bankruptcy discharge* konnte von Gläubigern zwei Jahre lang angefochten werden.[710] Eine im Gesetzgebungsverfahren ebenfalls diskutierte generelle Ausnahme ehemaliger Rebellen aus den Südstaaten von den Regelungen der *bankruptcy discharge* hat sich nicht durchgesetzt.[711]

Für alle Verfahren, die später als ein Jahr nach Inkrafttreten des Bankrottgesetzes von 1867 eingeleitet wurden und in denen eine Insolvenzquote von 50 % verfehlt wurde, durfte die *bankruptcy discharge* nur erteilt werden, wenn mindestens die Hälfte der Gläubiger, die auch in der Summe mindestens die Hälfte der Forderungen gegen den Schuldner repräsentieren mussten, der Erteilung der *bankruptcy discharge* schriftlich zustimmte.[712] Dieses Zustimmungserfordernis wurde durch eine Gesetzesänderung von 1868 zunächst bis zum 1. Januar 1869 ausgedehnt.[713] Für Schulden, die vor 1869 entstanden waren, wurde das Quoten- und Zustimmungserfordernis 1870 schließlich ganz ausgesetzt.[714] Für Fälle des unfreiwilligen Bankrotts wurde das Quoten- und Zustimmungserfordernis 1874 ganz aufgehoben, sodass in unfreiwilligen Verfahren von nun an ausschließlich das Gericht nach den bereits dargelegten Kriterien über die Restschuldbefreiung entschied.[715]

In Fällen eines freiwilligen Verfahrens wurde das Quoten- und Zustimmungserfordernis 1874 modifiziert: Eine *bankruptcy discharge* war nur noch zu erteilen, wenn eine Quote von 30 % erreicht wurde und mindestens ein Viertel der Gläubiger, die gemeinsam mindestens ein Drittel der angemeldeten Forderungen repräsentieren mussten, ihre Zustimmung erteilten.[716]

Eine zweite *bankruptcy discharge* war nur möglich, wenn im zweiten Verfahren eine Quote von mindestens 70 % erreicht wurde oder eine Summenmehrheit von drei Viertel der Gläubiger der *bankruptcy discharge* schriftlich zustimmte oder der Schuldner inzwischen alle Verbindlichkeiten aus dem

---

709 Act of March 2, 1867, § 33, ch. 176, 14 Stat. 517, 533.

710 Act of March 2, 1867, § 34, ch. 176, 14 Stat. 517, 533 f.

711 *Warren*, Bankruptcy in United States History, S. 107 f.

712 Act of March 2, 1867, § 33, ch. 176, 14 Stat. 517, 533.

713 Act of July 27, 1868, ch. 258, 15 Stat. 227.

714 Act of July 14, 1870, § 1, ch. 262, 16 Stat. 276.

715 Act of June 22, 1874, § 9, ch. 390, 18 Stat. 178, 180; vgl. *Warren*, Bankruptcy in United States History, S. 120 f.

716 Act of June 22, 1874, § 9, ch. 390, 18 Stat. 178, 180; vgl. *Warren*, Bankruptcy in United States History, S. 120 f.

vorausgegangenen Bankrott abgezahlt hatte oder von den damaligen Gläubigern freiwillig aus dem Verfahren entlassen wurde.[717]

Das Bankrottgesetz von 1867 fand erstmals entsprechend auf Gesellschaften Anwendung. Auch diese konnten somit einen Antrag auf Eröffnung eines Bankrottverfahrens stellen, eine *bankruptcy discharge* war jedoch nicht möglich, da der Bankrott zur Liquidation der Gesellschaft führte.[718]

Das Bankrottgesetz von 1867 berücksichtigte die seit 1864 bestehenden einzelstaatlichen Vollstreckungsschutzbestimmungen (*state exemptions*).[719] Damit waren die von den westlichen Staaten nach 1840 geschaffenen *state exemptions* berücksichtigungsfähig. Im Jahr 1864, zur Zeit des Bürgerkriegs, wurden die konföderierten Südstaaten jedoch als außerhalb der Union und ihre Gesetze als unwirksam betrachtet, sodass die Vollstreckungsschutzbestimmungen dieser Staaten keine Anwendung fanden.[720] Auch die nach dem Bürgerkrieg von den Sezessionsstaaten nun teils unter neuen Verfassungen erlassenen Vollstreckungsschutzbestimmungen, die ihre Schuldner vor den Gläubigern aus dem Norden schützen sollten, wurden damit zunächst nicht berücksichtigt.[721] Erst 1872 wurden die 1871 bestehenden einzelstaatlichen Vollstreckungsschutzbestimmungen für anwendbar erklärt.[722]

1874 wurde im Rahmen des § 43 des Bankrottgesetzes von 1867 erstmals in einem US-amerikanischen Bankrottgesetz auf Bundesebene die Möglichkeit geschaffen, einen gerichtlich durchsetzbaren Zwangsvergleich (*composition*) zu schließen.[723] Einen solchen konnte der Schuldner in einer vom Gericht

---

717 Act of March 2, 1867, § 30, ch. 176, 14 Stat. 517, 532.

718 Act of March 2, 1867, §§ 36 und 37, ch. 176, 14 Stat. 517, 534 f.

719 Act of March 2, 1867, § 14, ch. 176, 14 Stat. 517, 523.

720 *Warren*, Bankruptcy in United States History, S. 110.

721 Vgl. *Warren*, Bankruptcy in United States History, S. 110 mit Beispielen.

722 Act of June 8, 1872, ch. 339, 178 Stat. 334. Hinzu kam 1873 ein Gesetz, das klarstellen sollte, dass die 1871 geltenden einzelstaatlichen *exemptions* im Bankrottverfahren – entgegen des Rückwirkungsverbots der *contract clause* – auch für vor ihrem Erlass begründete Forderungen wirkten, Act of March 3, 1873, ch. 235, 17 Stat. 577. Zu diesem Gesetz und der Diskussion um seine Verfassungsmäßigkeit vgl. *Warren*, Bankruptcy in United States History, S. 111 f.

723 Act of June 22, 1874, § 17, ch. 390, 18 Stat. 178, 182 ff. Zuvor wurde eine an das englische Bankrottgesetz 6 Geo. IV. c. 16 (1825) angelehnte Regelung in den 1820er-Jahren vorgeschlagen (dazu oben C. III. 1.), vgl. *Warren*, Bankruptcy in United States History, S. 44 f. Zur Einführung des Zwangsvergleichs in das Bankrottgesetz von 1867 vgl. zudem *Warren*, Bankruptcy in United States History, S. 118 ff.

einzuberufenden Gläubigerversammlung vorschlagen. Zur Bestätigung eines Vergleichs musste die einfache Mehrheit der in der Versammlung anwesenden Gläubiger zustimmen, die mindestens drei Viertel der ungesicherten Forderungen gegen den Schuldner zu repräsentieren hatte. Der Vergleich musste sodann durch Unterschrift von zwei Drittel der Gläubiger, die zusammen mindestens die Hälfte der Forderungen gegen den Schuldner repräsentieren mussten, bestätigt werden. Gläubiger mit Forderungen unter 50 Dollar wurden für die Kopfmehrheit nicht mitgezählt, ihre Forderungen aber bei der Berechnung des Wertes der repräsentierten Forderungen berücksichtigt. Der Zwangsvergleich, der in gewisser Weise eine Rückkehr zum traditionellen römisch-kontinentalen Befreiungsmittel darstellte, wurde als „innovative approach to debtor relief" bezeichnet, der zudem erstmals das Stigma des Bankrotts verhindere.[724]

3. Aufhebung

Wie seine Vorgänger hatte auch der *US Bankruptcy Act 1867* (mit seinen Änderungen und Ergänzungen) stets Gegner. Eine erste Initiative zur Aufhebung des Gesetzes scheiterte 1873 im Kongress. Das Repräsentantenhaus sprach sich für ein Gesetz zur Aufhebung aus, der Senat stimmte dem jedoch nicht zu.[725] Statt der Aufhebung kam es 1874 auf Initiative des Senats zu Gesetzesänderungen, die erstmals einen Zwangsvergleich in das US-amerikanische Bankrottverfahren integrierten.[726] Trotz der Gesetzesänderungen waren weder Gläubiger noch Schuldner mit dem Gesetz zufrieden, sodass die Versuche der Aufhebung 1878 schließlich erfolgreich waren.[727] Unter Berücksichtigung der Gesetzesänderungen war es immerhin für einen Zeitraum von elf Jahren in Kraft und damit das am längsten geltende Bankrottgesetz des Bundes vor 1898.

Das Gesetz von 1867 wurde trotzdem als Fehlschlag bezeichnet.[728] Weniger als ein Drittel der Bankrotteure unter dem Bankrottgesetz von 1867 erhielt eine *bankruptcy discharge*, was unter anderem auf die lange Liste der

---

724 *Tabb*, Am. Bankr. L.J. 65 (1991), 325, 361.

725 *Frimet*, Comm. L.J. 96 (1991), 160, 184; vgl. dazu im Detail *Warren*, Bankruptcy in United States History, S. 114 ff.

726 *Frimet*, Comm. L.J. 96 (1991), 160, 184 f.

727 Act of June 7, 1878, ch. 160, 20 Stat. 99; vgl. auch *Frimet*, Comm. L.J. 96 (1991), 160, 186; *Warren*, Bankruptcy in United States History, S. 121 ff.

728 *Frimet*, Comm. L.J. 96 (1991), 160, 183; *Warren*, Bankruptcy in United States History, S. 112.

Versagungsgründe zurückgeführt wird.[729] Das Erfordernis der Gläubigerzustimmung zur *bankruptcy discharge* führte zudem zu Missbrauch, weil Gläubiger sich ihre Zustimmung zur *bankruptcy discharge* bezahlen ließen,[730] insbesondere in freiwilligen Bankrottverfahren nach der Gesetzesänderung von 1874.[731]

Auch aus Gläubigersicht geriet das Gesetz in die Kritik. Die Verfahrenskosten waren hoch und es kam zu Korruptionsfällen bei der Administration des Verfahrens.[732] Die südlichen und westlichen Staaten waren weiterhin der Ansicht, ein nationales Bankrottgesetz überdehne die Zuständigkeit der Bundesgerichte zulasten der Zuständigkeiten der einzelstaatlichen Gerichte.[733] Der schlechte Ruf des Bankrottverfahrens wirkte schließlich bis in die Kongressdebatten der 1890er-Jahre nach.[734]

Thompson hat in einer ausführlichen historischen Studie zur Anwendung des Bankrottgesetzes von 1867 in den Südstaaten die Annahme einer grundsätzlich ablehnenden Haltung gegenüber dem Bankrottgesetz von 1867 etwas relativiert.[735] Das Gesetz habe der nach dem Krieg am Boden liegenden Wirtschaft der Südstaaten durchaus helfen können.[736] Insgesamt sei es aber wie seine Vorgänger als temporäre Entschuldungsmaßnahme angesehen worden. Von dieser Wirkung hätten in den Südstaaten nach dem Bürgerkrieg vor allem die alten Eliten der Plantagenbesitzer und Pflanzer profitiert.[737] Nach Überwindung der Krise sei der Süden aber zur traditionell ablehnenden Haltung gegen nationale Bankrottgesetze zurückgekehrt.[738]

---

729 *Countryman*, Comm. L.J. 81 (1976), 226, 230; *Tabb*, Am. Bankr. L.J. 65 (1991), 325, 359 f.

730 *Friedman*, History of American Law, S. 416; *Frimet*, Comm. L.J. 96 (1991), 160, 183.

731 *Tabb*, Am. Bankr. L.J. 65 (1991), 325, 357. Freiwillige Bankrotteure benötigten ab 1874 (im Gegensatz zum unfreiwilligen Verfahren) die Zustimmung von einem Viertel der Gläubiger, wenn sie nicht eine Quote von 30 % erreichten, Act of June 22, 1874, § 9, ch. 390, 18 Stat. 178, 180.

732 *Frimet*, Comm. L.J. 96 (1991), 160, 183 f.

733 *Warren*, Bankruptcy in United States History, S. 114.

734 *Warren*, Bankruptcy in United States History, S. 127 zitiert aus einer Kongressdebatte von 1893: „[T]he prejudices created by the abuses under the Act of 1867 make a fair discussion of any bankrupt act difficult."

735 *Thompson*, Reconstruction of Southern Debtors.

736 *Thompson*, Reconstruction of Southern Debtors, S. 5 f.

737 *Thompson*, Reconstruction of Southern Debtors, S. 3 f.

738 Interessanterweise fällt die Außerkraftsetzung des Gesetzes 1878 in etwa mit dem Ende der *Reconstruction* in den Südstaaten zusammen, vgl. *Thompson*, Reconstruction of Southern Debtors, S. 4.

V. US Bankruptcy Act 1898

Mit dem *US Bankruptcy Act 1898* hat sich die *straight discharge* als amerikanisches Modell der *bankruptcy discharge* dauerhaft im US-Insolvenzrecht etabliert.

1. Vorgeschichte zum Bankrottgesetz von 1898

Nach dem Bürgerkrieg folgte eine Zeit des wirtschaftlichen Wiederaufbaus und des Aufstiegs der Vereinigten Staaten zur weltweit führenden Industriemacht.[739] Dies war die Epoche, in der Industriebarone wie Vanderbilt, Carnegie, Rockefeller und viele Wall-Street-Banken aufstiegen und die *Mark Twain* als „vergoldetes Zeitalter“ (*gilded age*) bezeichnete.[740] Seit den 1870er-Jahren entstanden mit dem wirtschaftlichen Aufschwung auch lokale sowie national organisierte Wirtschafts- und Handelsverbände in Form von *Chambers of Commerce* und *Boards of Trade*, die als Interessenvertreter im Auftrag der Wirtschaft systematisch Lobbyismus betrieben, unter anderem für neue nationale Bankrottgesetze.[741] Ab den 1880er-Jahren konstatiert *Warren* vor diesem Hintergrund einen langsam einsetzenden Wandel in der Einstellung einiger südlicher und westlicher Staaten zur Frage der Notwendigkeit eines nationalen Bankrottgesetzes. Vor dem Hintergrund des wirtschaftlichen Aufstiegs der Vereinigten Staaten zeigten sich mehr und mehr Politiker aufgeschlossen gegenüber einer auf Dauer tragbaren Kompromisslösung zwischen Gläubiger-, Schuldner- und einzelstaatlichen Interessen.[742] Gleichwohl scheiterte der erste Vorstoß der Wirtschaftsverbände zum Erlass eines neuen Bankrottgesetzes auf Bundesebene 1884.[743]

Den nächsten Anlauf zum Vorschlag eines nationalen Bankrottgesetzes unternahmen die Wirtschaftsverbände 1889 mit einem Gesetzesentwurf aus der Feder des Rechtsanwaltes *Jay Torrey* (*Torrey-Bill*), der schließlich zur Grundlage des Bankrottgesetzes von 1898 wurde.[744] Im ersten Anlauf scheiterte jedoch auch diese Gesetzesinitiative 1893 im Repräsentantenhaus.[745] Gegenüber einer bundesstaatlichen Bankrottgesetzgebung zuvor kritisch eingestellte Abgeordnete, insbesondere aus den westlichen und südlichen Staaten, kehrten aufgrund

739 *Mauch/Ortlepp/Heideking*, Geschichte der USA, S. 173 ff.

740 *Mauch/Ortlepp/Heideking*, Geschichte der USA, S. 182 ff.

741 *Hansen*, Bus. Hist. Rev. 72 (1998), 86, 110 ff.; *Skeel*, Debts Dominion, S. 35 ff.; *ders.*, Bankr. Dev. J. 15 (1999), 321, 329.

742 *Warren*, Bankruptcy in United States History, S. 128 f.

743 *Skeel*, Bankr. Dev. J. 15 (1999), 321, 329.

744 *Skeel*, Bankr. Dev. J. 15 (1999), 321, 329.

745 *Frimet*, Comm. L.J. 96 (1991), 160, 187.

einer 1893 ausgebrochenen Wirtschaftskrise zu ihrer traditionellen Ablehnung umfassender nationaler Bankrottgesetze zurück.[746] Sie favorisierten in Krisenzeiten – wenn überhaupt – rein freiwillige Bankrottverfahren mit dem Ziel der (rückwirkenden) Entschuldung für jedermann.[747] Unfreiwillige Bankrottverfahren als Vollstreckungsmechanismus, wie sie die von den Wirtschaftsverbänden geprägte *Torrey-Bill* enthielt, sahen sie besonders in Krisenzeiten als Instrument der Unterdrückung der Landwirte und der Arbeiterschaft durch skrupellose Kapitalisten:[748]

> „[A]nother cruel and destructive instrumentality employed by the demon Money to crush out the farmers, the laborers and the masses of the country and make them subservient to and obedient slaves to the privileged classes, the capitalists, and Money Power of this land."

Auch der alte Konflikt zur Ausgestaltung des Föderalismus trat in dieser Situation erneut zutage. Anhänger der sogenannten *States-rights*-Bewegung versuchten, den Zentralstaat politisch schwach zu halten und möglichst viele Kompetenzen (und damit zusammenhängende Gerichtsverfahren) bei den Einzelstaaten zu belassen.[749]

Aber auch Politiker aus dem Norden nahmen aufgrund der wirtschaftlich angespannten Situation Abstand von dem Modell der *Torrey-Bill.* Sie befürchteten, dass durch Bankrottverfahren ausgelöste Zwangsliquidationen die Preise von Vermögenswerten weiter unter Druck setzen könnten, was die Krise wie ein Brandbeschleuniger noch mehr anheizen könnte.[750]

Als Argument gegen ein nationales Bankrottverfahren wurden zudem zu hohe Verfahrenskosten angeführt. Argumentiert wurde, das Schuldnervermögen werde nicht den Gläubigern zugutekommen, sondern in einem teuren Justiz- und Bürokratieapparat des Bundes versickern.[751] Diese Kostenfrage spielte aufgrund der geografischen Weite der Vereinigten Staaten und der schlechten Erfahrungen, die man im Zusammenhang mit dem Bankrottgesetz von 1867 im Hinblick auf die Verfahrenskosten gemacht hatte, eine besondere Rolle.[752]

---

746 *Frimet*, Comm. L.J. 96 (1991), 160, 187.

747 *Skeel*, Bankr. Dev. J. 15 (1999), 321, 333.

748 So der Abgeordnete *William H. Denson* aus Alabama, zitiert nach *Warren*, Bankruptcy in United States History, S. 136.

749 *Skeel*, Bankr. Dev. J. 15 (1999), 321, 331.

750 *Warren*, Bankruptcy in United States History, S. 135.

751 *Skeel*, Bankr. Dev. J. 15 (1999), 321, 332; *ders.*, Debts Dominion, S. 40 ff.

752 *Skeel*, Bankr. Dev. J. 15 (1999), 321, 332; *ders.*, Debts Dominion, S. 40.

Die Opposition gegen ein nationales Bankrottgesetz wurde in den folgenden Jahren jedoch schwächer und die Befürworter eines nationalen Bankrottgesetzes gewannen wieder Oberhand, weil der wirtschaftliche Abschwung, der 1893 begonnen hatte, auch fünf Jahre später noch nicht überwunden war. Die Notwendigkeit eines nationalen Bankrottgesetzes als Entschuldungsmechanismus wurde daher trotz der unterschiedlichen Positionen zum unfreiwilligen Verfahren als immer dringlicher angesehen.[753] Aus diesen Interessenlagen entwickelte sich ein Kompromiss, in dem jede Seite die Forderungen der anderen fast vollständig akzeptierte: Die Vertreter der Gläubigerinteressen erkauften sich das unfreiwillige Verfahren durch weitreichende Zugeständnisse an die Schuldnerinteressen und die Interessen der südlichen und westlichen Staaten.[754] Dies führte zu einem Bankrottgesetz, das neben einem klassischen Gesamtvollstreckungsmechanismus letztlich alle schuldnerfreundlichen Entwicklungen der vorherigen Bankrottgesetze enthielt.

2. Inhalt des Bankruptcy Act 1898

Der *Act to establish a uniform System of Bankruptcy throughout the United States* vom 1. Juli 1898[755] sah eine unfreiwillige und eine freiwillige Verfahrensalternative vor. Das freiwillige Verfahren stand jeder natürlichen Person offen.[756] Dabei war es nicht einmal notwendig, dass der Schuldner insolvent war oder behauptete, dies zu sein.[757]

Ein unfreiwilliges Verfahren auf Antrag eines oder mehrerer Gläubiger war grundsätzlich gegen natürliche Personen und Gesellschaften möglich, die insolvent[758] waren und einen Bankrotttatbestand verwirklicht hatten.[759] Gegen den Schuldner mussten Forderungen in Höhe von mindestens 1.000 Dollar bestehen. Das unfreiwillige Verfahren war ausgeschlossen, wenn der Schuldner ein Arbeiter oder Angestellter mit regelmäßigen Einkünften (*wage earner*) oder

753 *Skeel*, Bankr. Dev. J. 15 (1999), 321, 335 f.
754 *Skeel*, Bankr. Dev. J. 15 (1999), 321, 333 ff.
755 Act of July 1, 1898, ch. 541, 30 Stat. 544.
756 Act of July 1, 1898, § 4(a), ch. 541, 30 Stat. 544, 547: „Any person who owes debts, except a corporation, shall be entitled to the benefits of this Act as a voluntary bankrupt."
757 Vgl. dazu *Hallinan*, U. Rich. L. Rev. 21 (1986), 49, 75.
758 Zur Definition der Insolvenz siehe Act of July 1, 1898, § 1(a)(15), ch. 541, 30 Stat. 544.
759 Act of July 1, 1898, § 3(b), ch. 541, 30 Stat. 544, 546. Als Bankrotttatbestand galt dabei u. a. auch eine vollständige Vermögensabtretung zugunsten der Gläubiger sowie die schriftliche Anzeige der Zahlungsunfähigkeit.

ein Landwirt war; ausgenommen waren zudem öffentlichrechtlich sowie privatrechtlich verfasste Banken.[760]

Der Schuldner konnte frühestens einen Monat und spätestens zwölf Monate, nachdem er zum Bankrotteur erklärt worden war (in Ausnahmefällen auch später), eine *bankruptcy discharge* beim zuständigen Bankrottgericht beantragen.[761] Nach Anhörung des Bankrotteurs entschied ein Richter über die *bankruptcy discharge*. Die *bankruptcy discharge* war dabei zwingend zu erteilen, sofern der Schuldner nicht ein nach dem Bankrottgesetz von 1898 mit Gefängnis zu ahndendes Vergehen begangen oder seine Vermögensverhältnisse zum Nachteil seiner Gläubiger zu verschleiern versucht hatte.[762] Die mit Freiheitsstrafe bedrohten Straftaten umfassten das betrügerische Unterschlagen, Beiseiteschaffen, Verbergen oder Zerstören von Vermögenswerten aus der Insolvenzmasse sowie die eidesstattliche Angabe falscher Tatsachen zu den eigenen Vermögensverhältnissen oder Gläubigerforderungen im Bankrottverfahren.[763]

Mit einer Gesetzesänderung von 1903 wurden zudem die Verweigerung der Mitwirkung im Bankrottverfahren, das Eingehen einer anfechtbaren Verfügung (*fraudulent conveyance*) innerhalb der zwölf Monate vor Verfahrenseröffnung, der Erhalt einer *bankruptcy discharge* innerhalb der vergangenen sechs Jahre vor Verfahrenseröffnung und das Erschleichen eines Kredits aufgrund gefälschter Buchführung zu weiteren Versagensgründen erklärt.[764] Ab 1926 musste der Bankrotteur den Verfall seiner Vermögensverhältnisse zudem in zufriedenstellender Weise erklären können.[765] Die Gründe für eine Versagung

---

760 Act of July 1, 1898, § 4(b), ch. 541, 30 Stat. 544, 547: „Any natural person, except a wage-earner or a person engaged chiefly in farming or the tillage of the soil, any unincorporated company, and any corporation engaged principally in manufacturing, trading, printing, publishing, or mercantile pursuits, owing debts to the amount of one thousand dollars or over, may be adjudged an involuntary bankrupt (...). Private Bankers, but not national banks or banks incorporated under State or Territorial laws, may be adjudged involuntary bankrupts."

761 Act of July 1, 1898, § 14(a), ch. 541, 30 Stat. 544, 550; 1938 wurde das gesonderte Antragserfordernis für die Erteilung der *bankruptcy discharge* aufgehoben, der Antrag auf Eröffnung des Bankrottverfahrens diente nun gleichzeitig als Antrag auf Erteilung der Restschuldbefreiung, soweit der Schuldner gegenüber dem Bankrottgericht nicht schriftlich auf sein Recht zur Restschuldbefreiung verzichtete, Act of June 22, 1938, ch. 575, Stat. 840, 850; vgl. dazu *Tabb*, Am. Bankr. L.J. 65 (1991), 325, 369.

762 Act of July 1, 1898, § 14(b), ch. 541, 30 Stat. 544, 550.

763 Act of July 1, 1898, § 29(b)(1)–(5), ch. 541, 30 Stat. 544, 554.

764 Act of February 5, 1903, § 4, Publ. L. No. 61, ch. 487, § 4, 32 Stat. 797 f.

765 Act of May 27, 1926, § 6(2), Publ. L. No. 301, ch. 406, 44 Stat. 662, 664.

der *bankruptcy discharge* mussten Personen mit berechtigtem Interesse, also von der *bankruptcy discharge* betroffene Gläubiger, schriftlich in einer vom Bankrottgericht gesetzten Frist vorbringen und beweisen.[766] Die *bankruptcy discharge* konnte zudem innerhalb eines Jahres angefochten und vom zuständigen Bankrottgericht wieder aufgehoben werden.[767] Wie im Bankrottgesetz von 1841 kam es auf die Zustimmung einer Gläubigermehrheit oder eine Mindestquote nicht an. Diese Art der *bankruptcy discharge*, die ohne Tätigwerden der Gläubiger eine praktisch bedingungslose Restschuldbefreiung ermöglichte, hatte im Gesetzgebungsverfahren anders als in den Debatten um die zwei Vorgänger des Gesetzes von 1841 und 1867 erstaunlicherweise keine großen Debatten ausgelöst.[768]

Nicht von der restschuldbefreienden Wirkung der *bankruptcy discharge* umfasst waren Steuerschulden, Forderungen wegen Betrug und Untreue des Schuldners, Forderungen, auf die der Schuldner im Bankrottverfahren nicht hingewiesen hatte, obwohl er von ihnen wusste, und deliktische Forderungen, soweit sie auf vorsätzliches oder grob fahrlässiges Verhalten des Schuldners zurückzuführen waren.[769] 1903 wurde durch den Gesetzgeber klargestellt, dass auch Unterhaltsforderungen nicht der *bankruptcy discharge* unterfielen.[770]

Wie bereits im Bankrottgesetz von 1867 fanden auch unter dem Bankrottgesetz von 1898 die Vollstreckungsschutzbestimmungen des Einzelstaates Anwendung, in dem der Schuldner seinen Wohnsitz hatte.[771]

Zur Frage, wie die *bankruptcy discharge* prozessual durchzusetzen war, enthielt das Bankrottgesetz von 1898 keine ausdrückliche Regelung. In der Praxis wurde das Verfahren der vorherigen Bankrottgesetze daher beibehalten. Der Schuldner musste die *bankruptcy discharge* in Folgeprozessen somit zunächst weiterhin als Einrede (*affirmative defense*) geltend machen.[772] Erst ab 1970 war die *bankruptcy discharge* in Folgeprozessen von Amts wegen zu berücksichtigen.[773]

Das Bankrottgesetz von 1898 enthielt zudem Regelungen, die es ermöglichten, einen Zwangsvergleich zu schließen und gerichtlich anerkennen zu lassen. Auch

---

766 Gemäß Act of July 1, 1898, § 14(b), ch. 541, 30 Stat. 544, 550, i. d. F. des Act of June 22, 1938, ch. 575, Stat. 840, 850.

767 Act of July 1, 1898, § 15, ch. 541, 30 Stat. 544, 550.

768 *Boshkoff*, U. Pa. L. Rev. 131 (1982), 69, 108 ff.; *Tabb*, Am. Bankr. L.J. 65 (1991), 325, 364.

769 Act of July 1, 1898, § 17, ch. 541, 30 Stat. 544, 550 f.

770 Act of February 5, 1903, Publ. L. No. 61, ch. 487, § 5, 32 Stat. 797, 798; vgl. dazu *Tabb*, Am. Bankr. L.J. 65 (1991), 325, 368, Fn. 344.

771 Act of July 1, 1898, § 6, ch. 541, 30 Stat. 544, 548.

772 *Tabb*, Am. Bankr. L.J. 65 (1991), 325, 369.

773 Pub. L. No. 91–467, § 3, 84 Stat. 991 (1970).

ein solcher Zwangsvergleich befreite den Schuldner von seinen vor dem Bankrott entstandenen Verbindlichkeiten, soweit im Zwangsvergleich nichts anderes geregelt war.[774] Einen Vergleichsvorschlag konnte der Schuldner erst nach seiner Bankrotterklärung und einer ersten Anhörung vor dem Bankrottgericht vorlegen.[775] Die notwendige gerichtliche Bestätigung setzte die Zustimmung einer Kopf- und Summenmehrheit der betroffenen ungesicherten Gläubiger voraus.[776]

3. Gründe für Beständigkeit des Gesetzes

Wie seine Vorgänger erhielt auch der *US Bankruptcy Act 1898* den letzten politischen Anschub als bundesgesetzliche Entschuldungsmaßnahme zur Intervention in einer wirtschaftlichen Krisenzeit. Genau darin wurde von Kritikern eine Schwäche des Gesetzes gesehen. Als Gesetz zur Krisenintervention drohe ihm dasselbe Schicksal wie seinen Vorgängern: die baldige Aufhebung nach Überwindung der Krise. *Olmstead* kritisierte 1902 in diesem Sinne, dass Bankrottgesetze in der Justiz und im Kongress allzu oft als periodisch wiederkehrende Entschuldungsmaßnahmen im Sinne eines „mosaischen Jubeljahres"[777] (miss-) verstanden wurden und ihre wirtschafts- und handelsrechtlichen Funktionen zu sehr in den Hintergrund traten:[778]

> „It is perfectly apparent, however, that there exists among some judges, on the floors of Congress and in the community, a fallacious and superficial view that bankruptcy legislation should partake of the nature of a ‚Hebrew Jubilee,' and that at intermittent periods the country should have such a law for the purpose of relieving the unfortunate debtor from his burden of debt. While the humanitarian or relief features are meritorious, it should be constantly borne in mind that this principle is merely an incident to its main purpose, and should not prove a menace to the *permanency* of a system intended for the perpetual benefit of merchants in general. If the ‚Hebrew Jubilee' idea is to prevail, the country will be confronted with successive repeals as heretofore (…)."

---

774 Act of July 1, 1898, § 14(c), ch. 541, 30 Stat. 544, 550.

775 Act of July 1, 1898, § 12(a), ch. 541, 30 Stat. 544, 549.

776 Act of July 1, 1898, § 12(b), ch. 541, 30 Stat. 544, 549 f.

777 Vgl. zu den Erlassjahren Dtn 15,1–3.9.11–15 und Lev 25,39–41.44–46. Zur Geschichte altorientalischer Schuldenerlasse siehe *Hudson*, … and forgive them their debts, zu ihrem Einfluss auf das mosaische Recht insbesondere S. 203 ff.

778 *Olmstead*, Harv. L. Rev. 15 (1902), 829, 843; die gesamtvollstreckungsrechtlichen Aspekte im Interesse der Gläubiger gegenüber der *discharge* des Schuldners betonen auch *Glenn*, Va. L. Rev. 23 (1937), 373 ff.; *Radin*, N.Y.U. L.Q. Rev. 9 (1931), 39 ff.; *ders.*, U. Pa. L. Rev. 89 (1940), 1 ff.

Das Bankrottgesetz von 1898 blieb als inhaltliche Grundlage des US-amerikanischen *bankruptcy law* (mit Ergänzungen insbesondere in den 1930er-Jahren) jedoch bis zu seiner Ablösung durch den *Bankruptcy Code* von 1978 durchgehend in Kraft.

Diese Stabilität verdankt das Bankrottgesetz laut *Skeel* vor allem drei Aspekten. Erstens scheint die Einbettung der *straight discharge* in einen nun für alle Interessengruppen in seiner Gesamtheit tragbaren Kompromiss gelungen zu sein.[779] Zweitens wirkte eine lange Phase republikanischer Dominanz in Regierung und Kongress tendenziell eher zugunsten der Beibehaltung eines nationalen Bankrottgesetzes.[780] Drittens war die Institutionalisierung professioneller Insolvenzrechtsanwälte im *Bankruptcy Bar* stabilisierend für das bundesrechtliche Bankrottsystem.[781]

Das US-amerikanische Bankrottgesetz von 1898 sah – auch vor dem Hintergrund der schlechten Erfahrungen aus den 1860er- und 1870er-Jahren[782] – eine extrem schlanke administrative Struktur für das Bankrottverfahren vor. Gläubiger und Schuldner mussten das Bankrottverfahren im Prinzip selbst betreiben und benötigten darauf spezialisierte Rechtsanwälte. Diese Anwälte organisierten sich im *Bankruptcy Bar* und wirkten dadurch (nicht zuletzt aus einem gewissen Eigeninteresse) stabilisierend für das geschaffene nationale Bankrottsystem.[783]

Es lässt sich noch ein weiterer Punkt anführen, der gegen die Entstehung einer scharfen Opposition sprechen könnte. Die von *Olmstead* kritisierte Konzentration auf eine schuldnerfreundliche *straight discharge* verlor im gesamtwirtschaftlichen Kontext an Bedeutung. Unternehmerische Tätigkeit in größerem Umfang fand inzwischen über den Einsatz von privatrechtlichen Kapitalgesellschaften (*Business Corporations*) statt. Die Gründung einer *Corporation* wurde

---

779 Das Bankrottgesetz von 1898 wurde von den einen als fast obszön schuldnerfreundlich und von den anderen als brutal gläubigerfreundlich kritisiert. *Skeel*, Bankr. Dev. J. 15 (1999), 321, 336 wertet dies als Zeichen des Erfolgs: „According to an old say about negotiations, if both parties complain about the outcome, the negotiations probably were successful.“

780 *Skeel*, Bankr. Dev. J. 15 (1999), 321, 337 f.; *ders.*, Debts Dominion, S. 43 f. Erst 1910 gewannen die Demokraten die Mehrheit im Repräsentantenhaus, 1912 wurde mit *Woodrow Wilson* der Präsidentschaftskandidat der Demokraten gewählt.

781 *Skeel*, Bankr. Dev. J. 15 (1999), 321, 337 f.; *ders.*, Fordham L. Rev. 67 (1998), 497. 505 ff.; *ders.*, Debts Dominion, S. 44 ff.

782 Dazu oben C. IV. 3.

783 *Skeel*, Bankr. Dev. J. 15 (1999), 321, 337 ff.; *ders.*, Debts Dominion, S. 40 ff.; *ders.*, Fordham L. Rev. 67 (1998), 497, 504 ff.

im späteren 19. Jahrhundert zu einem unkomplizierten administrativen Akt, der nicht viel mehr als das Ausfüllen eines Formulars erforderte.[784] Wie bereits das Bankrottgesetz von 1867 (i. d. F. von 1874) war das Bankrottgesetz von 1898 zwar grundsätzlich auf *Business Corporations* anwendbar.[785] Inhaltlich waren beide Bankrottgesetze aber auf natürliche Personen und Kleinbetriebe zugeschnitten und wurden vom eigentlichen „*Corporate America*" praktisch ignoriert.[786] Zudem verschwanden mit der insolvenzrechtlichen Liquidation einer *Corporation* deren Schulden auch ohne *bankruptcy discharge*. Der Umgang mit der Insolvenz der neuen Kapitalgesellschaften als Träger wirtschaftlicher Unternehmen erforderte daher neue Ansätze, die über die bisherigen Regelungen des *bankruptcy law* hinausgingen. Ein solcher Ansatz war beispielsweise die Restrukturierung großer Eisenbahngesellschaften, die sich in Form des sogenannten *railroad receivership* außerhalb des *bankruptcy law* entwickelte. Daran angelehnte Restrukturierungsregelungen wurden erst ab den 1930er-Jahren ins *bankruptcy law* integriert.[787]

4. Übergang ins Verbraucherinsolvenzrecht

Die Bankrottgesetze bis zum Bankrottgesetz von 1898 wurden als primär handels- und wirtschaftsrechtliche Regelungen geschaffen und angesehen. Auch die Tatsache, dass die Anwendbarkeit der freiwilligen und unfreiwilligen Verfahrensalternativen formal nicht mehr von der Kaufmannseigenschaft des Schuldners oder einer Mindestsumme von Schulden abhängig gemacht wurde, änderte diese Sichtweise nicht. Verbraucher als Insolvenzschuldner spielten selbst in den Debatten des späten 19. Jahrhunderts keine oder nur eine sehr untergeordnete Rolle.[788] Die Regelung der *bankruptcy discharge*, insbesondere in Form der *straight discharge*, wurde daher auch nicht in Bezug auf Verbraucher diskutiert und gerechtfertigt.[789] Zugeschnitten waren die Bankrottgesetze des

---

784 *Kilborn*, Ohio St. L.J. 64 (2003), 855, 878; zur Entwicklung des US-amerikanischen Kapitalgesellschaftsrechts im 19. Jahrhundert siehe *Friedman*, History of American Law, S. 495 ff.

785 Dazu oben C. IV. 2. und V. 2.

786 *Skeel*, Debts Dominion, S. 48; *ders.*, Fordham L. Rev. 67 (1998), 497, 499.

787 *Skeel*, Debts Dominion, S. 48 ff.

788 *Moss/Gibbs*, Am. Bankr. L.J. 73 (1999), 311, 312 ff.

789 *Moss/Gibbs*, Am. Bankr. L.J. 73 (1999), 311, 314: „(…) [I]n all of the Congressional debates over bankruptcy in the nineteenth century, references to consumer debtors were exceedingly rare; and the enactment of discharge provisions was never justified on the basis of consumer needs."

19. Jahrhunderts in erster Linie auf die Finanzierungsstrukturen unternehmerischer Tätigkeit und die Liquidation eines von Gläubigern (vor-)finanzierten Betriebs- und Handelsvermögens.[790] Für kleine Schulden dürften der Aufwand eines Bankrottverfahrens vor einem Bundesgericht und die Beauftragung eines spezialisierten Anwalts auch nicht praktikabel gewesen sein.

In der ersten Hälfte des 20. Jahrhunderts änderte sich das Umfeld, in dem für das Bankrottgesetz das Konzept der US-amerikanischen *straight discharge* zum Einsatz kam. *Hallinan* spricht von der „*consumerization*“ des Bankrottverfahrens.[791] In dieser Zeit entstand die moderne Verbraucherkreditwirtschaft in den Vereinigten Staaten.[792] Die industrielle Massenproduktion von teuren Waren wie etwa Automobilen und das Angebot von Ratenkrediten ermöglichten Verbrauchern, sich immer höher zu verschulden.[793] In dieser Zeit stieg die Zahl der Bankrottverfahren, die nicht unternehmerisch tätige Arbeiter und Angestellte (*wage earner*) betrafen, rapide an. Von den Schuldneranträgen zur Eröffnung eines Bankrottverfahrens stammte 1912 gerade einmal ein Fünftel von Angestellten und Arbeitern, 1930 war es bereits die Hälfte, 1940 fast drei Viertel.[794] *Hallinan* schrieb:[795]

> „[T]he bankruptcy statute drafted as a regulation of commercial credit continued to operate, but in a significantly different world.“

Diese Entwicklung wurde teils kritisch beobachtet. 1910 scheiterte sogar ein Versuch, das Bankrottgesetz von 1898 wegen angeblich zunehmendem Missbrauch insbesondere durch Verbraucher aufzuheben.[796]

Aus dieser Situation ging letztlich die Aufnahme des im nächsten Abschnitt behandelten Tilgungsplanmodells der *bankruptcy discharge* in das US-amerikanische *bankruptcy law* hervor. Das Tilgungsplanmodell ersetzte die *straight discharge* jedoch nicht.

---

790 Vgl. *Hallinan*, U. Rich. L. Rev. 21 (1986), 49, 60 ff. der das Konzept des Bankrottgesetzes von 1898 als „*entrepreneurial model*“ beschreibt.

791 *Hallinan*, U. Rich. L. Rev. 21 (1986), 49, 65 ff. spricht von der „*consumerization*“ des Bankrottverfahrens.

792 Vgl. zur Entwicklung der rechtlichen Rahmenbedingungen ungesicherter Kleindarlehen für Verbraucher im frühen 20. Jahrhundert *Hallinan*, U. Rich. L. Rev. 21 (1986), 49, 63, Fn. 56; *Moss/Gibbs*, Am. Bankr. L.J. 73 (1999), 311, 315 f., 322 ff.

793 Vgl. *Calder*, Financing the American Dream, S. 16 ff., 20, 26 f.

794 *Hallinan*, U. Rich. L. Rev. 21 (1986), 49, 65.

795 *Hallinan*, U. Rich. L. Rev. 21 (1986), 49, 69.

796 *Moss/Gibbs*, Am. Bankr. L.J. 73 (1999), 311, 314 f.

D. Tilgungsplanmodell der bankruptcy discharge

I. Die englische administration order von 1883

Die Dogmatik des Tilgungsplanmodells lässt sich auf die mit dem englischen *Bankruptcy Act 1883*, 46 & 47 Vict. c. 52 eingeführte *administration order* zurückführen. Im englischen Recht war diese Rechtsfigur letztlich nicht besonders erfolgreich, das US-amerikanische Recht rezipierte das Konzept in den 1930er-Jahren jedoch und machte es zu einem zentralen Bestandteil des modernen Verbraucherinsolvenzrechts.[797]

Im 19. Jahrhundert entwickelte sich das englische *bankruptcy law* in vielerlei Hinsicht weiter. 1861 öffnete sich das englische *bankruptcy law* durch eine Zusammenführung mit den *insolvency laws* auch für Nichtkaufleute.[798] Das *bankruptcy law* umfasste nunmehr auch Zwangsvergleiche und alternative Liquidations- oder Restrukturierungspläne in Form von *deeds* bzw. *schemes of arrangement*.[799] Die Gläubigerkontrolle als charakteristisches Merkmal des Ausgangsmodells der *bankruptcy discharge* wurde 1849 abgeschafft. Von nun an lag die Entscheidung über das Konformitätszertifikat beim Bankrottgericht, das in öffentlicher Sitzung nach Gesamtabwägung des Einzelfalls und

797 Vgl. *Ramsay*, Personal Insolvency, S. 40, 79 ff.: „(…) The administration order was, therefore, an early attempt to adjust bankruptcy to wage earners. But it had limited success in England and Wales (…), although it provided a model (…) which was later codified in Chapter 13 of the US Bankruptcy Code in 1938. It also influenced European reformers in the late 1980s who wished to introduce a discharge after an attempt at partial repayment by a debtor."

798 24 & 25 Vict., c. 134 (1861), § 69, dazu oben. Seit 1986 kommt die Stellung des englischen *bankruptcy law* als insolvenzrechtliches Verfahren für natürliche Personen in seiner Positionierung als ein Kapitel im Insolvency Act 1986 zum Ausdruck. Die insolvenzrechtliche Universalität des Begriffs des *bankruptcy law*, die sich in den Vereinigten Staaten von Amerika aus verfassungsrechtlichen Gründen durchgesetzt hat (und die wohl auch der heute üblichen umgangssprachlichen Verwendung des Begriffs entspricht), trifft auf „*bankruptcy*" als Rechtsbegriff in England nicht zu. Im englischen Recht ist er auf natürliche Personen beschränkt, die formal zum Bankrotteur erklärt werden.

799 Dazu oben B. II. 3. b) ee).

unter Berücksichtigung der Person und des Verhaltens des Schuldners über die Gewährung, Bedingung und Befristung einer *bankruptcy discharge* entschied.[800]

Für weitgehend vermögenslose Lohnempfänger, das heißt in der Regel die Insolvenzschuldner aus der Arbeiterschicht, die nun grundsätzlich in den Anwendungsbereich der Bankrottgesetze fielen, erschien die im Zentrum des Bankrottverfahrens stehende Vermögensliquidation wenig sinnvoll.[801] Dasselbe galt für aufwendige Zwangsvergleiche und *schemes of arrangement*. Die Verfahren des *bankruptcy law* waren nicht auf die Lohnempfänger aus der Arbeiterschicht zugeschnitten. Im Hinblick auf vermögenslose Lohnempfänger bestand aus Sicht der Gläubiger zudem ein weiteres Problem: Lohnpfändungen waren im englischen Recht (bis 1971) nicht möglich.[802] Zahlungsansprüche gegen insolvente Lohnempfänger wurden trotz der Abschaffung der exzessiven Praxis der Schuldhaft durch den *Debtors Act 1869*[803] in Ermangelung von Alternativen oft weiter über Schuldhaft vollstreckt.[804]

Die 1883 eingeführte *administration order* war daher als Zwangsvergleich- oder Planverfahren mit Restschuldbefreiung für die Arbeiterschicht konzipiert und sollte für Gläubiger gleichzeitig eine sinnvolle Alternative zur Inhaftierung vermögensloser Schuldner bieten.[805] In der zweiten Lesung des Entwurfes zum Bankrottgesetz von 1883 im *House of Commons* beschrieb *Joseph Chamberlain* die Rolle, die der *administration order* zugedacht wurde, wie folgt:[806]

> „A debtor, who was brought up on a judgment summons or a County Court plaint, might state that he was indebted to other persons, might give in a schedule of his debts, and propose an arrangement for discharging them, and if the Court thought it reasonable it might at once confirm it, so that a small debtor would then be in exactly the same position as a large debtor, who had succeeded in making a composition with his creditors, or in arranging for a scheme of liquidation. Although he had not abolished in all cases imprisonment for debt, yet, if these provisions became law, it could be no longer

---

800 12 & 13 Vict. c. 106 (1849), § 198. Vgl. zum Trend des 19. Jahrhunderts, das Bankrottverfahren unter mehr staatliche Kontrolle zu stellen, auch *Lester*, Victorian Insolvency, S. 40 ff., der vom *„officialism"* spricht.

801 *Ramsay*, Personal Insolvency, S. 77.

802 *Ramsay*, Personal Insolvency, S. 78.

803 32 & 33 Vict. c. 62.

804 *Ramsay*, Personal Insolvency, S. 77 mit Fn. 37. Erst der *Supreme Court Act 1981*, c. 54, § 141 schaffte die Schuldhaft über *capias ad respondendum* endgültig ab. Vgl. *Baker*, English Legal History, S. 74.

805 *Ramsay*, Personal Insolvency, S. 78 f.

806 HC Deb (19. März 1883) (277) Sp. 816–912, 834.

said that any inequality existed in the law as between rich and poor. The resort to imprisonment to secure payment would be much rarer, and a large discretion would be vested in the Judges to arrange for the relief of the small debtor by a reasonable composition."

Eine *administration order* setzte voraus, dass der Schuldner von einem *County Court* zu einer Zahlung verurteilt worden war, die er nicht leisten konnte. Hatte der Schuldner insgesamt Schulden von nicht mehr als 50 Pfund, konnte er eine Liste seiner Gläubiger und seiner Schulden mit einem Vorschlag zur Abzahlung einreichen. Der *County Court* konnte dann über die *administration order* Abzahlungs-, Stundungs- und Teilerlassregelungen nach gerichtlichem Ermessen für alle aufgelisteten Gläubiger für rechtlich verbindlich erklären.[807] Die Zustimmung der Gläubiger oder einer Gläubigermehrheit hierfür war nicht erforderlich. Konnte der Schuldner den Plan wie vorgesehen durchführen, erhielt er eine Restschuldbefreiung.[808]

Seit den 1960er-Jahren wurde die Obergrenze für die bis dahin nicht sehr erfolgreiche *administration order* von 50 Pfund schrittweise bis auf schließlich 5.000 Pfund im Jahr 1981 angehoben.[809] Darüber hinaus wurden *administration orders* mit Tilgungsplänen von bis zu 10 Jahren möglich, was laut *Ramsay* in fast der Hälfte der verfügten *administration orders* auch ausgeschöpft wurde.[810] Ab den 1980er-Jahren konnten *administration orders* zudem ohne Schuldnerantrag vom Gericht verfügt werden.[811] Eine in den 1980er-Jahren angestoßene Reform der *administration order*, die unter anderem eine Reduzierung der maximalen Laufzeit eines Tilgungsplans auf höchstens drei Jahre und eine obligatorische Restschuldbefreiung im Anschluss an diesen Zeitraum vorsah, wurde in

807 46 & 47 Vict. c. 52 (1883), § 122(1): „Where a judgment has been obtained in a county court and the debtor is unable to pay the amount forthwith, and alleges that his whole indebtedness amounts to a sum not exceeding fifty pounds, inclusive of the debt for which the judgment is obtained, the county court may make an order providing for the administration of his estate, and for the payment of his debts by instalments or otherwise, and either in full or to such extent as to the county court under the circumstances of the case appears practicable, and subject to any condition as to his future earnings or income which the court may think just."

808 46 & 47 Vict. c. 52 (1883), § 122(13): „When the amount received under the order is sufficient to pay each creditor scheduled to the extent thereby provided, and the costs of the plaintiff and of the administration, the order shall be superseded, and the debtor shall be discharged from his debts to the scheduled creditors."

809 *Ramsay*, Personal Insolvency, S. 81.

810 *Ramsay*, Personal Insolvency, S. 81.

811 *Ramsay*, Personal Insolvency, S. 81.

den 1990er-Jahren zwar vom Parlament beschlossen, trat aber nie in Kraft.[812] In den 2000er-Jahren wurde die *administration order* als alternativer Entschuldungsmechanismus für gescheitert erklärt und ihre weitere Reform politisch aufgegeben.[813]

II. Das US-amerikanische Tilgungsplanverfahren

1. Lohnempfänger im bankruptcy law und Hastings-Mitchener bill 1932

Es wurde bereits gezeigt, dass das Bankrottverfahren des *US Bankruptcy Act 1898* mit seiner *straight discharge* nicht auf Lohnempfänger oder Verbraucher zugeschnitten war. Mit Beginn des 20. Jahrhunderts begann jedoch die Zahl insolventer Lohnempfänger, die ein Bankrottverfahren zur Entschuldung nutzten, im Verhältnis zu insolventen Unternehmern massiv zu steigen. Im Jahr 1929 sorgte im Bezirk des *District Court* für den *Southern District of New York* eine Reihe von Missbrauchsfällen des Bankrottverfahrens durch Lohnempfänger für Aufsehen, und das Gericht initiierte daher für seinen Gerichtsbezirk eine umfassende Untersuchung der Praxis des Bankrottverfahrens. Geleitet wurde die Untersuchung durch den Bundesrichter *Thacher*.[814]

Richter *Thacher* hatte zur Erstellung des Berichts im November und Dezember 1929 im Rahmen einer Reise nach England das dortige System der Entschuldung gemäß den Bankrottgesetzen studiert.[815] Seiner Ansicht nach war das englische Insolvenzrecht auf Rehabilitation statt Liquidation ausgerichtet, also auf Tilgungspläne und Zwangsvergleiche, die mit der *administration order* auch auf Lohnempfänger angewendet wurden.[816] Dies empfahl *Thacher* auch für das US-amerikanische Recht.[817]

---

812 *Ramsay*, Personal Insolvency, S. 83 f.

813 *Ramsay*, Personal Insolvency, S. 85 f.

814 Aufgrund der maßgeblichen Beteiligung des Colonel William J. Donovan wurde diese Untersuchung auch als *Donovan-Investigation* bezeichnet. So etwa *In re Perry*, 272 F. Supp. 73, 77 f. (D. Me. 1967).

815 *In re Perry*, 272 F. Supp. 73, 77 (D. Me. 1967); *Dixon/Epstein*, Am. Bankr. Inst. L. Rev. 10 (2002), 741, 744; *Moss/Gibbs*, Am. Bankr. L.J. 73 (1999), 311, 318.

816 *In re Perry*, 272 F. Supp. 73, 77 f. (D. Me. 1967).

817 *In re Perry*, 272 F. Supp. 73, 78 (D. Me. 1967) zitiert *Thacher*: „I am acutely aware that we cannot transplant the English Statute. It will not fit in all its details into our legal and political system. But if we have the will we should certainly be able to devise the forms of law suitable to our own conditions, through which similar principles may

Nach Abschluss seiner Untersuchung im Gerichtsbezirk New York wechselte *Thacher* von Richterbank ins Justizministerium (eigentlich als *Solicitor General*) und überzeugte Präsident *Hoover*, ihn mit einer landesweiten Untersuchung der Praxis des Bankrottverfahrens zu beauftragen.[818] Diese Untersuchung gelangte unter anderem zu dem Ergebnis, dass überschuldete Lohnempfänger grundsätzlich bemüht seien, ihre Schulden zurückzuzahlen, um das Stigma eines Bankrottverfahrens so lange wie möglich hinauszuzögern. Sie vereinbarten mit Gläubigern private Tilgungspläne, verschuldeten sich aber nicht selten gleichzeitig immer weiter bei sogenannten „Kredithaien" (*loan sharks*). Der Grund dafür war, dass sich einzelne Gläubiger nicht auf private Tilgungspläne einließen, um gegenüber anderen Gläubigern eine bevorzugte Behandlung durchsetzen zu können.[819] Das Bankrottverfahren und die *discharge* nutzten Schuldner in einer solchen Situation als letzte Rettung, um ihr Einkommen vor Lohnpfändungen (*garnishment*) zu schützen.[820] Für sie war es wichtig, eine Lohnpfändung zu verhindern, weil die Lohnpfändung aufgrund des damit für den Arbeitgeber verbundenen Aufwands zur Kündigung des Arbeitsverhältnisses führen konnte. Ohne Anstellung und ohne Einkommen konnte ein Schuldner, auch wenn er dies wollte, keine privat vereinbarten Tilgungspläne mehr bedienen. Zudem drohte der vollständige finanzielle Ruin.

Als Ergebnis dieser Untersuchungen wurde folglich angestrebt, Ratenzahlungen unter gerichtlicher Aufsicht zu ermöglichen. Ein erstes Reformvorhaben, das auf den Lehren der beschriebenen Untersuchung basierte, war die sogenannte *Hastings-Mitchener bill*. Dieser Gesetzesentwurf sah unter anderem ein zweijähriges Tilgungsplanverfahren für Landwirte und Lohnempfänger vor, scheiterte insoweit aber.[821] Vor dem Hintergrund der andauernden Depression

---

be brought into operation to produce results comparable to those accomplished in England."

818 *In re Perry*, 272 F. Supp. 73, 79 (D. Me. 1967); *Dixon/Epstein*, Am. Bankr. Inst. L. Rev. 10 (2002), 741, 744.

819 *In re Perry*, 272 F. Supp. 73, 80 (D. Me. 1967): „Minority creditors who refused to cooperate in private amortization programs were in a strong bargaining position for special treatment since no remedy existed under state or federal law by which they could be controlled. One way or another, therefore, wage earners usually were at the mercy of, loan sharks', not only to their great personal detriment but also to the harm of the many other creditors whose claims were lost in the inevitable, barren bankruptcy proceeding."

820 *Dixon/Epstein*, Am. Bankr. Inst. L. Rev. 10 (2002), 741, 749.

821 *In re Perry*, 272 F. Supp. 73, 81 f. (D. Me. 1967); *Dixon/Epstein*, Am. Bankr. Inst. L. Rev. 10 (2002), 741, 745; *Ramsay*, Personal Insolvency, S. 40.

wurde 1933 immerhin eine reduzierte Version der *Hastings-Mitchener bill* umgesetzt.[822] Das Tilgungsplanverfahren war in dieser Reform nur noch für Landwirte vorgesehen, für Lohnempfänger wurde es dagegen gestrichen.[823]

2. Stundungszwangsvergleich für Lohnempfänger

Die Reform des *bankruptcy law* von 1933 führte jedoch einen neuen § 74 in das Bankrottgesetzes ein, der – eigentlich zur Rettung von Kleinunternehmern – einen Stundungszwangsvergleich zur Abwendung eines Bankrottverfahrens ermöglichte. Auf Grundlage dieses 1933 neu geschaffenen § 74 entwickelte der am *Bankruptcy Court* von Birmingham, Alabama, tätige *Special Referee in Bankruptcy,*[824] *Valentine J. Nesbit,* ein pragmatisches Tilgungsplanverfahren für Lohnempfänger.[825]

Das Verfahren nach § 74 war als Alternative zu den bisherigen Bankrottverfahren konzipiert. Es setzte keine Eröffnung eines „klassischen" Bankrottverfahrens voraus, sondern ermöglichte den Abschluss von gerichtlich bestätigten Stundungszwangsvergleichen, um eine Vermögensliquidation nach den Regeln des *bankruptcy law* zu verhindern. Eine *bankruptcy discharge* oder ein Teilerlass waren in diesem Verfahren jedoch nicht vorgesehen.[826] Konzipiert und zugeschnitten waren diese Stundungszwangsvergleiche nach § 74 auf die Rettung von Kleinunternehmern.[827] Eine Anwendung des § 74 auf Angestellte und Lohnarbeiter war aber möglich, wenn diese die Durchführung eines solchen Verfahrens ausdrücklich freiwillig beantragten.[828]

---

822 *Dixon/Epstein*, Am. Bankr. Inst. L. Rev. 10 (2002), 741, 745 f.; Act of March 3, 1933, Pub. L. No. 420, ch. 204, 47 Stat. 1467 ff.

823 *Dixon/Epstein*, Am. Bankr. Inst. L. Rev. 10 (2002), 741, 746.

824 Nach § 74(o) war für Verfahren nach § 74 ein zuständiger *referee* von den Richtern eines Bankrottgerichts zu benennen, Act of March 3, 1933, Pub. L. No. 420, ch. 204, § 74(o), 47 Stat. 1467, 1470. Zu *Nesbit* vgl. *Dixon/Epstein*, Am. Bankr. Inst. L. Rev. 10 (2002), 741, 746 ff, 750, Fn. 61.

825 Vgl. dazu ausführlich *Dixon/Epstein*, Am. Bankr. Inst. L. Rev. 10 (2002), 746 ff.

826 Act of March 3, 1933, Pub. L. No. 420, ch. 204, § 74(i), 47 Stat. 1467, 1469: „Upon its confirmation an extension proposal shall be binding on the debtor and his unsecured and secured creditors affected thereby: *Provided, however,* That such extension or composition shall not reduce the amount of or impair the lien of any secured creditor, but shall affect only the time and method of its liquidation." (Kursivstellung im Original); *Dixon/Epstein*, Am. Bankr. Inst. L. Rev. 10 (2002), 741, 752, Fn. 78.

827 *Dixon/Epstein*, Am. Bankr. Inst. L. Rev. 10 (2002), 741, 748 f.

828 Act of March 3, 1933, Pub. L. No. 420, ch. 204, § 74(p), 47 Stat. 1467, 1470; *Dixon/Epstein*, Am. Bankr. Inst. L. Rev. 10 (2002), 741, 746.

Ein solcher Stundungsvergleich erforderte die Zustimmung einer Gläubigermehrheit und konnte dann vom Bankrottgericht bestätigt werden. Der Stundungsvergleich wurde damit für alle Gläubiger verbindlich.[829] Die Ermächtigungsgrundlage des Bankrottgerichts in § 74 umfasste dabei Regelungen betreffend den „Schuldner und sein Eigentum".[830] Unter diesen Eigentumsbegriff subsumierte *Nesbit* im Fall eines Lohnempfängers auch dessen zukünftige Einkünfte.[831] So konnte er Stundungs- und Tilgungspläne zwischen einem Lohnempfänger und seinen Gläubigern bestätigen und durchsetzen.[832]

Nesbit arbeitete örtlich nicht im Gerichtsgebäude des *Bankruptcy Courts*, sondern in einer Außenstelle, die schon bald als *„Debtor's Court"* von Birmingham bezeichnet wurde.[833] Dies und der einem „echten" Bankrottverfahren vorgeschaltete Charakter des Verfahrens nach § 74 ersparten Schuldnern jedenfalls formal den Gang zum *Bankruptcy Court* und die Erfahrung einer „echten" Bankrotterklärung.[834]

3. Das Chapter-XIII-Verfahren des Chandler Act von 1938

Eine umfassendere Ergänzung des Bankrottgesetzes von 1898 im Hinblick auf die Bedürfnisse von Verbrauchern erfolgte mit dem *Chandler Act* von 1938.[835] Unter anderem ergänzte der *Chandler Act* das Bankrottgesetz von 1898 (i. d. F. von 1933) um ein neues *„Chapter XIII – Wage Earners' Plans"*.[836] Dabei handelt es sich um den Vorläufer des noch heute bestehenden *„Chapter 13 – Adjustment of Debts of an Individual with Regular Income"* des *United States Bankruptcy Codes*.[837]

---

829 Act of March 3, 1933, Pub. L. No. 420, ch. 204, § 74(e), (g), 47 Stat. 1467, 1468.

830 Act of March 3, 1933, Pub. L. No. 420, ch. 204, § 74(m), 47 Stat. 1467, 1470: „The filing of a debtor's petition or answer seeking relief under this section shall subject the debtor and his property, wherever located, to the exclusive jurisdiction of the court in which the order approving the petition or answer (…) is filed."

831 *Dixon/Epstein*, Am. Bankr. Inst. L. Rev. 10 (2002), 741, 750.

832 Zum Verfahren vgl. *Dixon/Epstein*, Am. Bankr. Inst. L. Rev. 10 (2002), 741, 750 ff.

833 *Dixon/Epstein*, Am. Bankr. Inst. L. Rev. 10 (2002), 741, 752, Fn. 81. Die Bezeichnung „Debtors' Court" ist noch heute im südlichen Alabama für Verfahren nach Chapter 13 des aktuellen U.S. Bankruptcy Code üblich.

834 *Dixon/Epstein*, Am. Bankr. Inst. L. Rev. 10 (2002), 741, 759 f.

835 Act of June 22, 1938, Pub. L. No. 696, ch. 575, 52 Stat. 840.

836 Act of June 22, 1938, Pub. L. No. 696, ch. 575, 52 Stat. 840, 930 ff.

837 Heute geregelt in 11 U.S.C. §§ 1301 ff. (2018).

Die Einführung dieses Verfahrens beruhte im Wesentlichen auf den Erkenntnissen, die bereits *Thacher* in seinen Untersuchungen herausgearbeitet hatte und die 1933 Grundlage des Vorschlags des Tilgungsplanverfahrens für Lohnempfänger der *Hastings-Mitchener bill* waren. Zu diesen Erkenntnissen gehörte insbesondere, dass vermögenslose und zahlungsunfähige Lohnempfänger oft bereit waren, ihre Schulden in Raten abzuzahlen. Diese vermögenslosen Schuldner waren jedoch gleichzeitig auf ihr Einkommen angewiesen. Sie versuchten, ihr Einkommen deshalb durch eine *bankruptcy discharge* vor einer Lohnpfändung (*garnishment*) zu schützen. Eine solche Lohnpfändung barg die Gefahr des Verlustes des Arbeitsplatzes, weil Lohnpfändungen für die Arbeitgeber mit einem hohen Verwaltungsaufwand verbunden waren.[838] Über die *bankruptcy discharge* konnten Lohnempfänger ihre Schulden auf einen Schlag loswerden und damit eine drohende Lohnpfändung vermeiden.

Entscheidend waren zudem die Erfahrungen, die *Nesbit* in Alabama mit seiner Anwendung des Verfahrens nach § 74 des Bankrottgesetzes auf Lohnempfänger gemacht hatte. Diese brachte er in umfangreichen Anhörungen und in Form von Formulierungsvorschlägen in Gesetzesentwürfen in das Gesetzgebungsverfahren ein.[839]

Das Verfahren soll vorliegend nur in seinen Grundzügen dargestellt werden. Der insolvente Schuldner konnte die Eröffnung eines Verfahrens nach dem neuen *Chapter XIII* alternativ zur weiterhin bestehenden *straight discharge* beantragen.[840] In einem ersten Termin mit den Gläubigern musste der Schuldner einen Tilgungsplan (*Wage Earners' Plan*) vorschlagen.[841] Der Plan musste von allen betroffenen gesicherten Gläubigern und einer Kopf- und Summenmehrheit der ungesicherten Gläubiger akzeptiert werden.[842] Der akzeptierte Plan wurde dann vom Gericht bestätigt.[843] Nach Durchführung des Tilgungsplans erhielt der Schuldner eine Restschuldbefreiung.[844]

---

838 *Dixon/Epstein*, Am. Bankr. Inst. L. Rev. 10 (2002), 741, 743 ff., 749. Zur realen Gefahr der Entlassung des Arbeitnehmers bei einer Lohnpfändung vgl. auch *Kilborn*, Ohio St. L.J. 64 (2003), 855, 881.

839 *Dixon/Epstein*, Am. Bankr. Inst. L. Rev. 10 (2002), 741, 757 f.

840 Act of June 22, 1938, Pub. L. No. 696, ch. 575, § 622, 52 Stat. 840, 931.

841 Act of June 22, 1938, Pub. L. No. 696, ch. 575, § 633(2), 52 Stat. 840, 932. Zum Inhalt des Plans siehe Act of June 22, 1938, Pub. L. No. 696, ch. 575, § 646, 52 Stat. 840, 934.

842 Act of June 22, 1938, Pub. L. No. 696, ch. 575, § 625(1), 52 Stat. 840, 934.

843 Act of June 22, 1938, Pub. L. No. 696, ch. 575, § 651, 52 Stat. 840, 934.

844 Act of June 22, 1938, Pub. L. No. 696, ch. 575, § 660, 52 Stat. 840, 935 f.

Charakteristisch für das US-amerikanische *bankruptcy law* ist im Hinblick auf die Restschuldbefreiung natürlicher Personen bis heute, dass die im Bankrottgesetz von 1898 enthaltene *straight discharge* neben dem 1938 eingeführten *Chapter-XIII*-Verfahren beibehalten wurde, obwohl sich der Anwendungsbereich des Bankrottverfahrens faktisch immer stärker von Unternehmern auf Lohnempfänger bzw. Verbraucher verschob. Dabei hat sich die *straight discharge* seit den 1930er-Jahren gegen Versuche von Vertretern von Gläubigerinteressen behauptet, die vermögenslosen Lohnempfängern oder Verbrauchern diesen Weg verwehren wollten, um in größerem Maße auf das Einkommen dieser Insolvenzschuldner zugreifen zu können.

Im Jahr 1932 – also noch vor Aufnahme des Tilgungsplanmodells in das US-amerikanische *bankruptcy law* – scheiterte eine politische Initiative, im *bankruptcy law* einen Aufschub der *bankruptcy discharge* um zwei Jahre für den Fall vorzusehen, dass im Bankrottverfahren nicht eine Mindestquote von 50 % erreicht wurde oder der Schuldner nicht beweisen konnte, für seine Insolvenz seien Gründe außerhalb seiner Kontrolle verantwortlich. Bis zum Ende dieses Aufschubs der *discharge* sollte der Schuldner seinen Neuerwerb bis zur Grenze der allgemeinen Vollstreckungsschutzbestimmungen und sein Einkommen bis zur Grenze des für seinen Lebensunterhalt Notwendigen zur Befriedigung der Gläubiger einsetzen.[845] Im Jahr 1965 scheiterte ein Gesetzesentwurf, der Insolvenzschuldner bei Beantragung eines Bankrottverfahrens in ein *Chapter-XIII*-Verfahren zwingen sollte, wenn er eine *bankruptcy discharge* beantragte und nicht nachweisen konnte, dass der Tilgungsplan des *Chapter-XIII*-Verfahrens in seinem Fall eine unangemessene Härte darstellte.[846]

In den 1970er-Jahren wurde im Zuge der Diskussion um das *Chapter-13*-Verfahren bei Schaffung des *United States Bankruptcy Code* ein verpflichtender Tilgungsplan als Verstoß gegen den dreizehnten Verfassungszusatz (Verbot der Sklaverei und Zwangsarbeit) abgelehnt.[847] Eingeführt wurde jedoch eine *De-minimis*-Regelung, nach der ein *Chapter-13*-Verfahren nur zulässig ist, wenn es die Gläubiger gegenüber einer Liquidation nicht schlechter stellt.[848] Zudem

845 Vgl. zu diesem Vorstoß *Boshkoff*, U. Pa. L. Rev. 131 (1982), 69, 112 f.

846 Vgl. zu diesem Vorstoß *Boshkoff*, U. Pa. L. Rev. 131 (1982), 69, 114.

847 Vgl. zu diesem Vorstoß *Boshkoff*, U. Pa. L. Rev. 131 (1982), 69, 116; *Kilborn*, Ohio St. L.J. 64 (2003),855, 893 f.; siehe dazu die parallele Kritik an der Einführung der deutschen Restschuldbefreiung als Wiedereinführung der altorientalischen Schuldknechtschaft bei *Trinkner*, BB 1992, 2441 ff.

848 Heute 11 U.S.C. § 1325(a)(4).

muss der Tilgungsplan vom Schuldner in gutem Glauben (*good faith*) vorgeschlagen werden.[849]

849 Heute 11 U.S.C. § 1325(a)(3).

E. Zusammenfassung

Ausgangspunkt dieser Arbeit war der Hinweis auf die Bestrebungen der Europäischen Union, insolvenzrechtliche Entschuldungsmechanismen für natürliche Personen mit der Restrukturierungsrichtlinie zu vereinheitlichen. Die von der Restrukturierungsrichtlinie aufgegriffenen dogmatischen Modelle zur Restschuldbefreiung existieren im kontinentaleuropäischen Recht auf nationaler Ebene erst seit einigen Jahrzehnten. Wesentlich weiter zurück reicht die Geschichte der *bankruptcy discharge* des angloamerikanischen Rechts. Die erste entscheidende historische Wegmarke bildet hier das englische Bankrottgesetz 4 & 5 Anne c. 4 (1705).

Der Untersuchungsgegenstand der vorliegenden Arbeit war vor diesem Hintergrund die rechtshistorische Frage, wie und warum die Entschuldung natürlicher Personen in Form der *bankruptcy discharge* bereits so viel früher eine typisch angloamerikanische Rechtsfigur wurde und warum es umgekehrt so lange der typisch kontinentaleuropäische Ansatz war, ein freies Nachforderungsrecht zu gewähren. Zur Beantwortung dieser Frage wurde der Schwerpunkt dieser Arbeit auf die entscheidende Weichenstellung der Einführung des Ausgangsmodells der *bankruptcy discharge* durch das Gesetz 4 & 5 Anne c. 4 (1705) und dessen unmittelbare Ergänzung durch das Gesetz 6 Anne c. 22 (1706) gelegt.

Die zentrale These dieser Arbeit ist, dass die Schaffung des Ausgangsmodells der *bankruptcy discharge* eine *Ad-hoc*-Schöpfung oder Notlösung des englischen Gesetzgebers war, um das Fehlen eines Zwangsvergleichsrechts in England auszugleichen. Diese These hat sich im Rahmen einer makrohistorischen Betrachtung der Entwicklung des englischen Insolvenzrechts von den ersten Bankrottgesetzen des 16. Jahrhunderts über das Scheitern unterschiedlicher Ansätze zur Schaffung eines Zwangsvergleichsrechts durch den *Privy Council*, den *Court of Chancery* und schließlich den Gesetzgeber im Laufe des 17. Jahrhunderts bestätigt. Mit dem *bankruptcy law* sind dem englischen Recht der Rechtsnormimport und die Integration eines Teilbereichs der römisch-kontinentalen Insolvenzrechtsdogmatik gelungen. Nicht erfolgreich waren bis Ende des 17. Jahrhunderts hingegen die Versuche, den zweiten großen Teilbereich des römisch-kontinentalen Insolvenzrechts, der die Rechtsfigur der *cessio bonorum* und das eng damit verbundene Zwangsvergleichsrecht umfasste, zu importieren und zu institutionalisieren.

Hier schließt sich die mikrohistorische Begründung der These der Arbeit an. Dazu wurde die dezidierte Kritik *Defoes* am englischen Insolvenzrecht zum Ende des 17. Jahrhunderts untersucht, die immer wieder zentral an der fehlenden Möglichkeit zum Zwangsvergleich ansetzte. Der Charakter als *Ad-hoc*-Lösung wurde im Zusammenhang mit dem Gesetzgebungsverfahren zu 4 & 5 Anne c. 4 (1705) herausgearbeitet. Dieses Gesetz sollte als Reaktion auf einen öffentlichkeitswirksamen Fall von Wirtschaftskriminalität, die sogenannte Pitkin-Affäre, die Strafandrohung für betrügerische Bankrotteure drastisch erhöhen. Die neuartige Rechtsfigur der *bankruptcy discharge* wurde erst in letzter Minute im laufenden Gesetzgebungsverfahren ergänzt. Das Parlament schuf damit eine Alternative zu den wenige Jahre zuvor gescheiterten Anläufen, ein Zwangsvergleichsrecht nach kontinentaleuropäischem Muster zu etablieren.

Die Arbeit hat schließlich die Weiterentwicklung des in England geschaffenen Ausgangsmodells der *bankruptcy discharge* zum Verwertungsmodell im US-amerikanischen Recht nachgezeichnet. Englische Rechtsfiguren waren bereits in der Kolonialzeit der Ausgangspunkt einer eigenen Rechtsentwicklung. Die entscheidenden Entwicklungsschritte zum Verwertungsmodell, der sogenannten *straight discharge*, fanden auf Bundesebene in kontinuierlichen politischen Auseinandersetzungen im 19. Jahrhundert statt. Das Ergebnis dieser Entwicklung waren drei jeweils auf schwere Wirtschaftskrisen folgende kurzlebige Bankrottgesetze (1800, 1841 und 1867) und schließlich der langlebige *Bankruptcy Act 1898*. Regelungen zur *straight discharge* enthielten dabei der *Bankruptcy Act 1841* und schließlich der *Bankruptcy Act 1898*.

Die Arbeit verdeutlicht schließlich, wie sich zusätzlich zum Verwertungsmodell der *bankruptcy discharge* in den 1930er-Jahren das Tilgungsplanmodell entwickelt hat. Das Tilgungsplanmodell der *bankruptcy discharge* war inspiriert von der 1883 geschaffenen englischen *administration order*. Es war eine Reaktion auf den gesellschaftlichen Wandel in den Vereinigten Staaten mit einer zunehmenden Zahl von insolventen Lohnempfängern. Das Tilgungsplanmodell war dogmatisch nicht auf die Liquidation einer bestehenden Vermögensmasse (Verwertungsmodell), sondern auf die Situation von weitgehend vermögenslosen Arbeitnehmern mit regelmäßigem Einkommen zugeschnitten, die in finanzielle Schwierigkeiten geraten waren.

Damit ist die Entstehung und Entwicklung der dogmatischen Modelle der angloamerikanischen *bankruptcy discharge* umrissen, die so wiederum ab dem späten 20. Jahrhundert zum Vorbild kontinentaleuropäischer Gesetzgeber im Kontext des modernen Verbraucherinsolvenzrechts wurden. Damit schließt sich auch der Kreis zum Verwertungs- und Tilgungsplanmodell, die in der Restrukturierungsrichtlinie der Europäischen Union von 2019 aufgeführt werden.

Quellenverzeichnis historischer englischer und US-amerikanischer Gesetzestexte

England:

Soweit vorhanden werden zum jeweiligen Gesetzestitel in eckigen Klammern zusätzlich die offiziellen Kurztitel angegeben, die sich aus dem jeweiligen Gesetz selbst, dem *Short Titles Act 1896*, 59 & 60 Vict. c. 14, oder dem *Statute Law Revision Act 1948*, 11 & 12 Geo. VI. c. 62, ergeben.

25 Edw. III. stat. 5 c. 23 (1351–52), *Companies of Lombards answerable for the Debts of their Fellows*, The Statutes of the Realm, Printed by Command of his Majesty King George the Third, in Pursuance of an Address of the House of Commons of Great Britain, From Original Records and Manuscripts, Bd. 1, 1805, Nachdruck, London 1963, S. 319, 324.

34 & 35 Hen. VIII. c. 4 (1542–43), *An Acte againste such persones as doo make Bankrupte*, The Statutes of the Realm, Printed by Command of his Majesty King George the Third, in Pursuance of an Address of the House of Commons of Great Britain, From Original Records and Manuscripts, Bd. 3, 1817, Nachdruck, London 1963, Bd. 3, S. 899–901.

13 Eliz. I. c. 7 (1571), *An Acte touchyng Orders for Bankruptes*, The Statutes of the Realm, Printed by Command of his Majesty King George the Third, in Pursuance of an Address of the House of Commons of Great Britain, From Original Records and Manuscripts, Bd. 4, Teil 1, 1819, Nachdruck, London 1963, S. 539–541.

1 Jac. I. c. 15 (1603–04), *An Acte for the better Reliefe of the Creditors againste suche as shall become Bankrupts*, The Statutes of the Realm, Printed by Command of his Majesty King George the Third, in Pursuance of an Address of the House of Commons of Great Britain, From Original Records and Manuscripts, Bd. 4, Teil 2, 1819, Nachdruck, London 1963, S. 1031–1034.

21 Jac. I. c. 19 (1623–24), *An Acte for the Descripcon of a Banckrupt and Releife of Credytors*, The Statutes of the Realm, Printed by Command of his Majesty King George the Third, in Pursuance of an Address of the House of Commons of Great Britain, From Original Records and Manuscripts, Bd. 4, Teil 2, 1819, Nachdruck, London 1963, S. 1227–1229.

21. Jac. I. c. 28 (1623-4), *An Acte for contynewing and revyving of divers Statuts, and Repeale of dyvers others*, The Statutes of the Realm, Printed by Command of his Majesty King George the Third, in Pursuance of an Address of

the House of Commons of Great Britain, From Original Records and Manuscripts, Bd. 4, Teil 2, 1819, Nachdruck, London 1963, S. 1235–1240.

16 Car. I c. 10 (1640), *An Act for the Regulating the Privie Councell and for taking away the Court commonly called the Star Chamber* [*The Habeas Corpus Act, 1640*], The Statutes of the Realm, Printed by Command of his Majesty King George the Third, in Pursuance of an Address of the House of Commons of Great Britain, From Original Records and Manuscripts, Bd. 5, 1819, Nachdruck, London 1963, S. 110–112.

1649, *An Act for discharging Poor Prisoners unable to satisfie their Creditors, Firth, C. H./Rait, R. S.*: Acts and Ordinances of the Interregnum, 1642–1660, London 1911, S. 240–241, zitiert nach: http://www.british-history.ac.uk/no-series/acts-ordinances-interregnum/pp240-241, zuletzt abgerufen am 27. Februar 2022.

14 Car. II. c. 24 (1662), *An Act declaratory concerning Bankrupts*, The Statutes of the Realm, Printed by Command of his Majesty King George the Third, in Pursuance of an Address of the House of Commons of Great Britain, From Original Records and Manuscripts, Bd. 5, 1819, Nachdruck, London 1963, S. 419–420.

22 & 23 Car. II. c. 20 (1670 & 1671), *An Act for the Releife and Release of poore distressed Prisoners for Debt*, The Statutes of the Realm, Printed by Command of his Majesty King George the Third, in Pursuance of an Address of the House of Commons of Great Britain, From Original Records and Manuscripts, Bd. 5, 1819, Nachdruck, London 1963, S. 734–737.

8 & 9 Gul. III. c. 18 (1696–97), *An Act for Relief of Creditors by making Composition with their Debtors in Case Two Thirds in Number & Value doe agree*, The Statutes of the Realm, Printed by Command of his Majesty King George the Third, in Pursuance of an Address of the House of Commons of Great Britain, From Original Records and Manuscripts, Bd. 7, 1820, Nachdruck, London 1963, S. 213–215.

8 & 9 Gul. III. c. 20 (1696–97), *An Act for making good the Deficiences of several Funds therein mentioned and for enlarging the Capital Stock of the Bank of England and for raising the Publick Creditt* [*The Bank of England Act, 1696*], The Statutes of the Realm, Printed by Command of his Majesty King George the Third, in Pursuance of an Address of the House of Commons of Great Britain, From Original Records and Manuscripts, Bd. 7, 1820, Nachdruck, London 1963, S. 218–238.

8 & 9 Gul. III. c. 27 (1696–97), *An Act for the more effectual Relief of Creditors in Cases of Escapes & for preventing Abuses in Prisons and pretended priveledged Places*, The Statutes of the Realm, Printed by Command of his Majesty King George the Third, in Pursuance of an Address of the House of Commons of

Great Britain, From Original Records and Manuscripts, Bd. 7, 1820, Nachdruck, London 1963, S. 271–275.

9 Gul. III. c. 29 (1697–98), *An Act to repeal the Act made the last Session of Parliament intituled An Act for Relief of Creditores by making Composition with their Debtors in case Two thirds in Number and Value do agree*, The Statutes of the Realm, Printed by Command of his Majesty King George the Third, in Pursuance of an Address of the House of Commons of Great Britain, From Original Records and Manuscripts, Bd. 7, 1820, Nachdruck, London 1963, S. 400–401.

3 & 4 Anne c. 11 (1704), *An Act for the Relief of the Creditors of Thomas Pitkin a Bankrupt, and for the apprehending of him and the Discovery of the Effects of the said Thomas Pitkin and his Accomplices*, The Statutes of the Realm, Printed by Command of his Majesty King George the Third, in Pursuance of an Address of the House of Commons of Great Britain, From Original Records and Manuscripts, Bd. 8, 1821, Nachdruck, London 1963, S. 358–359.

4 & 5 Anne c. 4 (1705), *An Act to prevent Frauds frequently commited by Bankrupts*, The Statutes of the Realm, Printed by Command of his Majesty King George the Third, in Pursuance of an Address of the House of Commons of Great Britain, From Original Records and Manuscripts, Bd. 8, 1821, Nachdruck, London 1963, S. 461–465.

6 Anne c. 22 (1706), *An Act to explain and amend an Act of the last Session of Parliament for preventing Frauds frequently committed by Bankrupts*, The Statutes of the Realm, Printed by Command of his Majesty King George the Third, in Pursuance of an Address of the House of Commons of Great Britain, From Original Records and Manuscripts, Bd. 8, 1821, Nachdruck, London 1963, S. 600–602.

6 Anne c. 23 (1706), *An Act to Subject the Estate of Thomas Brerewood to the Creditors of Thomas Pitkin, Notwithstanding any Agreement or Composition Made with the Creditors of the said Thomas Pitkin*, The Statutes of the Realm, Printed by Command of his Majesty King George the Third, in Pursuance of an Address of the House of Commons of Great Britain, From Original Records and Manuscripts, Bd. 8, 1821, Nachdruck, London 1963, S. 602–607.

7 Anne c. 25 (1708), § 4, *An Act for making perpetual an Act for the better preventing the counterfeiting the Current Coin of this Kingdom as also an Act for giving like Remedy upon Promisory Notes as is used upon Bills of Exchange and for the better Payment of Inland Bills of Exchange And also for continuing several Acts made in the Fourth and Fifth Year of Her Majesties Reign for preventing Frauds committed by Bankrupts*, The Statutes of the Realm, Printed by Command of his Majesty King George the Third, in Pursuance of an Address of the House of Commons of Great Britain, From Original Records and Manuscripts, Bd. 9, 1822, Nachdruck, London 1963, S. 103.

10 Anne c. 25 (1711), *An Act for repealing a Clause in the Statute made in the Twenty first Year of the Reign of King James the First intituled An Act for the further Description of a Bankrupt and Relief of Creditors against such as shall become Bankrupts and for inflicting corporal Punishm. upon the Bankrupts in some special Cases which makes Descriptions of Bankrupts and for the Explanation of the Laws relating to Bankrupcy in case of Partnership*, The Statutes of the Realm, Printed by Command of his Majesty King George the Third, in Pursuance of an Address of the House of Commons of Great Britain, From Original Records and Manuscripts, Bd. 9, 1822, Nachdruck, London 1963, S. 685–686.

5 Geo. I. c. 24 (1718), *An Act for the better preventing frauds committed by bankrupts, Pickering, Danby* (Hrsg.): The Statutes at Large, From the Fifth to the Ninth Year of King George I., Bd. 14, Cambridge 1765, S. 111 (kein vollständiger Text, Zusammenfassung des Inhalts).

9 Geo. I c. 28 (1722), *An acte for more effectual Execution of Justice in a pretended priviledged Place in the Parish of* Saint George *in the County of* Surrey, *commonly called the* Mint; *and for bringing to speedy and exemplary justice such offenders as are therein mentioned; and for giving relief to such persons as are proper objects of charity compassion there, Pickering, Danby* (Hrsg.): The Statutes at Large, From the Ninth Year of King George I. to the Second Year of King George II., Bd. 15, Cambridge 1765, S. 109–114.

11 Geo. I. c. 21 (1724), *An act for the relief of insolvent debtors, Pickering, Danby* (Hrsg.): The Statutes at Large, From the Ninth Year of King George I. to the Second Year of King George II., Bd. 15, Cambridge 1765, S. 231 (kein vollständiger Text, Zusammenfassung des Inhalts).

11 Geo. I. c. 29 (1724), *An act to continue several acts therein mentioned for preventing fraud committed by bankrupts; for encouraging the silk manufactures of this kingdom; for preventing the clandestine running of goods; for making copper ore of the* British *plantations an enumerated commodity; and for explaining and amending a late act for more effectual punishment of such as shall wilfully burn or destroy ships, Pickering, Danby* (Hrsg.): The Statutes at Large, From the Ninth Year of King George I. to the Second Year of King George II., Bd. 15, Cambridge 1765, S. 260–262.

12 Geo. I. c. 29 (1725), *An act to prevent frivolous and vexatious arrests, Pickering, Danby* (Hrsg.): The Statutes at Large, From the Ninth Year of King George I. to the Second Year of King George II., Bd. 15, Cambridge 1765, S. 331–333.

13 Geo. I. c. 27 (1726), *An act continuing the acts therein mentioned, relating to copper bars exported; and for the better preventing of frauds committed by bankrupts; and for searching drugs and compositions for medicines, Pickering, Danby* (Hrsg.): The Statutes at Large, From the Ninth Year of King George I. to the Second Year of King George II., Bd. 15, Cambridge 1765, S. 426–426.

2 Geo. II. c. 22 (1729), *An act for the relief of debtors with respect to the imprisonment of their persons, Pickering, Danby* (Hrsg.): The Statutes at Large, From the Second to the 9th Year of King George II., Bd. 16, Cambridge 1765, S. 46–54.

5 Geo. II. c. 30 (1732), *An Act to prevent the committing of frauds by bankrupts, Pickering, Danby* (Hrsg.): The Statutes at Large, From the Second to the 9th Year of King George II., Bd. 16, Cambridge 1765, S. 335–360.

24 Geo. II. c. 23 (1751), *An act for regulating the commencement of the year; and for correcting the calendar now in use [The Calendar Act, 1751], Pickering, Danby* (Hrsg.): The Statutes at Large, From the 23d to the 26th Year of King George II., Bd. 20, Cambridge 1765, S. 186–192.

32 Geo. II. c. 28 (1759), *An act for relief of debtors with respect to the imprisonment of their persons; and to oblige debtors, who shall continue in execution in prison beyond a certain time, and for sums not exceeding what are mentioned in the act, to make discovery of, deliver upon oath, their estates for their creditors benefits, Pickering, Danby* (Hrsg.): The Statutes at Large, From the 30th to the 33d Year of King George II., Bd. 22, Cambridge 1766, S. 487–510.

12 Geo. III. c. 47 (1772), *An act to continue an act made in the fifth year of the reign of his late majesty King George the Second, intituled,* An act to prevent the committing of frauds by bankrupts, and for making provision for discharging bankrupts, in certain cases, from their imprisonment, *Pickering, Danby* (Hrsg.): The Statutes at Large, *Anno duodecimo* Georgii III. Regis. Beeing the Fifth Session of the Thirteenth Parliament of Great Britain, Bd. 29, Teil 2, Cambridge 1772, S. 127–129.

37 Geo. III. c. 124 (1797), *An act to make perpetual an act, passed in the fifth year of the reign of his late majesty King George the Second, intituled,* An act to prevent the committing of frauds by bankrupts, *Pickering, Danby* (Hrsg.): The Statutes at Large, *Anno tricesimo septimo* Georgii III. Regis: Being the First Session of the Eighteenth Parliament of Great Britain, Bd. 41, Teil 1, Cambridge 1797, S. 461.

49 Geo. III. c. 121 (1809), *An Act to alter and amend the Laws relating to Bankrupts,* The Statutes of the United Kingdom of Great Britain and Ireland, with Notes, References. and an Index, by Thomas Edlyne Tomlins, Esq., Barrister at Law, Bd. 3, London 1809, S. 942–945.

53 Geo. III. c. 102 (1813), *Act for the Relief of insolvent Debtors in England,* The Statutes of the United Kingdom of Great Britain and Ireland, with Notes and References by John Raithby, of Lincoln's Inn, Esq., Barrister at Law, Bd. 5, London 1814, S. 196–209.

1 Geo. IV. c. 115 (1820), *An Act to repeal so much of the several Acts passed in the Thirty ninth Year of the Reign of Elizabeth, the Fourth of George the First, the Fifth and Eighth of George the Second, as inflicts Capital Punishment on certain*

Offences therein specified, and to provide more suitable and effectual Punishment for such Offences, The Statutes of the United Kingdom of Great Britain and Ireland, with Notes and References by John Raithby, of Lincoln's Inn, Esq., Barrister at Law, Bd. 8, London 1822, S. 265–266.

6 Geo. IV. c. 16 (1825), *An Act to amend the Laws relating to Bankrupts*, The Statutes of the United Kingdom of Great Britain and Ireland, with Notes and References by John Raithby, of Lincoln's Inn, Esq., Barrister at Law, Bd. 10, London 1826, S. 24–45.

1 & 2 Gul. IV. c. 56 (1831), *An Act to establish a Court in Bankruptcy*, The Statutes of the United Kingdom of Great Britain and Ireland, 1 & 2 William IV. 1831, Bd. 71, London 1831, S. 363–380.

2 & 3 Gul. IV. c. 39 (1832), *An Act for the Uniformity of Process in Personal Actions in His Majesty's Courts of Law at Westminster*, The Statutes of the United Kingdom of Great Britain and Ireland, 2 & 3 William IV. 1832, Bd. 72, London 1832, S. 115–125.

1 & 2 Vict. c. 110 (1838), *An Act for abolishing Arrest on Mesne Process in Civil Actions, except in certain Cases; for extending the Remedies of Creditors against the Property of Debtors; and for amending the Laws for the Relief of Insolvent Debtors in England* [*The Judgments Act, 1838*], The Statutes of the United Kingdom of Great Britain and Ireland, 1 & 2 Victoria. 1838, Bd. 78, London 1838, S. 543–608.

7 & 8 Vict. c. 70 (1844), *An Act to facilitate Arrangements between Debtors and Creditors*, The Statutes of the United Kingdom of Great Britain and Ireland, 7 & 8 Victoria. 1844, Bd. 84, London 1844, S. 302, 306.

12 & 13 Vict. c. 106 (1849), *An Act to amend and consolidate the Laws relating to Bankrupts*, The Statutes of the United Kingdom of Great Britain and Ireland, 12 & 13 Victoria. 1849, Bd. 89, London 1849, S. 551–647.

17 & 18 Vict. c. 125 (1854), *An Act for the further Amendment of the Process, Practice, and Mode of Pleading in and enlarging the Jurisdiction of the Superior Courts of Common Law at Westminster, and of the Superior Courts of Common Law of the Counties Palatine of Lancaster and Durham* [*The Common Law Procedure Act, 1854*], The Statutes of the United Kingdom of Great Britain and Ireland, 17 & 18 Victoria. 1854, Bd. 94, London 1854, S. 794–813.

20 & 21 Vict. c. 77 (1857), *An Act to amend the Law relating to Probates and Letters of Administration in England* [*The Court of Probate Act, 1857*], The Statutes of the United Kingdom of Great Britain and Ireland, 20 & 21 Victoria. 1857, Bd. 97, London 1857, S. 422–455.

24 & 25 Vict. c. 134 (1861), *An Act to amend the Law relating to Bankruptcy and Insolvency in England* [*The Bankruptcy Act, 1861*], The Statutes of the

United Kingdom of Great Britain and Ireland, 24 & 25 Victoria. 1861, Bd. 101, London 1861, S. 634–693.

32 & 33 Vict. c. 62 (1869), *An Act for the Abolition of Imprisonment for Debt, for punishment of fraudulent debtors, and for other purposes* [*The Debtors Act, 1869*], The Law Reports, The Public General Statutes, with a List of the Local and Private Acts, Passed in the Thirty-Second and Thirty-Third Years of the Reign of her Majesty Queen Victoria: Being the First Session of the Twentieth Parliament of the United Kingdom of Great Britain and Ireland, Bd. 4, London 1869, S. 313–322.

46 & 47 Vict. c. 52 (1883), *An Act to amend and consolidate the Law of Bankruptcy* [*Bankruptcy Act, 1883*], The Law Reports, The Public General Statutes, Passed in the Forty-Sixth and Forty-Seventh Years of the Reign of her Majesty Queen Victoria, 1883: with a List of the Local and Private Acts, Tables showing the Effect of the Session's Legislation, and a Copious Index, Bd. 19, London 1883, S. 285–346.

The Deeds of Arrangement Act, 1887, 50 & 51 Vict. c. 57, *Perks, Walter*: The Deeds of Arrangement Act, 1887 (50 & 51 Vic., c. 57); with Introduction and Notes of Cases, also Rules, Forms and Orders as to Fees, with Practical Notes and Precedents of Assignments for the Benefit of Creditors, Composition Deeds, Letters of Licence, Deed of Inspectorship, and other Forms, London 1888.

Massachusetts

Act for providing remedy for bankrupts and their creditors, Province Laws 1757–58, 2d Sess., ch. 12, The Acts and Resolves, Public and Private, of the Province of Massachusetts Bay: To which are Prefixed the Charters of the Province, with Historical and Explanatory Notes, and an Appendix, Bd. 4, Boston 1881, S. 29–44.

An Act for finishing such commissions as have begun to be acted upon, and have not been finished, during the continuance in force of the act providing remedy for bankrupts and their creditors, Province Laws 1760–61, 3d Sess., ch. 16, The Acts and Resolves, Public and Private, of the Province of Massachusetts Bay: To which are Prefixed the Charters of the Province, with Historical and Explanatory Notes, and an Appendix, Bd. 4, Boston 1881, S. 403–404.

New York

An Act to enable the Creditors of Insolvent Debtors who are willing to give up their Effects to dispose of the Same for the benefit of the Creditors and to release the Said Debtors from Imprisonment, 1755, Chapter 980, The Colonial Laws of New York from the Year 1664 to the Revolution, Including the Charters to the

Duke of York, the Commissions and Instructions to Colonial Governors, the Duke's Laws, the Laws of the Dongan and Leisure Assemblies, the Charters of Albany and New York and the Acts of the Colonial Legislatures from 1691 to 1775 Inclusive, Bd. 3, Albany 1894, S. 1099–1106.

An Act for the Relief of Insolvent Debtors within the Colony of New York with respect to the Imprisonment of their Persons, 1770, Chapter 1463, The Colonial Laws of New York from the Year 1664 to the Revolution, Including the Charters to the Duke of York, the Commissions and Instructions to Colonial Governors, the Duke's Laws, the Laws of the Dongan and Leisure Assemblies, the Charters of Albany and New York and the Acts of the Colonial Legislatures from 1691 to 1775 Inclusive, Bd. 5, Albany 1894, S. 120–126

An Act to amend and continue an Act intitled „An Act for the Relief of Insolvent Debtors within the Colony of New York with respect to the Imprisonment of their Persons", 1771, Chapter 1480, The Colonial Laws of New York from the Year 1664 to the Revolution, Including the Charters to the Duke of York, the Commissions and Instructions to Colonial Governors, the Duke's Laws, the Laws of the Dongan and Leisure Assemblies, the Charters of Albany and New York and the Acts of the Colonial Legislatures from 1691 to 1775 inclusive, Bd. 5, Albany 1894, S. 195–196.

AN ACT to revive and amend an act entitled „An act for the relief of insolvent debtors within this State," passed 17th April 1784, Chap. 14, Laws of the State of New York, Passed at the Sessions of the Legislature held in the Years 1785, 1786, 1787 and 1788, inclusive, Being the Eightsh, Ninth, Tenth and Eleventh Sessions, Bd. 2, Albany 1886, S. 27–29.

AN ACT for the relief of insolvent debtors, Chap. 34, Laws of the State of New York, Passed at the Sessions of the Legislature held in the Years 1785, 1786, 1787 and 1788, inclusive, Being the Eightsh, Ninth, Tenth and Eleventh Sessions, Bd. 2, Albany 1886, S. 242–247.

AN ACT to repeal the act, entitled „An act for the relief of insolvent debtors", Chap. 29, Laws of the State of New York, Passed at the Sessions of the Legislature held in the Years 1785, 1786, 1787 and 1788, inclusive, Being the Eightsh, Ninth, Tenth and Eleventh Sessions, Bd. 2, Albany 1886, S. 639–640.

AN ACT for giving relief in cases of insolvency, Chap. 92, Laws of the State of New York, Passed at the Sessions of the Legislature held in the Years 1785, 1786, 1787 and 1788, inclusive, Being the Eightsh, Ninth, Tenth and Eleventh Sessions, Bd. 2, Albany 1886, S. 823–831.

An ACT for giving Relief in Cases of Insolvency, Van Ness, William P./Woodworth, John (Hrsg.): Laws of the State of New York, Revised and Passed at the Thirty-Sixth Session of the Legislature, with Marginal Notes and References, Bd. 1, Albany 1813, S. 460–472.

South Carolina

An Act for establishing County and Precinct Courts, 1721, No. 473, *McCord, David J.* (Hrsg.): The Statutes at Large of South Carolina, Bd. 7, Columbia 1840, S. 166–176.

An Act for the relief of Poor Debtors, 1723, No. 459, *Cooper, Thomas* (Hrsg.): The Statutes at Large of South Carolina, Bd. 3, Columbia 1838, S. 173.

An Act for the more effectual relief of Insolvent Debtors, and for that purpose putting in force and effectually carrying into execution in this Province such part of an Act, made in the Parliament of Great Britain, in the second Year of his present Majesty's reign, entitled an Act for relief of Debtors, with respect to the Imprisonment of their persons, as is hereinafter mentioned, 1744, No. 717, *Cooper, Thomas* (Hrsg.): The Statutes at Large of South Carolina, Bd. 3, Columbia 1838, S. 640–642.

AN Additional and Explanatory ACT to an Act of the General Assembly of this Province entitled „An Act for the more effectual relief of Insolvent Debtors, and for that purpose putting in force and effectually carrying into execution in this Province such part of an Act, made in the Parliament of Great Britain, in the second Year of his present Majesty's reign, entitled an Act for relief of Debtors, with respect to the Imprisonment of their persons, as is hereinafter mentioned", 1745, No. 734, *Cooper, Thomas* (Hrsg.): The Statutes at Large of South Carolina, Bd. 3, Columbia 1838, S. 662–665.

AN Additional ACT to the several Acts of the General Assembly now in force in this Province which relate to insolvent debtors, and for impowering the Chief Justice, Public Treasurer and Coroner of Berkley County, to set aside insolvent debtors that may happen to be drawn as Jurors, and for obliging the plaintiffs to pay the fees for insolvent debtors committed to the custody of the Provost Marshal, 1751, No. 785, *Cooper, Thomas* (Hrsg.): The Statutes at Large of South Carolina, Bd. 3, Columbia 1838, S. 731–734.

AN ACT for the more effectual relief of Insolvent Debtors; and for that purpose putting in force, and effectually carrying into execution, in this Province, such part of an Act made in the Parliament of Grat Britain, in the second year of his present Majesty's Reign, entitled An Act for the Relief of Debtors with respect to the imprisonment of their persons, as is hereinafter mentioned; and to repeal the several Acts of Assembly now in Force in this Province, for relief of Insolvent Debtors, 1759, No. 882, *Cooper, Thomas* (Hrsg.): The Statutes at Large of South Carolina, Bd. 4, Columbia 1838, S. 86–94.

Vereinigte Staaten von Amerika (Bundesgesetze)

Act to establish a uniform System of Bankruptcy throughout the United States, Act of April 4, 1800, ch. 19, 2 Stat. 19.

An Act to repeal an act, intituled „An act to establish an uniform system of Bankruptcy throughout the United States", Act of December 19, 1803, ch. 6, 2 Stat. 248.

An Act to establish a uniform system of bankruptcy throughout the United States, Act of Aug. 19, 1841, ch. 9, 5 Stat. 440–449.

An Act to appropriate the proceeds of the sales of the public lands, and to grant pre-emption rights, Act of September 4, 1841, ch. 16, 5 Stat. 453–458.

An Act to repeal the bankrupt act, Act of March 3, 1843, ch. 132, 5 Stat. 614.

An Act to establish a uniform System of Bankruptcy throughout the United States, Act of March 2, 1867, ch. 176, 14 Stat. 517–541.

An Act in Amendment of an Act entitled „An Act to establish a uniform System of Bankruptcy throughout the United States," approved March second, eighteen hundred and sixty-seven, Act of July 27, 1868, ch. 258, 15 Stat. 227–228.

An Act in Amendment of the Act entitled „An Act establishing an uniform System of Bankruptcy throughout the United States", Act of July 14, 1870, ch. 262, 16 Stat. 276.

An act to amend and supplement an act entitled „An act to establish a uniform system of bankruptcy throughout the United States," approved March second, eighteen hundred and sixty-seven, and for other purposes, Act of June 22, 1874, ch. 390, 18 Stat. 178–186.

An act to repeal the bankrupt law, Act of June 7, 1878, ch. 160, 20 Stat. 99.

An Act To establish a uniform system of bankruptcy throughout the United States, Act of July 1, 1898, ch. 541, 30 Stat. 544–566.

An Act To amend an Act entitled „An Act to establish a uniform system of bankruptcy throughout the United States," approved July first, eighteen hundred and ninety-eight, Act of February 5, 1903, Publ. L. No. 61, ch. 487, 32 Stat. 797–801.

An Act To amend an Act entitled „An Act to establish a uniform system of bankruptcy throughout the United States," approved July 1, 1898, and Acts amendatory thereof and supplementary thereto, Act of May 27, 1926, Publ. L. No. 301, ch. 406, 44 Stat. 662–668.

AN ACT To amend an Act entitled „An Act to establish a uniform system of bankruptcy throughout the United States," approved July 1, 1898, and Acts amendatory thereof and supplementary thereto, Act of March 3, 1933, Pub. L. No. 420, ch. 204, 47 Stat. 1467–1482.

AN ACT To amend an Act entitled „An Act to establish a uniform system of bankruptcy throughout the United States", approved July 1, 1898, and Acts amendatory thereof and supplementary thereto; and to repeal section 76 thereof and all Acts and parts of Acts inconsistent therewith, Act of June 22, 1938, Pub. L. No. 696, ch. 575, 52 Stat. 840–940.

Virginia

An Act for relief of insolvent debtors, for the effectual discovery and more equal distribution of their estates, Laws of Virginia, November 1762, 3 George III., chap. VIII., *Hening, William Waller* (Hrsg.): The Statutes at Large; Being a Collection of all the Laws of Virginia from the First Session of the Legislature, in the Year 1619, Bd. 7, Richmond 1820, S. 549–563.

Literaturverzeichnis

Ackmann, Hans-Peter: Schuldbefreiung durch Konkurs?, Bielefeld 1983 (Diss. Bonn 1981).

Anderson, Kent: The Explosive Global Growth of Personal Insolvency and the Concomitant Birth of the Study of Comparative Consumer Bankruptcy: Consumer Bankruptcy in Global Perspective, by Johanna Niemi-Kiesilainen, Lain Ramsay & William C. Whitford (Hrsg.); Comparative Consumer Insolvency Regimes: A Canadian Perspective, by Jacob S. Ziegel, Osgoode Hall L.J. 42 (2004), 661–680.

Anlauf, Hans-Peter Philipp: Die Restschuldbefreiung – ein Novum im deutschen Recht?, DZWIR 2007, 146–150.

Anlauf, Hans-Peter Philipp: Vorgänger der Restschuldbefreiung nach heutigem Insolvenzrecht – Von der landwirtschaftlichen Entschuldungsgesetzgebung der Weimarer Republik über die NS-Schuldenbereinigung zur heutigen Restschuldbefreiung, Berlin 2006 (Diss. Augsburg 2005).

Baker, John: An Introduction to English Legal History, 5. Aufl., Oxford 2019, zitiert als: *Baker*, English Legal History.

Baker, John: The Oxford History of the Laws of England, Bd. 6, Oxford u. a. 2003.

Balleisen, Edward J.: Navigating Failure, Bankruptcy and Commercial Society in Antebellum America, Chapel Hill und London 2001.

Balz, Manfred: Insolvenzverfahren für Verbraucher?, ZRP 1986, 12–20.

Bauder, Wilhelm: Das Beneficium Compententiae, seine Geschichte und heutige Geltung, Borna und Leipzig 1905 (Diss. Tübingen 1904).

Baumeister, Hermann: Blicke auf einzelne Gegenstände des hamburgischen Rechts, Hamburg 1852.

Baur, Fritz/Stürner, Rolf/Bruns, Alexander: Zwangsvollstreckungsrecht, 13. Aufl., Heidelberg u. a. 2006.

Bayer, Hieronymus von: Theorie des Concurs-Processes nach gemeinem Rechte, 4. Aufl., 2. Abdr., München 1868.

Becker, Christoph: Bancarottierer, KTS 2008, 3–19.

Becker, Christoph: Insolvenzrecht, 3. Aufl., Köln 2010.

Behrends, Okko/Knütel, Rolf/Kupisch, Berthold/Seiler, Hans Hermann (Hrsg.): Corpus Iuris Civilis, Text und Übersetzung, Auf der Grundlage der von Theodor Mommsen und Paul Krüger besorgten Textausgaben, Bd. 2, Heidelberg 1995.

Bethmann-Hollweg, D. August: Handbuch des Zivilprozesses, Erste Abtheilung, Geschichte, Erster Band, Justinianisch-Römisches Recht, Bonn 1834.

Bergfeld, Christoph: Über die Aufhebung der Schuldhaft in Frankreich und Deutschland, in: Kervégan, Jean-François/Mohnhaupt, Heinz (Hrsg.), Ius Commune, Veröffentlichungen des Max-Planck-Instituts für Europäische Rechtsgeschichte, Sonderhefte, Studien zur Europäischen Rechtsgeschichte, Bd. 144, Frankfurt am Main 2001.

Blackstone, Sir William: Commentaries on the Laws of England, Bd. 2, Oxford 1765–1769.

Boshkoff, Douglass G.: Limited, Conditional, and Suspended Discharge in Anglo-American Bankruptcy Proceedings, U. Pa. L. Rev. 131 (1982), 69–125.

Boshkoff, Douglass G.: The Bankrupt's Moral Obligation to Pay His Discharged Debts: A Conflict between Contract Theory and Bankruptcy Policy, Ind. L.J. 47 (1971), 36–69.

Brinklow, Henry: Complaynt of Roderyck Mors and the Lamentacyeon of a Christen Against the Cytye of London, edited from the black letter originals by J. Meadows Cowper, London 1874.

Burgin, Leslie: Private International Law and Bankruptcy and Liquidation of Companies, Transactions of the Grotius Society 9 (1923), 71–88.

Calder, Lendol: Financing the American Dream, A Cultural History of Consumer Credit, Princeton 1999.

Christian, Edward: The Origin, Progress and Present Practice of Bankrupt Law: Both in England and Ireland, Bd. 1, London 1812.

Christian, Edward: The Origin, Progress and Present Practice of Bankrupt Law: Both in England and Ireland, Bd. 2, London 1814.

Claproth, D. Justus: Einleitung in sämtliche summarische Processe zum Gebrauch der praktischen Vorlesungen, 3. Aufl., Göttingen 1793.

Cohen, Jay: The History of Imprisonment for Debt and its Relation to the Development of Discharge in Bankruptcy, J. Leg. Hist. 3 (1982), 153–171.

Coke, Sir Edward: The Fourth Part of the Institutes of the Lawes of England Concerning the Jurisdiction of the Courts, London 1644.

Coleman, Peter J.: Debtors and Creditors in America, Insolvency, Imprisonment for Debt, and Bankruptcy, 1607–1900, Washington, D.C. 1999.

Cooper, Thomas: The Bankrupt Law of America Compared with the Bankrupt Law of England, Philadelphia 1801.

Countryman, Vern: A History of American Bankruptcy Law, Comm. L.J. 81 (1976), 226–232.

Cowell, John: The Interpreter: or Booke Containing the Signification of Words: Wherein is set foorth the true meaning of all, or the most part of such Words and Termes, as are mentioned in the Lawe Writers, or Statutes of this victorious and renowned Kingdom, requiring any Exposition or Interpretation, Cambridge 1607.

Cross, Arthur Lyon: The English Criminal Law and the Benefit of Clergy During the Eighteenth and Early Nineteenth Century, Am. Hist. Rev. 22 (1917), 544–565.

Dalhuisen, Jan: Compositions in Bankruptcy: A Comparative Study of the Laws of the E.E.C. Countries, England and the U.S.A., Leiden 1968.

Dalhuisen, Jan: Dalhuisen on International Bankruptcy, New York 1986.

Dawson, Andre B.: Better Than Bankruptcy?, Rutgers U. L. Rev. 69 (2016), 137–193.

Dawson, John P.: The Privy Council and Private Law in the Tudor and Stuart Periods: I, Mich. L. Rev. 48 (1950), 393–428.

Dawson, John P.: The Privy Council and Private Law in the Tudor and Stuart Periods: II, Mich. L. Rev. 48 (1950), 627–656.

Deacon, Edward E.: The Law and Practice of Bankruptcy, As Altered by the New Act (6 Geo.4. c.16.), With a Collection of Forms and Precedents in Bankruptcy and Practical Notes, Bd. 1, London 1827.

Defoe, Daniel: A Tour Through the Whole Island of Great Britain, Bd. 1, Revised Edition, London und New York 1962.

Defoe, Daniel: An Essay Upon Projects, London 1697.

Defoe, Daniel: Remarks on the Bill to Prevent Frauds Committed by Bankrupts, 1706, zitiert nach *Hazlitt, William* (Hrsg.): The Works of Daniel Defoe, with a Memoir of his Life and Writings, Bd. 3, London 1843.

Defoe, Daniel: The Complete English Tradesman, Bd. 1, 1725, in: *Owens, W.R./ Furbank, P.N./McVeagh, John* (Hrsg.), Religious and Didactic Writings of Daniel Defoe, Bd. 7, London 2007.

Dekker, Thomas: The Seven Deadly Sinnes of London, The English Scholars Library of Old and Modern Works, No. 7, London 1879.

Dellit, Kai/Hamann, Hanjo: Forderungserlass und Insolvenzplan – Zur Entmystifizierung „der Naturalobligation" durch systematische und funktionalteleologische Auslegung, ZIP 2015, 308–316.

Dixon, Timothy W./Epstein, David G.: Where Did Chapter 13 Come from and Where Should It Go, Am. Bankr. Inst. L. Rev. 10 (2002), 741–763.

Duffy, Ian P. H.: Bankruptcy and Insolvency in London During the Industrial Revolution, London und New York 1985.

Duffy, Ian P. H.: English Bankrupts, Am. J. Legal Hist. 1571–1861, 24 (1980), 283–305.

Duncan, Andrew J.: From Dismemberment to Discharge: The Origins of Modern American Bankruptcy Law, Comm. L.J. 100 (1995), 191–220.

Efrat, Rafael: Global Trends in Personal Bankruptcy, Am. Bankr. L.J. 76 (2002), 81–109.

Endemann, Samuel Wilhelm: Die Entwicklung des Konkursverfahrens in der gemeinrechtlichen Lehre bis zur deutschen Konkursordnung vom 10. Februar 1877, Zeitschrift für deutschen Zivilprozess 12 (1888), 24–96.

Fletcher, Ian F.: The Law of Insolvency, 4. Aufl., London 2009.

Forster, Wolfgang: Konkurs als Verfahren, Francisco Salgado de Somoza in der Geschichte des Insolvenzrechts, Köln u. a. 2009 (Habil. München 2005).

Forster, Wolfgang: Vom Schandstein zum Konkursverfahren, Rechtsdogmatische Beobachtungen zur Geschichte des Insolvenzrechts, in: Smid, Stefan (Hrsg.), Schriften zum deutschen und europäischen Insolvenzrecht, Bd. 16, Aktuelle Probleme des geltenden deutschen Insolvenzrechts, Berlin 2009, S. 5–17.

Frey, Ludwig von: Lehrbuch des französischen Civilrechts, Bd. 3, Mannheim 1840.

Friedell, Alfred: Kulturgeschichte der Neuzeit, 3. Aufl. der Sonderausgabe, München 2012.

Friedman, Lawrence M.: A History of American Law, 4. Aufl., New York 2019.

Frimet, Rhett: The Birth of Bankruptcy in the United States, Comm. L.J. 96 (1991), 160–188.

Fuchs, Carl: Das Concursverfahren, Beiträge zum Civilproceß, Marburg 1863.

Fürstenthal, Johann August Ludwig: Real-Encyclopädie des gesammten in Deutschland geltenden gemeinen Rechts, oder Handwörterbuch des römischen und deutschen Privat-, des Staats-, Völker-, Kirchen-, Lehn-, Criminal- und Proceß-Rechts, Bd. 1, Berlin 1827.

Garrido, José M.: The Role of Personal Insolvency Law in Economic Development, An Introduction to the World Bank Report on the Treatment of the Insolvency of Natural Persons, The World Bank Law Review 5 (2014), 111–126.

Glenn, Garrard: Essentials of Bankruptcy: Prevention of Fraud, and Control of the Debtor, Va. L. Rev. 23 (1937), 373–388.

Goodinge, T.: The Law Against Bankrupts: or a Treatise Wherein the Statutes Against Bankrupts are Explained, by Several Cases, Resolutions, Judgments and Decrees, both in Common Law and in Chancery, London 1694.

Goodman, Paul: The Emergence of Homestead Exemption in the United States: Accomodation and Resistance to the Market Revolution, 1840–1880, J. Am. Hist. 80 (1993), 470–498.

Graham, David: A Dark and Neglected Subject: Landmarks in the Reform of English Insolvency Law, Int. Insolv. Rev. 2 (2002), S. 97–119.

Günther, Carl Friedrich: Der Conkurs der Gläubiger nach gemeinem deutschen Rechte, 2. Aufl., Leipzig 1852.

Hahn, Carl: Die gesammelten Materialien zu den Reichsjustizgesetzen, Bd. 4, Materialien zur Konkursordnung, Nachdruck der Ausgabe Berlin 1881, Aalen 1983.

Haller, Rudolph: Corpus Iuris Civilis, Das römische Zivilrecht, Codes Iustiniai, nach der zweiten Bearbeitung. Das vollständige Werk. Neuübersetzungen von Dr. phil. Rudolf Haller, 2012–2018, http://www.opera-platonis.de/CI/Codex1bis6.pdf, zuletzt abgerufen am 8. August 2022.

Hallinan, Charles G.: The „Fresh Start“ Policy in Consumer Bankruptcy: A Historical Inventory and an Interpretive Theory, U. Rich. L. Rev. 21 (1986), 49–160.

Hampson, Christopher D.: Note, State Bans on Debtors' Prisons and Criminal Justice Debt, Harv. L. Rev. 129 (2016), 1024–1045.

Hansen, Bradley: Commercial Associations and the Creation of a National Economy: The Demand for Federal Bankruptcy Law, Bus. Hist. Rev. 72 (1998), 86–113.

Heffter, August Wilhelm: Von der Behandlung der Gläubiger zur Erlangung eines Nachlaßvertrages und zur Abwendung eines Concurses, AcP 10 (1827), 337–355.

Heilmann, Hans: Die Schuldverstrickung natürlicher Personen nach dem Konkurs – ein soziales Unrecht, KTS 1975, 18–21.

Heinze, Christian: HWB-EuP 2009, Stichwort: Einstweiliger Rechtsschutz, http://hwb-eup2009.mpipriv.de/index.php/Einstweiliger_Rechtsschutz, zuletzt abgerufen am 27. Februar 2022.

Helmholz, R. H.: Bankruptcy and Probate Jurisdiction before 1571, Mo. L. Rev. 48 (1983), 415–429.

Helmholz, R. H.: Debt Claims and Probate Jurisdiction in Historical Perspective, Am J. Legal Hist. 13 (1979), 68–82.

Henckel, Wolfram: Sprache im Insolvenzrecht, in: Hübner, Ulrich/Ebke, Werner F. (Hrsg.), Festschrift für Bernhard Großfeld zum 65. Geburtstag, Heidelberg 1999.

Hertner, Peter: HRGdigital, Stichwort: Bankrott, https://www.hrgdigital.de/id/bankrott/stichwort.html, zuletzt abgerufen am 27. Februar 2022.

Hertzler, James Roland: The Reform of Imprisonment for Debt During the Interregnum and Later Stuart Period, Diss. University of Wisconsin 1967 (unveröffentlicht).

Hofer, Sibylle: „So haben Wir zur Beförderung des Credits vor nöthig befunden (…)" – Kreditsteuerung durch Konkursrecht in der frühen Neuzeit, ZNR 26 (2004), 177–188.

Holdsworth, Sir William: A History of English Law, Bd. 8, London 1925.

Holdsworth, Sir William: A History of English Law, Bd. 11, London 1938.

Holt, Francis Ludlow: The Bankrupt Laws, as Established by the New Act 6 Geo. 4. C. 16, In Three Parts, London 1827.

Hoppit, Julian: Attitudes to Credit in Britain, 1680–1790, The Historical Journal 33 (1990), 305–322.

Hoppit, Julian: Financial Crises in Eighteenth-century England, The Economic History Review 39 (1986), 39–58.

Hoppit, Julian: Risk and Failure in English Business 1700–1800, Cambridge 1987.

Howe, Mark DeWolf: Process of Outlawry in New York A Study of the Selective Reception of English Law, Cornell L. Rev. 23 (1938), 559–579.

Hudson, Michael: …and forgive them their debts, Lending, Foreclosure and Redemption from Bronze Age Finance to the Jubilee Year, Dresden 2018.

Huls, Nick: American Influences on European Consumer Bankruptcy Law, J. Cons. Pol'y 15 (1992), 125–142.

Innes, Johanna: Inferior Politics: Social Problems and Social Policies in Eighteenth-Century Britain, Oxford 2011, zitiert als: *Innes*, King's Bench Prison.

Isambert/Decrusy/Taillandier: Receuil Général des Anciennes Lois Françaises, depuis l'an 420, jusqu'a la revolution de 1789, Bd. 12, Paris 1828.

Isambert/Decrusy/Taillandier: Receuil Général des Anciennes Lois Françaises, depuis l'an 420, jusqu'a la revolution de 1789, Bd. 19, Paris 1829.

Jones, W. J.: The Foundation of English Bankruptcy: Statutes and Commissions in the Early Modern Period, in: Transactions of the American Philosophical Society, Bd. 69, Teil 3, Philadelphia 1979.

Joslin, G. Stanley: Bankruptcy: Anglo-American Contrasts, Mod. L. Rev. 20 (1966), 149–159.

Kadens, Emily: History of Bankruptcy Discharge, 28. Februar 2009, http://legalhistoryblog.blogspot.com/2009/02/history-of-bankruptcy-discharge.html, zuletzt abgerufen am 27. Februar 2022.

Kadens, Emily: The Last Bankrupt Hanged: Balancing Incentives in the Development of Bankruptcy Law, Duke L.J. 59 (2010), 1299–1319.

Kadens, Emily: The Pitkin Affair: A Study of Fraud in Early English Bankruptcy, Am. Bankr. L.J. 84 (2010), 483–570.

Kaser, Max/Hackl, Karl: Das Römische Zivilprozessrecht, 2. Aufl., München 1997.

Kilborn, Jason J.: Comparative Consumer Bankruptcy, Durham 2007.

Kilborn, Jason J.: Mercy, Rehabilitation, and Quid Pro Quo: A Radical Reassessment of Individual Bankruptcy, Ohio St. L.J. 64 (2003), 855–896.

Kilborn, Jason J./Walters, Adrian: Involuntary Bankruptcy As Debt Collection: Multi-Jurisdictional Lessons in Choosing the Right Tool for the Job, Am. Bankr. L.J. 87 (2013), 123–153.

Köbler, Herhard (Hrsg.): Nüwe Stattrechten und Statuten der loblichen Statt Fryburg im Pryszgow gelegen, mit Einleitung, bibliographischen Hinweisen und Sachregister in fotomechanischer Verkleinerung von ca. DIN A4 auf DIN A5, Gießen-Lahn 1986.

Kohler, Joseph: Konkursrechtliche Studien, AcP 81 (1893), 329–417.

Kohler, Joseph: Lehrbuch des Konkursrechts, Stuttgart 1891.

Krafft, Sebastian Adam: Practische Anmerckungen über den Concurs-Proceß, Erlangen 1786.

Landfermann, Hans-Georg: Elemente der Insolvenzrechtsreform in der Gesamtvollstreckungsordnung, Festschrift für Franz Merz, Köln 1992, S. 367–386.

Lee, May: Prejudgment Attachment in England: The Mareva Injunction, Loy. L.A. Int'l & Compar. L. Rev. 5 (1982), 143–157.

Lester, V. Markham: Victorian Insolvency, Bankruptcy, Imprisonment for Debt, and Company Winding-Up in Nineteenth-Century England, Oxford 1995.

Levine, Janet I.: The Contract Clause: A Constitutional Basis for Invalidating State Legislation, Loy. L.A. L. Rev. 12 (1979), 927–966.

Levinthal, Louis Edward: The Early History of English Bankruptcy, U. Pa. L. Rev. 67 (1919), 1–20.

Litewski, Wieslaw: Landrecht des Herzogtums Preussen von 1620, Bd. 3: Zivilprozessrecht, Warschau und Krakau 1982–87.

Locré, Jean Guillaume: Esprit de Code de Commerce, Bd. 4, 2. Aufl., Paris 1829.

Lubben, Stephen J.: A New Understanding of the Bankruptcy Clause, Case W. L. Rev. 64 (2013), 319–411.

Madison, James: The Federalist, 42, zitiert nach *Goldman, Lawrence* (Hrsg.): The Federalist Papers, New York 2008.

Madison, James: The Federalist, 44, zitiert nach *Goldman, Lawrence* (Hrsg.): The Federalist Papers, New York 2008.

Mann, Bruce H.: Republic of Debtors, Bankruptcy in the Age of American Independence, Cambridge, MA und London 2002.

Mauch, Christoph/Ortlepp, Anke/Heideking, Jürgen: Geschichte der USA, 7. Aufl. 2020.

Martin, Nathalie: The Role of History and Culture in Developing Bankruptcy and Insolvency Systems: The Perils of Legal Transplantation, B.C. Int'l & Comp. L. Rev. 28 (2005), 1–77.

Mayer-Maly, Theo: Die Wiederkehr von Rechtsfiguren, JZ 1971, 1–3.

McCoid, John C.: Discharge: The Most Important Development in Bankruptcy History, Am. Bankr. L.J. 70 (1996), 163–193.

McCoid, John C.: The Origins of Voluntary Bankruptcy, Bankr. Dev. J. 5 (1988), 361–389.

Millar, Robert Wyness: Civil Procedure of the Trial Court in Historical Perspective, Clark 2005.

Montagu, Basil: Inquiries Respecting the Courts of Commissioners of Bankrupts, and Lord Chancellor's Court, London 1825.

Moss, David A./Johnson, Gibbs A.: The Rise of Consumer Bankruptcy: Evolution, Revolution or Both?, Am. Bankr. L.J. 73 (1999), 311–352.

Niemi-Kiesiläinen, Johanna/Ramsay, Ian/Whitford, William C.: Consumer Bankruptcy in Global Perspective, Oxford und Portland 2003.

Noel, Regis F.: History of the Bankruptcy Law, Washington, D.C. 1919.

Oestmann, Peter: Gerichtsbarkeit und Verfahren, Köln u. a. 2015.

Oestmann, Peter: Gemeines Recht und Rechtseinheit, Zum Umgang mit Rechtszersplitterung und Rechtsvielfalt in Mittelalter und Neuzeit, in: Abhandlungen der Akademie der Wissenschaft zu Göttingen, Neue Folge Bd. 38, herausgegeben von Eva Schumann, Berlin 2015, S. 1–63.

Olmstead, James Monroe: Bankruptcy a Commercial Regulation, Harv. L. Rev. 15 (1902), 829–843.

Otto, Carl/Schilling, Bruno/Sintenis, Carl Friedrich Ferdinand: Das Corpus Juris Civilis, in's Deutsche übersetzt von einem Vereine Rechtsgelehrter, Bd. 1, Leipzig 1830.

Otto, Carl/Schilling, Bruno/Sintenis, Carl Friedrich Ferdinand: Das Corpus Juris Civilis, in's Deutsche übersetzt von einem Vereine Rechtsgelehrter, Bd. 4, Leipzig 1832.

Otto, Carl/Schilling, Bruno/Sintenis, Carl Friedrich Ferdinand: Das Corpus Juris Civilis, in's Deutsche übersetzt von einem Vereine Rechtsgelehrter, Bd. 6, Leipzig 1832.

Pakter, Walter J.: The origins of bankruptcy in medieval canon and Roman law, in: Linehan, Peter (Hrsg.), Monumenta Iuris Canonici, Series C: Subsidia, Bd. 8, Proceedings of the Seventh International Congress of Medieval Canon Law, Vatikan 1988, S. 485–506.

Paulus, Christoph: Antwerpen 1515 – Ein europäischer Urknall des Konkursrechts, KTS 2019, 125–159.

Paulus, Christoph: Ein Kaleidoskop aus der Geschichte des Insolvenzrechts, JZ 2009, 1148–1155.

Paulus, Christoph: Entwicklungslinien des Insolvenzrechts, KTS 2000, 239–249.

Paulus, Christoph: Restschuldbefreiung und Internationales Insolvenzrecht, ZEuP 1994, 301–317.

Perks, Walter: The Deeds of Arrangement Act, 1887 (50 & 51 Vic., c. 57); with Introduction and Notes of Cases, also Rules, Forms and Orders as to Fees, with Practical Notes and Precedents of Assignments for the Benefit of Creditors, Composition Deeds, Letters of Licence, Deed of Inspectorship, and other Forms, London 1888.

Piekenbrock, Andreas: Restschuldbefreiung für italienische Verbraucher und Kleinunternehmer, in: Jahrbuch für Italienisches Recht, Bd. 26, 2013, S. 103–114.

Planitz, Hans: Der Schuldbann in Italien, ZRG Germ. Abt. 42 (1932), 134–259.

Planitz, Hans: Studien zur Geschichte des deutschen Arrestprocesses, Der Arrest gegen den fugitivus, ZRG Germ. Abt. 34 (1913), 49–140.

Pulling, The Laws, Customs, Usages and Regulations of the City and Port of London, 2. Aufl., London 1854.

Quilter, Michael: Daniel Defoe: Bankrupt and Bankruptcy Reformer, J. Legal Hist. 25 (2004), 53–73.

Radin, Max: Discharge in Bankruptcy, N.Y.U. L.Q. Rev. 9 (1931), 39–48.

Radin, Max: The Nature of Bankruptcy, U. Pa. L. Rev. 89 (1940), 1–9.

Ramsay, Iain: Comparative Consumer Bankruptcy, U. Ill. L. Rev. 2007, 241–274.

Ramsay, Iain: Personal Insolvency in the 21st Century, A Comparative Analysis of the US and Europe, Oxford u. a. 2017.

Reder, Christian (Hrsg.): Daniel Defoe, Ein Essay über Projekte, London 1697, Übersetzung von Hugo Fischer (1890), überarbeitet und erläutert von Werner Rappl, Wien 2006.

Richetti, John: The Life of Daniel Defoe, Oxford u. a. 2005.

Riesenfeld, Stefan A.: Enforcement of Money Judgments in Early American History, Mich. L. Rev. 71 (1973), 691–728.

Riesenfeld, Stefan A.: The Evolution of Modern Bankruptcy Law, Minn. L. Rev. 31 (1947), 401–455.

Roberts, Alasdair: America's First Great Depression, Economic Crisis and Disorder After the Panic of 1837, Ithaca, NY 2012.

Russel, Elmer Beecher: The Review of American Colonial Legislation by the King in Council, New York 1915.

Sanders, George Williams (Hrsg.): Orders of the High Court of Chancery and Statutes of the Realm Relating to Chancery, From the Earliest Period to the Present Time, Bd. 1, Teil 1 (Orders 12 Ric. II to 16 Geo. II.), London 1845.

Schick, Sandor E.: Globalization, Bankruptcy and the Myth of the Broken Bench, Am. Bankr. L.J. 80 (2006), 219–260.

Schouler, James: History of the United States, Under the Constitution, Bd. 1, Revised Edition, New York 1894.

Schreiber, Michael S.: Original Intent and the Bankruptcy Power: What Were They Thinking?, DePaul Buss. Comm. L.J. 2 (2003), 165–184.

Schülke, Thilo/Baschnagel, Markus: Gesetz zur Verkürzung der Frist zur Restschuldbefreiung: Ein Überblick, DStR 2021, 295–301.

Schultze, Aug. Sigm.: Das Deutsche Konkursrecht in seinen juristischen Grundlagen, Berlin 1880.

Sellon, Baker John: The Practice of the Courts of King's Bench and Common Pleas, originally compiled by George Crompton, Bd. 2, 2. Aufl., London 1798.

Seuffert, Lothar: Deutsches Konkursprozessrecht, Leipzig 1899.

Seyfarts, J.F.: Teutscher Reichs-Proceß, 2. Aufl., Halle 1756.

Sgard, Jêrome: Bankruptcy Law, Majority Rule, and Private Ordering in England and France (Seventeenth–Nineteenth Century), 2010, (hal-01069444), zitiert als: *Sgard*, Bankruptcy Law.

Sgard, Jêrome: The History of Market Discipline: Bankruptcy, Renegotiation, and Debt Discharge in England and France (Sixteenth–Nineteenth Century), 2009 (ISNIE Conference, Berkeley, 18–20 june), zitiert als: *Sgard*, Market Discipline.

Skeel, David A.: Bankruptcy Lawyers and the Shape of American Bankruptcy Law, Fordh. L. Rev. 67 (1998), 497–522.

Skeel, David A.: Debt's Dominion, A History of Bankruptcy Law in America, Princeton 2001.

Skeel, David A.: The Genius of the 1898 Bankruptcy Act, Bankr. Dev. J. 15 (1999), 321–341.

Smith, Joseph Henry: Appeals to the Privy Council from the American Plantations, New York 1950.

Stephen, James Fitzjames: History of the Criminal Law of England, Bd. 3, Cambridge 1883, Nachdruck 2014.

Stirk, Nigel: Arresting ambiguity: the shifting geographies of a London debtors' sanctuary in the eighteenth century, Soc. Hist. 25 (2000), 316–329.

Stoebuck, William B.: Reception of English Common Law in the American Colonies, Wm. & Mary L. Rev. 10 (1968), 393–426.

Stolleis, Michael: Rechtsgeschichte als Kunstprodukt, Zur Entbehrlichkeit von „Begriff" und „Tatsache", in: Würzburger Vorträge zur Rechtsphilosophie, Rechtstheorie und Rechtssoziologie, Bd. 22, Baden-Baden 1997, S. 5–29.

Story, Joseph: Commentaries on the Constitution of the United States, Bd. 3, Boston 1833.

Streuber, Dirk: Die Flucht des Schuldners und die Reaktionstechniken eines Gesamtvoll-streckungsrechts, Der fallitus fugitivus als Rechtsproblem, Berlin und Boston 2014 (Diss. Kiel 2013).

Sullivan, Teresa A./Warren, Elizabeth/Westbrook, Jay Lawrence: As We Forgive Our Debtors, Bankruptcy and Consumer Credit in America, New York 1989.

Tabb, Charles Jordan: Lessons from the Globalization of Consumer Bankruptcy, Law & Soc. Inquiry 30 (2005), 763–780.

Tabb, Charles Jordan: The Historical Evolution of the Bankruptcy Discharge, Am. Bankr. L.J. 65 (1991), 325–372.

Tabb, Charles Jordan: The Top Twenty Issues in the History of Consumer Bankruptcy, U. Ill. L. Rev. 2007, 9–29.

Thompson, Elizabeth Lee: The Reconstruction of Southern Debtors, Bankruptcy After the Civil War, Athens, GA 2004.

Treiman, Israel: Acts of Bankruptcy: A Medieval Concept in Modern Bankruptcy Law, Harv. L. Rev. 52 (1938), 189–215.

Treiman, Israel: Escaping the Creditor in the Middle Ages, L.Q. Rev. 43 (1927), 230–237.

Treiman, Israel: Majority Control in Compositions: Its Historical Origins and Development, Va. L. Rev. 24 (1938), 507–527.

Tribe, John: Bankruptcy and capital punishment in the 18th and 19th centuries, Insolv. Int. [Insolvency Intelligence] 22 (2009), 44–47.

Tribe, John: HOBS: 1542 statute dating – An Act Against Such Persons As Do Make Bankrupts 1542, 34 & 35 Hen VIII, c.4, 1542, 1. März 2010, http://bankruptcyandinsolvency.blogspot.com/2010/03/hobs-1542-statute-dating-act-against.html, zuletzt abgerufen am 27. Februar 2022, zitiert als: *Tribe*, Statute Dating.

Trinkner, Reinhold: Wiedereinführung der altorientalischen Schuldknechtschaft durch die Insolvenzordnung?, BB 1992, 2441–2445.

UNCITRAL: Legislative Guide on Insolvency Law, New York 2005.

Vollmershausen, Christiane E.: Vom Konkursprozess zum Marktbereinigungsverfahren: Das deutsche Konkursverfahren vom Jahr 1700 bis heute – Eine exemplarische Untersuchung, Berlin 2007 (Diss. Augsburg 2007).

Wach, Adolph: Der italienische Arrestprocess, Leipzig 1868.

Waddilove, D.P.: The „Mendacious" Common-Law Mortgage, Ky. L.J. 107 (2019), 425–465.

Watson, Alan: Legal Transplants, An Approach to Comparative Law, 2. Aufl., Athens und London 1993.

Warren, Charles: Bankruptcy in United States History, Cambridge, MA 1935.

Weber, Matthias: Die Reichspolizeiordnungen von 1530, 1548 und 1577, Frankfurt am Main 2002.

Weisberg, Robert: Commercial Morality, the Merchant Character, and the History of the Voidable Preference, Stan. L. Rev. 39 (1986), 3–138.

Weisman, Morris: Story and Webster – And the Bankruptcy Act of 1841, Comm. L.J. 46 (1941), 4–8, 26.

Weltbank: Report on the Treatment of the Insolvency of Natural Persons, Washington, D.C. 2014.

Wessels, J. W.: History of the Roman-Dutch Law, Grahamstone, Cape Colony 1908.

Whitman, James Q.: The Moral Menace of Roman Law and the Making of Commerce: Some Dutch Evidence, Yale L.J. 105 (1996), 1841–1889.

Willems, Constantin: Actio Pauliana und fraudulent conveyances, Berlin 2012 (Diss. Trier 2010/2011).

Windscheid, Bernhard: Lehrbuch des Pandektenrechts, Bd. 2, 6. Aufl., Frankfurt a. M. 1887.

Wlassak, M.: Stichwort *cessio bonorum*, in: *Wissowa, Georg* (Hrsg.), Paulys Real-Encyclopädie der classischen Altertumswissenschaft, neue Bearb., Bd. 3, Halbbd. 6, Stuttgart 1899.

Woeß, Friedrich von: Personalexekution und cessio bonorum im römischen Reichsrecht, ZRG Rom. Abt. (1922), 485–529.

Ziegel, Jacob S.: Comparative Consumer Insolvency Regimes, A Canadian Perspective, Oxford und Portland 2003.

www.ingramcontent.com/pod-product-compliance
Ingram Content Group UK Ltd.
Pitfield, Milton Keynes, MK11 3LW, UK
UKHW021937290926
8980IPUK00016B/1669

9 783631 891438